教育の心理

=多と一の交響=

吉田章宏

●

この本の新しい読者の方々に

　『教育の心理』と題する本書は、2021年の春、複写による「復刻版」として刊行するものです。「まえがき」にあるように、放送大学共通科目『教育の心理』のテキストとして、その初版は、1995年の春、放送大学教育振興会から刊行されました。そのことをご理解の上、お楽しみくださいますように。

　「多と一の交響」を副題とする本書の表紙を Venezia の Cameraphoto-Arte の許可を得て、Arcimboldo による、美醜を統べるローマ神 Vertumnus で飾れることを悦びとします。

　巻末に、「〈教育の心理〉の學問への祈り」と題し2021年の時点における私の夢と祈りを記しました。

令和3（2021）年　初春

著者・吉田章宏　八十六歳

まえがき

　本書『教育の心理』は、『教育の方法』（放送大学教育振興会、1991年）と、両者互いに補い合って、言わば、「立体視」の成立を促すべき関係にあります。

　本書の表題は「教育の心理」であって、「教育のこころ」でも「教育の心理学」でもありません。「教育のこころ」は、たとえば、教育実践に自ら長年携わって来た方が、その体験を想起しつつ、自らが悟った洞察を語る書物を思わせます。「教育の心理学」は、たとえば、心理学という学問の研究伝統に基礎づけられ、教育事象の諸研究を背景に、自らの研究を活かして統合し紹介する書物を思わせます。本書の表題「教育の心理」は、本書がそのどちらでもないことを表しています。『教育の心理』の中心課題は、「教育の心」の「理」すなわち「ことわり」を明らかにすることです。教育と人間にかかわる多種多様な知恵と知識に学びつつ、「教育」の「心の理」の「小さな物語」を描くことをめざすものです。

ARCIMBOLDO画
『Ritratto』

　このページに載っている小さな絵は、画家アルチンボルド（1527－1593）によるハプスブルグ家のルドルフⅡ世の肖像画です。この肖像画は、実は、無数の四季の果物、花、野菜の組合わせで構成されています。次ページを開き、その詳細をご覧下さい。

ARCIMBOLDO Giuseppe 画 :「Ritratto」
Photo by（C）CAMERAPHOTO－ARTE,Venezia

アルチンボルドの友人コマニニが、この画の解釈として遺した詩の一節を、拙く訳せば、こうなります。

　「私を美とせし醜さを、あなたが確と見ぬうちは、あなたは知ることできません、どんな美よりも美しい、或る醜さがこの世には、存在するということを。私の内なる多様性、わたしに多様さあったとて、私はやはり一つです。私のこうした多様性、まさにこれこそもろもろの、事物現象を忠実に、そしてさらには真実に、その在りのままに在らしめる。（中略）　私のこうした多様さは、似てもおりましょ、化け物に。でも、王者のイメージ内に秘め、私の心は高貴です。私が秘めてることどもを、はっきり見たいと願うなら、さあおっしゃいな、そのように。さすれば、あらわにいたしましょう、私の秘めたる魂を。」（Kriegeskorte, W.(1993), pp.46－47,）

　この『教育の心理』は、この詩に表されたアルチンボルドの魂をめざしています。ポール・リクールが『時間と物語』で言う「統合形象化」を「教育の心理」に関して実現することをめざしています。「教育のこころ」をめぐる多種多様な事実と数々の豊かな知恵に学んで、その「理＝ことわり」をあらわにし、新たな「意味と構造」の出現を促すこと、それがめざすところです。「立体視」で現れる「見え」の変化は感動的です。「教育の心理」の「多様化を通じての統合化」を試み、あの「立体視」の「見え」の変化を、読者の皆さんの世界に、このテキスト（印刷教材）とテレビ（放送教材）を通して

「統合形象化」として引き起こすこと、それが私の密かな願いです。私の世界で起った「立体視」を越えて、読者の世界に遙かに鮮明で豊かな「立体視」が起こりますように。

　全体は第一部と第二部から成っており、総論に当たる第一部は、「教育は共育」、「授業と受業」、「心理を学問」、「人間我世界」、「多元的現実」、「真偽と信疑」の6章から成り、各論に当たる第二部は、「無利私利他利化」、「自由化と拘束化」、「目的化と手段化」、「主題化と自明化」、「同一化と差異化」、「近接化と類似化」、「具象化と抽象化」、「現実化と虚構化」の8章から成ります。終章の「我々世界の交響」で、本書の世界は、言わば、「お開き」となります。

　これは、「教育の心理」の意味と構造の結晶化の成り行きが描かれている「小さな物語」、「小スケッチ」あるいは「小曲」ともいうべきものです。

　皆さんに、楽しんでいただけたら、嬉しく思います。

1995年春

吉田章宏

（注記）本文中の引用文献は、心理学分野でのAPA（米国心理学会）の学会誌における引用表示の方式に従った。すなわち、引用あるいは言及箇所の直後に、（著者名、西暦年号、該当ページ）で表示する。巻末の文献一覧には、「著者名、西暦年号」によって文献を検索できるよう、和文献は50音順に、洋文献はＡＢＣ順に、配列してある。

目　次

1.
教育は共育

教育遺碑の言葉　「共に育ちましょう」
芦田恵之助（1873－1951）

　本章では、『教育の心理』の「教育」について、受講者ならびに読者とご一緒に「我々の見方」と呼べるものを確かにしていく道への第一歩を踏み出したい。

　「『教育』とは何か」、これが私たちの最初の問いである。

§1　「教育は共育である」

　私は、「教育とは共に育つことである」という基本的なものの見方・考え方、つまり、「教育とは共育である」というものの見方・考え方を、よく考えて育て、次第に明らかで確かな見方・考え方へと高めて行きたいと願う。

　「教育とは『共に育つこと』である」、言い換えれば、「教育とは共育である」。

　この「共育」という言葉は普通の国語辞典には無い言葉である。それで、単なる「語呂合わせ」の言葉遊びのようにも思われるかもしれない（注）。

　私は、この言葉を、教育実践者、芦田恵之助（1873－1951）の教育遺碑（所在地、北海道小樽市緑小学校）に遺された言葉「共に育ちましょう」（本書、102ページ参照）から学びとった。芦田は、その小書『共

（注）「教育」の言葉遊び。確かに、例えば、「育」の字を固定した上で、「きょういく」の可能な同音異義的な類義表現を展開してみても、比喩や隠喩の場合と全く同じように、以下のような意味論的革新（P. リクール）が起こる。すなわち、「共育」以外にも、例えば、／「叫育」（毎日毎日「叫んで」、叫びながら子どもを育てる）。／「驚育」（子どもに驚かされ、驚きながら、育てる。驚くような子どもを育てる）。／「恭育」（子どもたちをうやまいつつ育てる）。／「凶育」（子どもたちを凶器へと育てる、例えば、軍国教育）。／「協育」（大人たちが協力して育てる。あるいは、大人と子どもが協力して育て育つ）。／「恐育」（子どもたちを恐れながら育てる）。／「狂育」（狂って育てる、あるいは、育てて狂わせる）。／「矯育」（矯めて育てる）。／「脅育」（脅しながら育てる）。／「況育」（状況に合わせてあっちへこっちへと育てる）／「強育」（強いて、強制して育てる／強く育てる）。……など、など。これらの「語呂合わせ」はそれぞれに一面の真理を衝いていて、ある地平を提供してくれる。が、ここでは、いうまでもなく、あくまで「お遊び」として書いてみた。蛇足ではあるが、誤解のないように、お断りしておきたい。

に育ちましょう』（昭和27年／1952年）に、次のように記している。

「共に育ちましょう」は、「私の教育信念を標語化したものです。教育の行われる所、たとえば家庭に於て、一家のこらず共に育ちましようとこいねがい、学校では師弟学友悉く共に育ちましようとはげみ、隣保部落の人々が、相共に育ちましようとはかるようになつたら、世はきわめて平和なものになるでしよう。私は七十九の今年まで、人心づいてから、思いを教育にひそめて、ようようこの一標語に到達しました。そして今のところ、これ以上のものを考え得ませんので、そこに安んじているのでございます。」（芦田恵之助、1952年、2ページ）と。

§2 「れんげのはな／蓮華の花」（『銀の匙』）の挿話：教育の一典型

ここで、直ちに、教育の典型のひとつとして、中勘助の『銀の匙』前篇二六／二七節の中から「れんげのはな／蓮華の花」の挿話を取り上げてみよう。

ここで、典型とは、具体的な一つの人間の生の営みであり出来事でありながら、既にして、教育の主たる本質的特質を備えている、という意味である。

「このへんの子は神田の腕白どもにくらべればさすがにおだやかだし、それに往来は静かだし、私のようなものにとってはまことに屈竟な世界であった。で、伯母さんは一所懸命私の遊び仲間によさそうな子供をさがしてくれたが、そのうち見つかったのはお向こうのお国さんという女の子であった。（中略）。伯母さんはいつのまにかお国さんがからだが弱くておとなしいことから頭痛もちであることまできぎだしてもってこいのお友だちだと思ったのである。ある日伯母さんは私をおぶってお国さんたちの遊んでる門内のあき地へつれてゆき

『ええお子だに遊んだってちゃうだいも』

といいながらいやがる私をそこにおろした。みんなはちょっとしらけて
みえたがじきにまた元気よく遊びはじめた。私はその日はお目みえだけ
にし、伯母さんの袂につかまってしばらくそれをながめて帰った。その
翌日もつれてゆかれた。そんなにして三日四日たつうちにお互いにいく
らかおなじみがついてむこうでなにかおかしいことがあって笑ったりす
ればこちらもちょいと笑顔をみせるようになった。お国さんたちはいつ
もれんげの花ひらいたをやっている。伯母さんはそれから家で根気よく
その謡を教えて下稽古をやらせ、それが立派にできるようになってから
ある日また私をお向こうの門内へつれていった。そうしていじけるのを
無理やりにお国さんの隣へわりこませたがいくじのない二人はきまりわ
るがって手を出さないので、伯母さんはなにかと上手にだましながら二
人の手をひきよせて手のひらをかさね、指をまげさせて上からきゅっと
握ってようやく手をつながした。これまでついぞ人に手なぞとられたこ
とのない私はなんだかこわいような気がして、それに伯母さんに逃げら
れやしないかという心配もあるし、伯母さんのほうばかり見ていた。あ
らたにこの調和しがたい新参者が加わったために子供たちはすっかり興
をさまされていつまでたっても回りはじめない。それを見てとった伯母
さんは輪のなかへはいり景気よく手をたたいて
　『あ　ひーらいた　ひーらいた　なんのはなひーらいた』
とうたいながら足拍子をふんで回ってみせた。子供たちはいつか釣りこ
まれて小声にうたいだしたので私も伯母さんに促されてみんなの顔を見
まわしながら内証で謡のあとについた。
　『ひーらいた　ひーらいた　なんのはなひーらいた、れんげのはな
ひーらいた……』
　小さな輪がそろそろ回りはじめたのをみて伯母さんはすかさずはやし
たてる。謡の声がだんだん高くなって輪がだんだんはやく回ってくる。

平生ろくに歩いたことのない私は動悸がして目がまわりそうだ。手がは
なしたくてもみんなは夢中になってぐんぐん人をひきずりまわす。その
うちに
　『ひーらいたとおもったらやっとこさとつーぼんだ』
といって子供たちは伯母さんのまわりへいちどきにつぼんでいったもの
で伯母さんは
　『あやまった　あやまった』
といって輪からぬけだした。
　『つーぼんだ　つーぼんだ、なんのはなつーぼんだ、れんげのはな
つーぼんだ……』
　つないだままつきだしてる手を拍子につれてゆりながらうたう。
　『つーぼんだとおもったらやっとこさとひーらいた』
　つぼんでたれんげの花はぱっとひらいて私の腕はぬけるほど両方へ
ひっぱられる。五六ぺんそんなことをやるうちに慣れない運動と気疲れ
でへとへとにくたびれてしまい伯母さんに手をほどいてもらって家へ
帰った。
　お国さんはお友だちというものの最初の人であった。はじめのうちは
私も伯母さんがそばについていなければ遊べなかったし伯母さんもいわ
ばぽっと出の子供の身のうえを気づかってそばをはなれなかったが、こ
こは神田へんとはちがってまったく私みたいな子のための世界といって
もいいくらい静かな安全なところであることを見とどけて、車がきたら
門の内へはいれの、溝のはたへはよるなのと細かい注意をくどくいいき
かせたのちひとりおいて帰るようになった。」（中勘助、1991年、『銀の
匙』前篇二六／二七節、51－54ページ）
（注）　もし可能であれば、拙著『教育の方法』放送大学教育振興会、
1991年、45－53ページもご参照いただければ、と思います。

私は、ここで、以上の挿話に描かれた営みと出来事を、「共に育つ」という意味の「教育」のひとつの典型として、とらえてみたいと思う。

　ここでは、この営みと出来事を、平易な言葉でとらえて「教育」の出来事として理解した一人の学生さんの文章を、多くの学生さんの文章から選んで、以下にご紹介してみよう。

§3　「れんげのはな」の挿話のひとつの理解

　この挿話においては、「家の中だけで生活していた私（主人公）を、伯母さんがお国さんと友だちにする・友だちの世界へと入れることが語られる。／私は弱虫だから乱暴な子の仲間には入れない。引っ越してきた小石川の高台の子どもは、神田の腕白な子どもと比べるとまだおだやかなので、伯母さんは友だち作りを考える。孟子の教育環境を考え、三回引っ越しをしたという「孟母三遷の教え」という諺があるが、伯母さんは環境・状況に合わせて教育を考える。／ここで伯母さんは遊び仲間によさそうな子を探し、お国さんに目をつける。お国さんは女の子で、おとなしく、体が弱い。弱虫の私でも苛められることはなさそうである。お父さんは阿波の藩士で私に相応した家柄でもある。伯母さんは、事前に綿密な調査をして友だちに適した相手を選定している。／相手が決まっても、すぐはお国さんを引き合わせない。お国さんが遊んでいるところへ私を連れていく。ここでも、お国さんたちの遊びに私をすぐには入れない。初めの日はお目見え、翌日、3日、4日と連れていく。少し馴染みになったところで、今度は遊びの歌を教え、遊び方の稽古をし、立派にできるようにする。／内弁慶な、人見知りをする私だから、家庭の世界から友だちの世界へ足を踏み入れるのは大きな冒険なのである。また、意気地なしの私だから、もしうまくいかなかったら、こころの痛手で、友だちを作ることがいっそう困難になってしまう。遊びに入

る、友だちになるために、周到な準備の段階を踏む。／そしていよいよ
2人を友だちにする・友だちの仲間に私を入れる。ここでは、いじける
私を無理やりお国さんの隣へ割り込ませる。意気地のない2人がきまり
悪がって手を出さないと、2人を上手に騙しながら手を引き寄せ、手の
ひらを重ね、指を曲げさせ、上からきゅうとにぎって手をつながせる。
これまで慎重に、用意周到に準備をしてきたが、ここでは一転して強引
に、一気に2人を結び付ける。家庭の世界と友だちの世界、この溝を跳
び越えさせるために強引なのである。／私は、「これまでついぞ人に手な
どとられたことのない私はなんだかこわいような気がして、それに伯母
さんに逃げられやしないかという心配もあるし、伯母さんの方ばかり見
ていた。」新しい世界へ足を踏み入れた不安と緊張で私は固くなる。／他
方、調和しがたい新参加者のために、子どもたちはすっかり興ざめし
て、遊びは中断される。これを見ると伯母さんは輪の中へ入って景気よ
く遊びをリードする。子どもたちが釣り込まれて歌い出し……それに引
きずられて私も内緒で歌の後につく。小さな輪がそろそろ回りはじめる
と、伯母さんはすかさずはやしたてる。ここでは遊びの進行を援助する
のである。／この援助に助けられて歌の声が高くなり、次第に速く回り
だす。伯母さんは、おりをみて「あやまった、あやまった」と輪からぬ
け出す。援助が成功し、遊びが盛り上がってくると、一歩下がって遊び
の自立を見守る。／私は動きが激しく目がまわりそうなのに、あんなに
優しい伯母さんはたすけてくれない。私が友だち・遊びの中に完全に入
るために、今度は伯母さんは援助をしない。自立を促すために突き放
す。／家庭の世界から友だちの世界へ、新しい世界へ足を踏み入れるた
めに、伯母さんは状況に合った方法を見事に適用して、これを成功させ
る。」

　以上のように理解するなら、教育とは、「出会い」と「依存」に始ま

り、「別れ」あるいは「別離」と「自立」に終わる、人間たちが共に育つ営みである、とも理解される。そして、この挿話には、そのような「教育」の営みが見事に活かされている、と理解することもできよう。少なくともその意味で、このエピソードが「教育のひとつの典型である」とひとまず読んで、我々の記憶とイメージに留めておくことにしたい。

§4 「教育」とは何か

さて、「教育とは何か」という問いは、そもそも、たいへん難しい問いである。

その難しさの第一の理由は、「教育」には多種多様な営みと出来事が含まれていることである。さらに、第二の理由は、その多種多様な「教育」をとらえる視点あるいは立場もまた、多種多様でありうるということである。我々は、できるだけ多種多様な教育の営みを包み込むことができる普遍性をもち、しかも、豊かな意味と単純な構造をもつ「教育」の理解を求め続けて行きたい。

そこで、まず、我々が今語っている言葉、つまり、「教育」という言葉を調べることから近づいて行ってみよう。語源的意味を探るということはその言葉が表している、あるいは表そうとしている、その語の発生に関わるもともとの人間経験の源泉を探るということを意味する。また、その言葉の表す人間経験の意味に近づこうとすることも意味する。そして、さらに、我々がその言葉に託すべき意味を改めて考え直すことも意味する。

そこで、「教育」という漢字の語源的語義を調べてみると・・・・。

「育」という漢字の［意味］は、元々、「胎児が頭を下にして生まれ出ること」だったという。［字形］から見ると、「子供の逆さの形」（と

つ）と、音を表す「月」（じく）（肉）とからなる形声字で、「月」（肉）（ジク）の表す意味は「乳」（ジュ）の「生まれ出る意」なのだという。

　また、「教」という漢字の［意味］は、元々、「鞭で打って習わせる」という意味で、［字形］は、鞭をもって打つ意味を表す「攴」（はく）と、習う意味と同時に音を表す「爻」（ならう意）とを合わせた、会意に声を兼ねた字だという。

　「育」が子どもが自ら生まれ出る自発の意味合いが強いのに、「教」は他が強いて習わせる、学ばせる、という意味合いが強い。したがって、「教育」という言葉には、「育」だけではなく、「教」だけでもない、「育」と「教」の両者を統合した営みとして、「教育」がとらえられている、ということのようにも読める。「育つ」を本人の自由に任せ放置するのではないが、さりとて、「教える」のみの強制だけでもない。「教える」と「育つ」の統合として、「教育」を理解する。そのようなことも考えさせられる。

　ところで、明治の教育者　福沢諭吉は「教育の文字言葉はなはだ穏当ならず、よろしくこれを発育と称すべきなり」（福沢諭吉、1991年、135ページ）と述べていたことが知られている。この場合、諭吉は、「学校は物を教うる所にあらず、ただその天資の発達を妨げずしてよくこれを発育するための具なり。」（同所）と記していた。諭吉は「教育」という言葉に「物を教えて」外部から働きかける、「教え育てる」、という「強いる」という含意を読み取り、それに対して、「能力の発育」という言葉を用い、「発育」という言葉には、発育する者自身が「自ら発して育つ」という含意を読み取ったものとも考えられる。そのような読み取りから、「教育」ではなく「発育」でなければならぬ、と述べたものと理解される。これは、他による働きかけによる変化を「受動的に」待つ「他発」あるいは「他律」と、自ら進んで物事に対処しつつ、「能動的

に」変化することを自らめざす「自発」あるいは「自律」との対比に着目したもの、とも解釈できよう。

　しかし、こうして改めて考えてみると、「教育」という言葉には、他が外部から強く働きかける動きと、自ら進んで、外へ生まれ出ようとする動きの両方が、全体として一つに統合されてとらえられている、と理解することもまたできそうである。

　例えば、親が何事かを「教え」子がそれを「学ぶ」という「教育」の場合について考えてみよう。子が「学ぶ」のは、他発的に親に教えられて「学ぶ」のであるとともに、それと同時に、自ら求めて自発的に「学び」そして「育つ」のでもあろう。そこで、「教育」という言葉には、他発と自発の二つの契機が共に、一つに統合されている、ということもできるのではないか。

　さて、英語で「教育」に相当する言葉は "EDUCATION" である。この言葉は、カナダの現象学的教育学者ヴァン・マンネンの解釈によれば、その語源として、ラテン語の "educere" と "educare" という二つの言葉をもっており、子どもの教育 EDUCATION について言うならば次のようになる、という。すなわち、人間はだれでも、ついには、子ども時代の世界から育ちそこから出なければならない。そこで、"educere" は、その子どもを、子どもの世界から、教育者（pedagogue）が「導き出す」（educere: to lead out of）ことであり、"educare" は、その子どもを大人の世界へと教育者が「導き入れる」（educare: to lead into）ことだ、というのである。もともと、教育者（pedagogue）というギリシャ語の言葉は、子どもの世話をする関係にある人を意味していた、という。子どもの生活に「方向づけ」と「心配り」をするという意味で、子どもに「付き添う」という意味で、「導く」という意味と結び付いていた、という。「導く」とか「案内する」という考えには、

「手を取って」、「見守りながら元気づける」という意味が結び付いている。そこで、教育者は子どもに向かって、教育において、次のように呼びかけていると、マネンは比喩的に表現する。

"Here, take my hand!" "Come, I shall show you the world. The way into a world, my world, and yours. I know something about being a child, because I have been there, where you are now. I was young once."

(Max van Manen, 1991, p.38.)

(邦訳)「ほら、わたしの手をお取りなさい」、「いらっしゃい、私が世界を見せて上げましょう。一つの世界への道を、私の世界、そして、あなたの世界を。私は、子どもで在ることについて、多少知っています。私もそこに、今あなたが居るところに、以前、居たことがあるからです。私は、かつては［今のあなたのように］若かったのです。」

このように語りかけ、旧い世界から「導き出し」、新しい世界へと「導き入れる」のが、教育者（pedagogue）だ、というのである。

『道』：東山魁夷作
（東京国立近代美術館所蔵）

「道」は、我々が、遥か彼方の別の世界、「新しい世界」に行くことを誘っているようにも思われる。

　教育者は子どもを、旧世界から「導き出し」新世界に「導き入れる」とき、子どもの歩みに付き添って行く、という意味で、子どもと「共に新しい世界へと生まれ出る（つまり育つ）」ことになる。しかし、子どもは、決して、ただ単に強引にいやいや強いられて外へ引き出されるのではない。暗黙にせよ、新しい世界に入って行くことを自らも求めて「導き出され」、「導き入れられ」ていくのである。「教育」の営みは、互いに他を導き他に導かれる「共に育つ」営みとして理解されていることになる。

§5　人間ひとりひとりの「生きられた世界」

　ここで、「世界」という言葉の理解は、第5章でさらに考えることとし、ここでは、とりあえず、「子どもの世界」、「大人の世界」、「旧い世界」とか「新しい世界」とか言う場合に、それは、一人ひとりの人間がそれぞれに「生きている世界」であることに注意しよう。

　私は、空を悠々と飛んでいる鳥を見て、「ああ、あの鳥には、この世はどのように見えているのだろうか？」などと考えることがよくある。その「あの鳥に見えている世界」、それが、いわば「あの鳥」にとっての「生きられた世界」なのである。

　生物学の領域で『生物から見た世界』という書物をユクスキュール（1973年）が書いている。そこには、一つひとつの生き物が、人間とは異なる世界を生きていること、その世界がどんな風であるかが詳しく描き出されている。例えば、一匹のダニにとっての世界、「ダニから見た世界」、つまりダニの「生きられた世界」さえもが描かれている。

　では、人間の子どもの「生きている世界」はどうであろうか。それ

は、大人が「生きている世界」とは、共通していると同時に異なっても
いる。例えば、からだの小さな幼い子どもにとって、大人にとってのす
ぐの近所が、たいへん遠い場所として経験されている。我々が、幼いこ
ろに過ごして以来長年訪れたことの無かった場所などを尋ねてみると、
記憶にあったよりも、場所や空間がずっと狭かったり、物事が思ってい
たよりも小さかったりする、ということをよく経験する。ということ
は、大人にとって近いところも、その時点では、子どもにとっては遠い
ところとして経験されている、ということであろう。また、大人にとっ
て何でもない暗いところが、子供にとってはとても恐ろしいところとし
て経験されている、というようなこともありうる。もちろん、こうした
ことは、子ども一人ひとりの間でも、お互いに異なっている、というこ
とは言うまでもない。そして、さらに、子どもの生きている世界と大人
が生きている世界の間だけではなく、大人と大人であれ、人間一人ひと
りの生きている世界は、互いに共通していると同時に異なってもいるの
である。それぞれがそれぞれに生きている世界を、人間一人ひとりの
『生きられた世界』と呼ぶ。オランダの現象学的精神病理学者ヴァン・
デン・ベルクはその著『人間ひとりひとり』(1976年)で、そのよう
な、人間の「生きられた世界」の見方を描いている。例えば、精神病に
かかるということは、その人が生きている世界、「生きられた世界」が
変わる、ということでもある。また、盲聾唖という3重苦の世界を生
きたヘレン・ケラーの「生きられた世界」は、普通の人の「生きられ
た世界」とは、たいへん異なることも、ヘレンの著書『私の住む世界』
(1937年)に描かれている。

　我々一人ひとりの人間それぞれの「生きられた世界」の意味と構造
は、それぞれが生きて経験している「生きられた時間」、「生きられた空
間」、「生きられた身体」、「生きられた言葉」、「生きられた自己」、「生き

られた他者」、……などの、またその意味と構造として分節化して、とらえることもできよう。

　ここで、さきに、私たちが、「教育」によって「旧い世界」から「導き出され」、「新しい世界」へと「導き入れられる」と言った時、そこで「世界」という言葉が意味していたのは、実は、このような人間一人ひとりの、それぞれの「生きられた世界」のことだったのである。そして、「教育」によって変化するのは、一人ひとりの私の「生きられた世界」なのである。

§6　「先生」と「生徒」

　ここで、「教育」という営みにおいて、「旧い世界」から「導き出し」、「新しい世界」へと「導き入れ」、新しく「生まれる」、つまり「育つ」出来事を引き起こすのは誰であろうか。普通、それは、子に対する親、弟子に対する師、そして、生徒に対する先生などが考えられよう。ここで、「先生」という言葉について考えよう。

　先生はなぜ「先生」なのであろうか。文字通りには、生物学的にいって、時間的に「先に生まれた」からだ、とも受け取れる。しかし、これまでの我々の考察によって、「導く人」と「導かれる人」という「教育」においては、「生まれる」とは、「育つ」ことであるはずであり、「育つ」とは、「旧い世界」から「新しい世界」へと「新しく生まれる」という意味であるはずである。とすると、先生が「先生」であるのは、導き導かれて行く先の「新しい世界」のなかへと既に「先に生まれた」ことがあるからであろう。したがって、その「新しい世界」をよく知っており、また、その「世界」に「新しく生まれる」ということをよく知っているからこそ、「導かれる人」をその「世界」へと導くことができるのであろう。こう考えて、「先生」とは対照的に、「新しい世界」に

「導き入れられる人」を、「生徒」と呼ぶことにしたい。

　「生徒」の「徒」は、元々、「道を踏み歩く」「車に乗らないである
く」という意味の字である。そこから、「しもべ」（従者）、「でし」（学
生）とか「ともがら」（仲間）などの意味が派生したようである。そこ
で、この文字に、「先生」に従って、その後から、仲間と一緒に、付い
て歩いて行く人、という意味を込めて、「生徒」という言葉を理解した
い。すると、「生徒」とは、ここでは、「先生」に導かれて、「先生」に
後から従って歩いてついて行き、これまでの「旧い世界」から導き出さ
れ、「新しい世界」に導き入れられる人、という意味を表す言葉として
理解されることになる。

　では、「先生」はどのようにして先生となるのであろうか。それは、
「生徒」よりも、「先に経験して」いるから（「先験」）、あるいは、「先に
目覚め」「覚（さと）っている」から（「先覚」）あるいは、「先に学んで
いる」から（「先学」）であろう。それとは対照的に、「生徒」は、「先生
の後から（仲間と一緒に）付き従って行って経験」（「験徒」）し、「先生
の後から（仲間と一緒に）付き従って行って目覚め」「覚る」（「覚徒」）
あるいは、「先生の後から（仲間と一緒に）付き従って行って学ぶ」
（「学徒」）から、「生徒」なのであろう。以上のような意味での「先生」
には、子に対して親が常になるとも、弟子に対して師が常になるとも、
限らないことになる。これから赴くべき「新しい世界」がどのような世
界であり、そこへ誰が導き、誰が導かれることになるかによって、誰が
「先生」となるのか「生徒」となるのかが定まるのだからである。ここ
で、その意味を、「先生」と「生徒」という言葉で、対応する他の言葉
を代表させることにしよう。すると、これまで述べて来たことは、次の
ように述べることができる。

　「生徒」（験徒／学徒／覚徒）がこれまで慣れ親しんできた既知の「旧

い世界」から、「先生」（先験／先学／先覚）が「生徒」を「導き出
し」、「生徒」にとってこれまでは親しみの薄い未知の「新しい世界」へ
と「生徒」を「導き入れ」、そうすることで、「先生」と「生徒」が、
「旧い世界」から「新しい世界」へと共に生まれ出ること、共に育つこ
と、これが「教育＝共育」である、と。

　ところで、「新しい世界」は、「先生」である導く人にとって、常に、
慣れ親しんだ既知の世界である場合のみであろうか。確かに、そうであ
る場合が多いかも知れない。しかし、もっと本質的な意味では、そうで
はないとも考えらる。

　「新しい世界」は、「先生」にとっても未知の世界である場合もありう
る。では、そのような場合にも、「先生」はなぜ「生徒」に対して、先
生でありうるのであろうか。それは、その場合でも、先生が、自分に
とっても未知であるような新しい世界へと育って行くことにおいて、先
験、先学、先覚であるからであろう。つまり、これまで、未知の世界へ
入っていくことについての「経験」、「学び」、あるいは「覚り」におい
て、「先生」が「生徒」よりも一歩でも進んでいる場合、「新しい世界」
が先生にとっても生徒にとっても新しい世界が未知であるにもかかわら
ず、「先生」はやはり「先生」でありうるのではないであろうか。『「未
知の世界」という世界』に入っていくことにおいて「先生」である人
は、このことにおける「生徒」に対して、この場合でも、教える人、導
く人となりうるのだ、と言えるであろう。

　したがって、何が何だか分からなくて、どうしたらいいか誰にもさっ
ぱり分からない、そういう「新しい世界」に共に入っていくとき、その
場合にも「先生」はありうるし、「生徒」は先生に導かれるし、そこに
も「教育＝共育」はある、そう考えられるのである。

　それに、人間の世界は「未熟／未経験／経験不足の惑星」だとした

M. クンデラの言葉（1990年、153ページ）も想起される。例えば、「老人はおのれの老齢に無知な子供なのだ」（同所）。本質的な意味では、あらゆる経験は、今という瞬間が誰にとっても初めてであるという限りでは、これまでには無い新しい未知の経験なのである。その意味で、「先生」にとっても「生徒」にとっても、どの「新しい世界」も「未知の世界」なのだとも言えるのである。

実は、以上のような意味での「教育＝共育」は、限られている人生の時間を、可能な限り、如何に豊かに生きるか、という問いとかかわっている。

私たちの生涯に与えられている時間は、極めて限られている（注）。しかし、その同じ限られた時間が、「濃縮された時間」としても、あるいは、「うめられた時間」（加賀乙彦著、1980年、218－228ページ）としても、生きることができる。

そして、「先生」に強いられ導かれて「新しい世界」に入る「教育＝共育」は、「先生」なしにはできないことである。「教育＝共育」によって、「生徒」である「私」にとって、「先生」なしにはできないような仕方で、「私」の限られた人生の時間をより豊かに生きることが可能になるのである。そして、そのことを可能にするのが導き導かれる「教育＝共育：共に育つこと」なのである。

また、「先生」と「生徒」とは固定しておらず、人間と人間が共に「新しい世界」に入っていこうとする場合のすべてにおいて、「共育」という出来事が起こる、とも考えられることになる。したがって、「共に育つ」ということは「共に生きる」ということの中で起こる出来事である、と考えられる。

（注）　我々の一生のすべての日々の曜日を記している「ライフ・オブ・ユー」というカレンダーは、無言で、我々の人生の時間が限られていることを、図らずも語っている。

§7 教育という出来事

　つぎに、これまでとは別の接近をとってみよう。つまり、一旦は仮に、「教育」を「教え育てる」という限られた意味で理解してみて、その「教育」という営みにおいて、現実に起こっているさまざまな出来事は何かを、生き生きと思い描くことを試みよう。

　すると、そこで起こっている出来事は、果たして、限定された意味で理解した「教え育てる」のみに限られているであろうか。これが、ここでの我々の問いとなる。

　「教え育てる」状況で何が起こっているか、起こりうるか、をよくみてみよう。

　確かに、「教育」という言葉を、私たちは何気なく、ふと「教え育てる」と読み、そう理解してしまいがちである。そして、もしそう理解するなら、福沢諭吉の「はなはだ穏当ならず」という言葉が妥当するような、ただただ外部から強いるだけの他律的な「教育」が、知らぬうちに、思い描かれてしまうことにもなるであろう。しかし、「教育」は人間と人間との間の営みであるからして、その状況では、「教え育てる」という以外の多種多様な出来事が起こりうるし、また、起こってもいるのである。

　そのことを、例えば、教え導く人としての「教師」と学び導かれる人としての「子ども」（仮に二人の子どもたちとしよう）の間での「教」と「育」の統合としての「教育」の営みの場合について、思い描いてみよう。

　この場合、教師が子どもに「教えつつ（子どもを）育てる」がまず、もっとも自然な読みと理解であろう。しかし、そこで起こっていることは、決してそれには限られず、以下のように、２）以下の多種多様な出来事が無数に起こっていることに気づくことができる。

1）　教師が子どもに「教えつつ、（子どもを）育てる」
2）　教師が子どもに「教えつつ、（自ら、教師として、人間として）育つ」
3）　子どもが教師に「教えられつつ（自ら、人間として）育つ」
4）　子どもが教師に「教えられつつ（図らずも、教師を）育てる（ことになる）」
5）　子どもが教師に「教えつつ、（教師を）育てる」
6）　子どもが教師に「教えつつ、（自ら）育つ（ことになる）」
　　　事柄によっては子どもが、「先生」となり、教師が「生徒」となる。
7）　教師がある子どもに「教えつつ、（他の子どもを）育てる（ことになる）」
8）　教師が他の子どもに「教える（のを見て）、（ある子どもが自ら）育つ（ことになる）」
9）　ある子どもが教師に「教えられつつ、（それを見る他の子どもをも）育てる（ことになる）」
10）　ある子どもが他の子どもに「教えつつ、（他の子どもを）育てる」
11）　ある子どもが他の子どもに「教えつつ、（自らが）育つ」
12）　ある子どもが他の子どもに「教えられつつ、（他の子どもを）育てる（ことになる）」
13）　ある子どもが他の子どもに「教えられつつ、（自らが）育つ」
14）　ある子どもが他の子どもに「教える（のを見て）、（教師が自ら）育つ（ことになる）」

・・・など、など

こう考えてくると、「教育」を、ただ教師が子どもを「教え育てる」

こととしてのみとらえることの一面性と不十分さが際立って見えて来るであろう。むしろ、「教育」は、以上のようなことのすべてを含めて、「共育」として、つまり、「教師も子どもたちも、その『教育』という人間と人間の間の営みを通し、それぞれの世界と物事に応じて、相互に『先生』となり『生徒』となりながら、『共に育つ』こと、それが『教育』である。」と、とらえるべきだ、ということになるであろう。

§8　再び、「教育の典型である」：もう一つの理解の可能性

　ここで、再び『銀の匙』の挿話「れんげのはな」の教育の典型性を考えて見よう。

　すると、これまでの準備してきた理解によって、あの挿話「蓮華の花」に描かれていたのは、主人公の「私」が、伯母さんとの二人だけの限られた交わりに狭く閉ざされた「旧い世界」から、伯母さんによって「導き出され」、引っ越した先の近所の未知の子どもたちとの交わりに広く開かれていく「新しい世界」へと、これまた伯母さんによって、「導き入れられる」、そうした一つの営みあるいは出来事の経過である、と読むことができる。

　例えば、「私」の「生きられた世界」において、道路を越えて行く「お国さん」の家のあの「門内」の空間は、あの「れんげのはな」の出来事の以前と以後では全く異なった様相を呈している。私の「生きられた空間」に大きな変化が起こったのである。そして、家で「伯母さん」と「れんげのはな」を謡う練習をする「生きられた時間」、それは、門内で過ごす時間と結び付いた時間となっている。「慣れない運動と気疲れでへとへとにくたびれてしま」う「れんげのはな」の経験は、「私」の「生きられた時間」に新しい世界を開いている。この経験はまた、私の「生きられた身体」にも変化を生まずにはいない。そして、他者であ

る「お国さん」を含めた「このへんの子」たちの「私」にとっての意味にも大きな変化が生まれてくる。「私」は、私にできることが何かについての解り方も変わる。さらに、「れんげのはな」の謡の言葉の意味も、「私」にとっては大きな変化が齎らされる。などなど。そして、このことは総て、「伯母さん」が、私たちの意味での「先生」となって、「生徒」である「私」にとっての「新しい世界」へ「導き入れ」たことから、起こった出来事だったのである。

このことは、さらに、「伯母さん」の「生きられた世界」にも大きな変化を齎している。「伯母さん」も、私を導きつつ、「私」と共にその「新しい世界」へと入り、共に育って行ったのである。ではどのような「新しい世界」だったであろうか。「お国さん」や「このへんの子」たちの「生きられた世界」にもまた、変化が齎されたことは、言うまでもないであろう。

あの挿話の文章をもう一度読み直して、それぞれの世界にどのような変化が齎されたか、みなさんご自身のお考えをさらに深めてみて下さい。

ともあれ、「私」の「生きられた世界」の「伯母さん」の導きによる「共に育つ」変化の意味、それが、この出来事の「教育の典型」としての意味を一層顕著にするのである。

§9 教育は「共育」である

人と人とが、この世に共に生まれ、共に生き、そして、常に更に「新しい世界」へと、互いに導き導かれて、共に新たに生まれ行く、共に育ち行く、それが「教育」であり「共に育ちましょう」という標語に導かれた「共育」である。

そのことを簡潔に表現する言葉が、「教育とは共育である」だ。

この講座『教育の心理』では、受講者や読者の皆さんと共に、ひとつの「新しい世界」である「教育の心理」の世界へと、ご一緒に、「共に育ちましょう」。

　私の願うこと。それは、このテキストを読み終え、この講座の講義を受講し終えた人々が、「教育の心理」に関して、より多視点的で統一的な理解を獲得して、より賢くなること。そして、そのことで、その人々が、自他の「教育」においてより幸せになること、さらに、その結果、その人々の周りの人々もまた、それぞれの「教育」において、それぞれの在り方において、より幸せになること。これである。望みは大きく、道は遠い。しかし、ともかく、歩み始めよう。

　そこで、本章を結ぶ言葉、「共に育ちましょう」。

2. 授業と受業

　前章では、私たちは、「教育とは共育である」ことを共に学び、教育とは、「先生」と「生徒」とが、「旧い世界」から「新しい世界」へと、互いに、「先生」は「生徒」を導き出し導き入れ、「生徒」は「先生」に導き出され導き入れられて、「共に育つこと」であることを学び、我々もまた、「教育の心理」について「共に育ちましょう」という言葉を互いに交わすことで終えた。

　本章では、「授業は教育の典型である」ことを共に学び、「授業」が「業」（ギョウ）の授受であると共に、「業」（ゴウ）の授受であることを明らかにして、「授業」と「受業」の、ひとりひとりの人間の生における意味とその構造を考えることにしたい。

§1　授業は教育の一典型である

　授業は、日常的には、また、常識的には、どのように理解されているであろうか。

　「日常的常識では、授業とは何であるか。」これが、まず最初の我々の問いである。

　手元にある『類語例解辞典』（小学館、1994年）をみてみると、類語としての「講義、レクチャー、レッスン」と「共通する意味」として、

　「授業」は「先生が生徒に、学問や技芸などを教え授けること」

とあり、「『授業』は、小・中・高等学校、大学などすべての学校と、予備校や塾などでもいう・・・」と説明されている。

こうした説明が、日常的常識における理解を言語化したものにほぼ近い、と考えてよいであろう。これを我々の脈絡に引き寄せて、

「授業」は「『先生』が『生徒』に『業』を『授』けること」、さらには、
　　　　「『先生』と『生徒』の間で『業』が『授受』されること」、

としても、許されるであろう。

　確かに、「授業」とは、文字通りに理解すれば、「業」を「授ける」営みである。あるいは、「業」を授かる営み、言い換えれば、「業」を「受ける」営みでもある。「授」は、「授と受」を表わし、「受けること」と「授けること」とを同時に表現する。したがって、「業」の「授受」が「授業」であり「受業」なのではないか。

　こう考えて、これまでの「教育＝共育」の考え方に繋げてみよう。

　すると、「業」の「授受」は、これまでの「旧い世界」からこれからの「新しい世界」への移行、「導き出し」と「導き入れ」を可能にする人間の営みである、とも理解することができよう。

　例えば、前章でみた『銀の匙』の挿話において、伯母さんは、「家で根気よくその［れんげの花の］謡を教え下稽古をやらせ」ていた。これは、主人公の「私」を近所の子どもたちの仲間に入れるための下準備でもあったのだが、そこでは、「学問」ではないとしても「技芸」を「教え授ける」ことをしていたことになる。つまり「先生」である伯母さんは、「生徒」である「私」に「業」を「授」けている。その意味では、あの伯母さんと「私」との家での根気よい努力は、我々の意味では、「授業」とも呼ぶことができる。さて、この「授業」は、あの「業」（ギョウ）の授受によって、私が旧世界から導き出され新世界へ導き入れられることを可能にする営みの一環であったのだからして、「教育＝

共育」の営みでもあった、ということにもなろう。

　その意味では、この「授業」は「教育」の一典型である、とも言える
であろう。

§2　授業という出来事をわかるということ

　「授業」を考えるのに、具体的な一つの授業という出来事を取り上げ
てそれについて考えようとする場合、その授業が私以外の他人である
人々の間の出来事であるか、あるいは、私が参加している出来事の中で
の私自身の経験することとしてとらえるか、という区別の問題が必ず現
れる。

　ある具体的な授業にかかわる私には、そのかかわりの在り方に、少な
くとも、三つ場合が考えられる。すなわち、私が、（1）「授業者」であ
る、つまり「先生」である。（2）「受業者」である、つまり「生徒」で
ある。あるいは、（3）他者である「先生」と「生徒」たちによって営
まれている出来事である「授業」の第三者的な「観察者」である。

　以上、三つの場合である。

　透明人間のように姿を消すことはできない我々、つまり身体を備えた
我々は、授業という出来事に参加する場合、基本的には、これら三つの
場合のいずれかにならざるを得ないのである。このことは、我々一人ひ
とりの「授業」体験の歴史を省みるならば、基本的には、（1）、（2）、
（3）のいずれかの場合として体験してきている、ということになるで
あろう。（以上は、第三章での「三つの心理学」の問題とつながる。）

　では、「教育＝共育」の典型としての「授業」という出来事をわかろ
うとする時、ことに、授業という出来事における、「教育の心理」の典
型としての、「授業の心理」をわかろうとする時、我々には、物事はど
のようにわかってくるであろうか。

「授業」という出来事では一体何が起こっているのか。授業において、「先生」、「生徒」、そして「観察者」のそれぞれで、「授業の心理」として、どのように何が起こっているか。

まず、以上のような問いへの答えが、一瞬のうちに、あるいは少なくとも短時間のうちに、一挙に与えられるということがあり得るであろうか。それは、一挙には与えられない、といってよいであろう。

例えば、武田常夫の著書『真の授業者をめざして』（国土社、1990年）は、「授業者」としての武田が、「授業」についてまた「授業の心理」について、長年の経験を経て、洞察を深めて行った経緯を記した著作である。「授業」について、何かわからないことが生ずる。そのわからないことについて、新たな一つの洞察が獲得され、ある仕方で、「わかる」状態に至る。また、わからないことが生ずる。・・・そうした過程を、武田は繰り返し繰り返し経験している。その過程には、ある意味で、必然性がある。武田にとって、授業は、一挙に明らかになる出来事ではない。その構造も意味も、徐々に、次第に明らかになっていくほかなかったのである。それは、あたかも、「目を覆っていた鱗が落ちる」とか「濃い霧が晴れる」という比喩的表現で表されるような体験過程を幾度も経て、次第に、わかるようになって行ったのであった。

例えば、武田は、最初、「時間中、子どもが勝手に出歩いたりする授業は最低だと思っていた」、しかし、「てんでんばらばらに勝手なことをやっているように見える」ある教室で、「子どもが動いている」とか「教室に張りがある」との「授業の世界」の「先生」の斎藤喜博の批評を聞いて、その「生徒」たる武田は、その「耳を疑った」。そして、「子どもたちは学ぼうとするみずからの意志で動いている」ということに気づく。「しかし、なぜ動かさなければならないのか。」とか「なぜ、もっと早く答えを出さないのか。」という疑問を抱くにいたる（同前書、16

－17ページ）。

　こうして抱いた一つの疑問について、しばらくして、一つのことがわかる。すると、それにつれて、これまで全く気にもしていなかったような事柄が、新たにわからない疑問、わかりたい疑問として、立ち現れてくる。そして、そのわからない事柄がわかるようになると、今度は、さらにまた、別の事柄が新たにわからない疑問として、思いもかけない仕方で、また現れてくる。・・・・そして、こうした過程は限りなく続いて行く。

　これは、「授業をわかる」という「経験の地平構造」が問題になっているのである。

§3　経験の地平構造：内的地平と外的地平

　「絶対的な未知性」は存在しない、と言われる。つまり、「未知性はいつでも同時に既知性の一様態である」（フッサール、E.1975年、29ページ）。例えば、ある一つの授業について考えてみることにしよう。すると、たとえ、その授業について、まだ何も全く知られていない「未知の授業」の場合であっても、例えば、その授業はどこかで人間と人間の間で行われ時間の流れのなかで経過する出来事の一種である、その経過の内容を知ることが原理的には可能であるようなものだ、その在り方を我々が知ることが原理的にはできるようなものだ、我々の「経験のながれの統一」のなかにはいりこむことのできる出来事である、などなどといった多くの点で、それがただ「授業」であるというだけで、既に既知の契機を含んでいる。そもそも、絶対的に未知であったら、それを言葉にして、考えるとか語るということが全く不可能になってしまうであろう。「絶対的に未知なるもの」というものは既に「全く未知」ではないのである。

ある一つの授業をわかろうとする場合、大きく分けて、二つのわかり
かたがある、と思われる。すなわち、一方では、その授業の経過する一
定の時間、その授業の行われる場所に、「先生」、「生徒」あるいは「観
察者」として臨席し、その授業で生起した出来事の詳細をわかろうとす
る、そういうわかりかたが一方にある。このわかりかたの延長上には、
その授業の記録をとるとか、その記録を見たり、読んだりする、という
ことも含んでよい。このようなわかりかたは、もっぱら、その授業で起
こっている出来事を、そこで生きている人間たちの経験に即して、詳細
に観察し、記述し、その構造と意味を明らかにすることであり、その授
業の出来事そのものの内部で何が起こっているかについて、まだ暗黙の
うちにある黙示的事柄を明示的にすることである。それは、その出来事
の内部での既知なることから出発して、我々にとって、その背景にあ
り、まだ隠されていて、わかっていない未知なることを、既知なるとこ
ろにもたらそうとして、解明するのである。

　解明（explication）とは、非顕在的、黙示的で暗黙な（implicit）
ものを顕在的、明示的で明白な（explicit）ものにすることである。

　授業の内部における出来事とその経験だけを、解明する場合、解明の
範囲は授業の内部に限られている。その内部の限られた範囲内で、その
授業の出来事とその経験の未知なるものが次第に既知なるものへと現れ
でてきて、明示化され顕在化してくる。この既知なるものとなり得る未
知なるものには限りが無い。無限なる未知なるものを背景として、既知
なるものが現れ出ているのである。このようにして、授業を解明し、未
知を既知にもたらす活動過程を、授業の「内的地平の解明」と呼ぶこと
もできよう。

　他方、このような「内的地平の解明」に対して、「外的地平の関係把
握」というわかりかたを考えることができる。これは、授業そのものの

内部にではなく、授業という出来事の外部にその視線を向けて注目し、その授業と授業外部のさまざまな物事、事物や出来事、との相互の関係をわかろうとする、そういうわかりかたである。例えば、その授業を観察していた他の「先生」が、その授業に深く感動したために、その後のその「先生」自身の自分の教室での授業の在り方が一変することになるとか、その授業の出来事が記録され、発表されて、外国の教育界で反響を呼ぶとか、あるいは、その時は思いもかけなかった仕方で、長い年月の後に、その授業で「先生」に学んだことが、当時子どもであった「生徒」の一生の在り方を変えることになるとか、そういったことは、その授業そのものの外部の出来事とその授業との関係である。そのような事柄は、その授業の出来事だけをいくら見ていても、顕在化あるいは明示化されては来ない。この場合も、そのような関係そのものは、無限にあって、すべての関係が一時に一挙に明らかになるということはあり得ない。そうではなくて、さまざまな未知の関係が次第に顕在化して、既知の関係となって現れ出てくる、という仕方で、いわば無限の未知の関係の中から選ばれて、次第にあらわになってくるのである。そこで、そのようなわかりかたを、授業の「外的地平の関係把握」ととらえることとしよう。授業という出来事と他との関係として顕在化しうる関係の中で、ある時点において、非顕在的に潜在化している関係は、これまた無限にあると言ってよい。したがって、ここでも、ちょうど「内的地平」の場合と同様に、「外的地平」の場合も、無限の未知なる関係の総体を背景として、既知となる関係が顕在化されて、次第に現れてくる、ということになる。

　この関係把握に関連して、一つの大事なことは、「中心主題として把握された対象からべつの対象へと注意がうつるとき、中心主題となる対象にあらたな規定がくだされる、ということ」（同前書、139ページ）で

ある。つまり、もし、外的地平の関係把握が進行して、ある「授業」とかかわって、例えば、「他の『先生』が、その授業に深く感動したために、その後のその『先生』自身の自分の教室での授業の在り方が一変する」という出来事が起こったとすると、その授業そのものに、あらたな規定が加わることになる。例えば、その授業には、「ある『先生』を感動させて、その『先生』の後の授業を一変させた、そういう授業である」という規定が加わる。さらには、その先生の立場から言えば、「あの授業で、その後の授業の取り組みを一変させるような、衝撃を受けた」ということになり、その授業には、「その後の取り組みを一変させる衝撃を与えた授業」という規定が加わることになる。ここで、注意すべきことは、こうしたことは、その授業での出来事のみ、つまり、授業の「内的地平の解明」のみでは、「外的地平の関係把握」がなければ、わからないのだ、ということである。

　こうして、授業をわかる仕方には、授業の「内的地平の解明」と「外的地平の関係把握」とがありうる。

　授業については、その内的地平を解明し、外的地平を関係把握することができる、ということになる。

§4　「顔」の「内的地平の解明」と「外的地平の関係把握」

　ここで、一息ついて、「内的地平の解明」と「外的地平の関係把握」についての我々の理解をより確かなものとするために、例えば、誰かの「顔」などを見てその特徴をとらえる場合を例にとって、私なりに、説明を試みてみよう。

　ある人の顔をよく見て、「この人の顔は丸顔だ」とか「あの人は色の白い顔をしている」（つまり、顔の肌をみるとその色が白い）、「あの人の顔では、鼻はばかに大きい」などということがある。このような特徴

は、たしかに、初めて出会った場合でも、その人の顔だけをよく見ていれば、次第にその特徴として、見えて来るようになる。例えば、このように、顔の在り方、部分や特徴などを次第に明らかにする過程が、言わば、その人の「顔」の「内的地平の解明」と考えられる。

　これに対して、例えば、「あの人は顔が広い」（社交的で大勢の知人をもっているという意味）などという場合がある。このような特徴は、その人の顔だけをどれほどじっと見つめていても絶対に見えては来ないであろう。さらに、「あの人の顔は鉄面皮だ」ということなども、その顔だけを見ていても、見えてはこない。ましてや、「あの人は腹が黒い」（付き合ってみると、悪だくみをすることが多く、狡猾である）などということは、たとえその人のおなかをよく見せてもらったとしても、絶対に見えてはこない。それは、その「顔」あるいはその顔をもつ「人」が位置している多種多様な社会的脈絡を明らかにして、初めて、次第にわかること、あるいは、見えてくることだからである。例えば、「顔の広さ」は、その人が多くの人々と交わりがあることを見聞きすること、つまり、その人と他の人々との関係を把握することによって、その人が交際範囲が広いことを知り、その「中心主題」としてのその人の「顔」に、「顔の広さ」という規定が加わったものと考えられる。多種多様な状況や脈絡の中で、その人と他の事物現象との無限の関係の在り方の中から幾つもの関係を次第に把握し、未知を既知としていく過程が、言わば、その人の「顔」の「外的地平の関係把握」である、と考えることもできよう。

　以上の「顔」の場合については、「内的地平の解明」と「外的地平の関係把握」とは何かについて比較的考え易いであろう。では、その具体的過程の詳細はどうか。「それは、皆さん自分で考えて見て下さい。」（菊池寛「三人兄弟」桑原三郎・千葉俊二編『日本児童文学名作集

§5　授業における「業」（ギョウ）の授受と業（ゴウ）の授受

　では、授業において、授受されているのは「業」（ギョウ）だけであるかどうか。

　われわれが「授業」で授受されるものは何かと問い、授業の「内的地平の解明」と「外的地平の関係把握」とを行うとしよう。すると、未知から既知へと顕在化して現れてくる「授受されているもの」は、それぞれにおいて、何であろうか。

　既に述べたように、「授業」では「業」（ギョウ）が授受されている。「内的地平の解明」は、そこで授受される「業」（ギョウ）の部分や契機、特徴を明らかにすることになるであろう。では、その「外的地平の関係把握」は、そこで何が授受されていることを明らかにするであろうか。それは、授受された「業」（ギョウ）によって生まれる、その「授業」の時間的空間的な外部での、その後の「授業者（先生）」と「受業者（生徒）」との無限ともいうべき多種多様な事物現象や人々との関係の変化の在り方の構造と意味を次第に明らかにすることによって、何が授受されていたかを明らかにするのである。

　その関係把握によって明らかにされるのは、そこで授受された「業」（ギョウ）が、狭くは授業者と受業者の現在の生活にとって、あるいは、さらにそれぞれの一生にとって、さらに広くは、その授業者と受業者を取り巻く社会、文化、歴史にとって、その「業」（ギョウ）がもつ意味あるいはもつことになる意味、もち得る意味、もち得た意味など、である。そのような意味は、実は、その授業の現場では必ずしも直ちに見えるとは限らない。しかし、「業」（ギョウ）の授受には、そのような「意味」が必ず伴っているものなのである。そこで、そのような意味、

「外的地平の関係把握」によって、未知から既知にもたらされた関係、それによって明らかにされる授受されたものの意味、それを「業」（ゴウ）と呼ぶこともできる。

　例えば、ある体育の授業で、「水泳ができる」という「業」（ギョウ）を学んだ人がいたとしよう。すると、後年、その学んだ「業」（ギョウ）のお陰で、その人自身が水に溺れることを危うく免れたり、あるいは、溺れかけている他人を救助することができることになったとしよう。すると、仮にもし、その体育の授業で、あの「業」（ギョウ）を学び受けとっていなかったら、その人自身溺れ死んでいたかもしれないし、まして、他人を救助することなど、到底、覚束なかったであろう。いずれの場合でも、そうした場合に遭遇して、かつて学び受け取った「業」（ギョウ）が、その人の一生にとってもつ意味、つまり「業」（ゴウ）が、次第に、明らかになってくる。とすれば、授業においては、「業」（ギョウ）の授受ばかりでなく、実は、「業」（ゴウ）の授受も行われていたのだ、と理解することができる。そして、授受される「業」（ギョウ）は「授業の内的地平の解明」によって、そして、授受される「業」（ゴウ）は、「授業の外的地平の関係把握」によって、あるいは少なくともそれに媒介されることによって、明らかになるのだ、と言えるであろう。

　「授業という出来事」は、その授業者と受業者の一生にとって、そして、彼らとかかわる人々の一生にとって、また、その授業という出来事を取り囲む他者にとって、さらには、授業の位置づいている文化、社会、歴史にとって、どのような意味と構造をもっているか、それを明らかにするのが「授業の外的地平の関係把握」である。

　「授業」の営みは、遠い過去からの「授業」、つまり「業」（「ギョウ」と「ゴウ」）の「授受」の歴史により、引き継がれて現在の「業」の

<hr>

注）「業」の語源：[意味][楽器をつるすぎざぎざになった板] ①わざ。しごと。つとめ（業務・事業）②事業や産業のこと（業界・企業）③学問。技芸（修業・学業）④くらし。生活をささえる仕事（家業・生業）⑤しわざ。行い（善業・悪業）⑥てがら（功行）⑦ごう。善悪のむくいの原因となる行為（業苦・罪業・自業自得）／[延長]文字を書いた板を業といい、学習するのに板で書きとめたから、学ぶことを業といい、すべて習うことを業といい、仕事をも業というようになった。（加藤常賢・山田勝美著『角川　当用漢字　字源辞典』角川書店、1972年）

「授受」の営みにいたり、そしてまた、将来の「業」の「授受」へと引き継がれて行く。そのことにより、これまでそうであったのと同様に、これからも、将来にわたって「善悪の果報」をもたらす「行い」ともなっている。その意味で、「授業」は、人間の歴史、人類の歴史の流れの重要な一部分をなしている。

　授業による、旧世界から新世界への移行は、「業」（ギョウ）の授受と同時に起こり、それは、後になってわかることではあるが、結果としては、同時に、「業」（ゴウ）の授受ともなっている。

　「授業」の「内的地平の解明」において明らかになる授受される「業」（ギョウ）とは「学問、技芸」であり、「善悪の行為」であり、さらに「生活をささえる仕事」でもあろう。

　そして、「授業」の「外的地平の関係把握」においては明らかになる「業」（ゴウ）とは、過去から受け継がれ、将来に善悪の果報をもたらす原因ともなる「行い」ある種の「力」でもある、と考えられよう（「自業自得」という言葉もある）（佐々木現順著、1980年）。

　「授」は、「授と受」を表わし、「授」は「受」を手助けすることを意味する。

　授業においては、「業」（ギョウ）の授受ばかりでなく、実は、「業」（ゴウ）の授受も行われていたのだ、と理解することができる。「業」（ギョウ）と「業」（ゴウ）は、「先生」が授け「生徒」が受けるばかりでなく、「生徒」が授け「先生」が受けるということもあるのではないか。だから「教育＝共育」なのではないか。また、授受される「業」（ギョウ）は「授業の内的地平の解明」によって、そして、授受される「業」（ゴウ）は、「授業の外的地平の関係把握」に媒介されることによって、明らかになるのだ、とひとまず、言うことができよう。

　でも、とある「学ぶ」人は「問う」かもしれない。「業」（ギョウ）と

「業」（ゴウ）の区別は大体わかった。が、この区別をしている人は、授業にかかわる「先生」、「生徒」、「観察者」のうちの一体誰なのだろうか。「顔」の話と「授業」の話は、似てもいるがどうも少し異なっているようにも思われるのだが。など、など。そうした「問い」については、またいつかご一緒に考えることにして、ここではとりあえず、「それは、皆さん自分で考えて見て下さい。」

§6　広い意味での「授業」

　学校教育における授業を長年に亘って実践し、その意味を深く思索し続けた実践者であった斎藤喜博は、「授業」を世間一般の常識的な理解よりも、広く理解していた。

　「私は『授業』と『行事』と『芸術教育』とは、学校教育での三つの大きな柱であり、いずれも広い意味で学校教育での授業だと考えている。したがって、どの一つを欠いても、学校教育は成立しないのだと考えている。そしてこの場合の『行事』や『芸術教育』も、今まで書いて来た狭い意味での『授業』と同じに、創造的であり追求的であり、それぞれが自己変革をとげ、それぞれの質を変えていくようなものでなければならないと考えている。」（斎藤喜博著、1963年、134ページ）

　ここで、狭い意味での「授業」と呼ばれているのは、かたちの上で、日常的な一般常識で「授業」と呼ばれている例えば「教室での先生と生徒との営み」に対応する。そして、広い意味での「授業」とは、学校教育におけるその働きにおいて、狭い意味での「授業」と本質的に同じ働きをする営み、つまり、日常的常識では「授業」には含まれていない「行事」や「芸術教育」などを、狭い意味での「授業」に加えて含めたものである。この斎藤の言葉は、「行事」や「芸術教育」においても、狭い意味での「授業」と同じように、「業」（ギョウ）と「業」（ゴウ）

の授受が行われうるのだし（可能性）、また、行われているのだし（現実性）、また、行われることになるのだし（必然性）、行われなければならない（当為性）のだ、ということを言っている、とも読むことができよう。そして、上記の斎藤の「授業」の把握は、授業実践体験の長年の生きられた歴史に基づいて、自ずから行われた、授業の「内的地平の解明」と「外的地平の関係把握」を介して、「授業」の本質を把握するに至った理解とも言えるもので、「授業」についてのより広く深い把握が示されている、と私は考える。

　「授業」の本質を備えた人間の営み、それが、「業」（ギョウ）と「業」（ゴウ）の授受としての「授業」である、と理解される。そう理解すれば、通常日常的に考えられている授業でも本質的には「授業ではない」場合もあるし、逆に、日常的には授業と考えられていない営みでも本質的には「授業である」場合もある、ということになるであろう。

§7　境小学校の卒業生の言葉

　さて、前記のように「授業」というものを理解していた斎藤喜博が、校長として、1964年から1969年まで指導した、群馬県の境小学校の生徒が、ある年、卒業するに当たって遺した言葉をご紹介し、このことをさらに考えてみたい。

　「算数や国語は頭のよい子がよくでき、とび箱や水泳は運動の得意な子がよくでき、声のよい子が歌がうまいと、きめつけてきた私たちの考えは、これらの勉強の中で一つ一つくずされていきました。先生に教えていただいた通りに、ていねいに基礎から勉強していけば、誰でも泳げるようになり、とべるようになり、歌えるようになるのだということがわかったとき、私たちは、勉強に自信が湧いてきたのです。そして学校がたのしくなってきました。

この6年間、私たちは、いつも高いめあてがありました。上級生が示してくれた、美しいとび箱や、美しい泳ぎや、美しい合唱などへのあこがれがそのまま、私たちの目あてでもあったのです。

　六年生になったとき、私たちは、今度こそハレルヤが歌えるという期待とよろこびでいっぱいでした。いままでのどの歌より慎重にパート練習をしました。いよいよ合唱することになって、先生が前奏をひきはじめたときの胸の高鳴りと、歌い終えたときの誇らしい気分とは、今でもはっきりと覚えています。

　二学期のある日の朝の会のとき、校長先生が、寺田寅彦の随筆の中にある話をされたことがありました。それはつぎのような話でした。

　私たちのふつうの生活と、歌や詩の世界とのあいだには、向こう側が見えない板のようなものがある。その板には、小さな穴があいていて、歌や詩の世界へ行けるようになっているが、努力しない人にはその穴がみつからない。努力してその穴を見つけ、何度もその穴をいったり来たりしているうちに、穴は大きくなり、らくに通れるようになってくる。そして、私たちも豊かになっていくのだ、というようなお話しでした。

　私たちも、先生に導かれながら、見えないこの穴を探し求めくぐり抜け、私たちの知らない世界にふれ、おどろきとよろこびにひたったことが何度もありました。」（斎藤喜博著、1969年、251－252ページ）

§8　卒業の言葉のひとつの解釈

　この卒業生の言葉には、巧まずして、「教育」と「授業」の意味が語られている、と私には、解釈することができる。

　すなわち、まず、「教育」については、「旧い世界」としての「私たちのふつうの生活」から出て、「新しい世界」としての「歌や詩の世界」へ入ることにおいて、「先生に導かれ」導き出され導き入れられなが

ら、私たち「生徒たち」は、先生と共に、育ってきた、そのようにこの生徒の言葉は語っている。それは、「教育とは共育である」という本質的なことを、平明に素朴に語っているのだ、と解釈することができよう。

　また、「授業」についても、同様に、授業の中で「先生に教えていただいた通りに、ていねいに基礎から勉強していけば、誰でも泳げるようになり、とべるようになり、歌えるように」なるという仕方で、「泳ぐ」、「とぶ」、「歌う」という様々な「業」（ギョウ）の授受が行われ、その業の授受に伴って、これは後になって初めて分かることなのだが、「勉強に自信が湧いて」きて、「学校がたのしくなって」きたという仕方で、同時に、「業」（ゴウ）の授受も行われていたことになるということが、次第に分かってきた、と語っているのである、とも理解することができよう。もちろん、他の教科の授業に関しても全く同様である。また、この「授業」において授受される「業」は、言うまでもなく、例えば「自信が湧いてくる」に限るわけではない。例えば先に述べたように、「泳ぐ」という「業」（ギョウ）の授受の有無により、後年、溺死を免れるとか人命救助できるとか、あるいは、不運にも溺死するとか、いう仕方であらわになる「業」（ゴウ）の授受ともなっていたのだということが、これまた、後になって初めて分かるかもしれないのである。「人間万事塞翁が馬」（人生の吉凶禍福は予測できないものだから、災いも悲しむにあたらず福も喜ぶには及ばないという諺）という言葉にもあるように、「業」（ゴウ）は、その「業」（ギョウ）の置かれる多種多様な脈絡において無数に現れ来るものであり、そのすべての詳細が一時に判明するなどということは決してありえないことは、改めて言うまでもないであろう。

　さて、こうして、この生徒の言葉は、「授業とは業（ギョウ）と業

（ゴウ）の授受である」という本質的な事柄を素朴に平明に語っている
のだ、と解釈することができよう。

§9 「子どもが一人で生きるときに泣くことのないように」

　教育実践者 大村はま は、「真の愛情とは」と題する文章の一節でこ
う書いている。「教師としての子どもへの愛情というものは、とにかく
子どもが私の手から離れて、一本立ちになった時に、どういうふうに人
間として生きていけるかという、その一人で生きていく力をたくさん身
につけられたら、それが幸せにしたことであると思いますし、つけられ
なかったら子どもを愛したとは言われないと思います」。「子どもがかわ
いいというんでしたら、子どもが一人で生きるときに泣くことのないよ
うにしてやりたいと思います。今のうちなら、たとい、勉強が苦しくて
泣いたってかまわないのですが、いちばん大事な時に泣かないようにし
てやりたいと思います。今日のこの幸せの中にいる時には、頭をなでて
もなでなくても同じことだと思います。一人で生きるときに、不自由な
く、力いっぱいいきていける、そういう子どもにしていかなければ子ど
もは不幸です。子どもを不幸にするようなことしていて、愛情をもって
いたのだと言ってみてもどうなりましょう。」（大村はま著、1973年、90
－92ページ）

　ここで、「一人で生きていく力」という言葉に注目したい。大村は、
授業の中で、子どもが「泣く」か「笑う」かではなくて、授業では「た
とい、勉強が苦しくて泣いたってかまわない」が、後になって、「一人
で生きるときに泣くことのないようにしてやりたい」つまり「笑う」よ
うに、と言っているとも解釈できよう。ということは、大村は、授業に
おける「業」（ギョウ）の授受を、同時に、「業」（ゴウ）の授受でもあ
る、と考えて実践すべきことを説いているのだ、と理解することができ

る。

おわりに

　授業とは、「業」（ギョウ）と「業」（ゴウ）の授受である。「授業」が「教育」の営みの典型であることがますます顕著となる。「教育＝共育」を、その内的地平においてのみでなく、その外的地平においても、同時にとらえることを、我々に促してくれることばとして「授業」という言葉を意味付けたことになり、そしてまた、我々が、「授業」をそのような脈絡においてとらえることが、我々に可能になった、ということになる。

　本章の我々の言葉は、「『授業』は、その内的地平の解明においては『業』（ギョウ）の授受として現れ、外的地平の関係把握においては『業』（ゴウ）の授受として現れる。したがって、『授業』とは、授業者と受業者との間の『業』（ギョウ）と『業』（ゴウ）の授受の営みであり、それらの授受によって、授業者と受業者が、共に育つ営みである。それゆえ、『授業』は『教育＝共育』という営みの一つの典型である」。

3

心理を学問

我という人の心はただひとりわれよりほかに知る人はなし

谷崎潤一郎

人おのおのこころ異なりわが歌やわれに詠まれてわれ愉します

窪田　空穂

§1　「心理を学問する」ということ

　「こころ」についての一つの学問である「心理学」と呼ばれる学問
を、少し学んでみると、誰にでもすぐ分かることであるが、歴史の中
で、世には実にさまざまな心理学が現れては消え、消えては現れた（藤
永保、1991年、265－309ページ）。それは、「こころ」あるいは「心理」
については共通の理解をもちながらも、それぞれが学問する対象となる
下位領域や採り上げる問題や研究方法がそれぞれ異なる、などというよ
うな生易しい状況なのではない。そうではなくて、そもそも「こころ」
や「心理」と呼ばれるものは一体何か、ということについての、最も基
本の理解さえもが互いにさまざまに異なっている、そういう多種多様な
心理学が、現れては消え消えては現れそして現在もまだある、という歴
史的状況なのである（ジオルジ著、1981年、および　ジオルジ著・吉田
章宏編訳、1990年、3－15ページ）。そして、それぞれの心理学の背景
には、当然のこと、それぞれの心理学を創り上げることに参加して来た
多くの人々の生きた歴史が秘められている。それら多くの人々一人ひと
りにとっては、「心理を学問」することが、自らの生きている世界にお
いて、何らかの意味をもったのであろう。それ故にこそ、それらの人々
は、そのように「心理を学問」し、それぞれに「心とは何か」を問い、

それぞれの心理学を創造し、継承し、活用したり利用したりしてきたのであろう。今日、最新の現代心理学においても、「心理学が真に価値ある領域になるためには、いつも、心とは何か、自ら抱いている心の理念とは何か、心について何がどうしてなぜ問題になるのか、何のためにそれを解くのか、を忘れてはならないであろう。いかにしてそれを解くかは、その次の問題なのだ。」（藤永保、同前書、309ページ、下線は引用者）と「初心に立ち帰る」べきことが説かれている。

　さて、そこで、「心理を学問」するということの、我々一人ひとりにとっての意味を「初心に帰って」考えてみよう。

§2 「教育の心理」を「学問する」ということ
　我々は、「教育の心理」を主題としてここで学んでいる。したがって、ここでは、「心理を学問」といっても、例えば、すべての生き物に普遍妥当的な、永遠の、「心理」一般ではなく、あるいは「動物の心理」、「知覚の心理」、「異常の心理」とか「宗教の心理」とかなどでもなくて、ほかならぬ「『教育の心理』を学問すること」の意味を考えることに限定することとしよう。

　この限定は、単に、対象の領域を限定するということ以上の意味をもち得る。なぜなら、後に見るように、この限定によって、われわれが、何を、何故、何のために、如何に、「学問する」かも、自ずから、暗黙のうちに限定されることになるはずだからである。

　もちろん、我々においては、「教育」とは「共育」であり、「共に育つこと」であった。

§3 「学問する」ということの意味
　「学問する」とはどういうことであろうか。その一つの端的な答えは

「学問する」という言葉に隠されている、と私は考える。すなわち、「学問する」とは、まず「問うことを学ぶこと」そして「学ぶことを問うこと」、さらには、「問うことを学び」かつ「学ぶことを問うこと」である、と考えられる。さらに言うならば、「問うことを学び」かつ「学ぶことを問い」続けることである。

　「学」は、「學」であり、「子どもが身振り手振りをまねならう」という意味であったという。ここで、「学ぶ」とは、「子」が「Ｘ」を「Ｘ」として「真似る」ことを「習う」ことを意味する、とも理解される。「学ぶ」とは「真似する」こと、つまり、「真」なる「Ｘ」に自らの「Ｘ」を「似せる」こと、「模倣する」こと、あるいは「模して写す」ことである。つまり、学ぼうとしている「真」のものごとの「真似」をして、それに「似せる」、つまり「模倣する」（「ミメーシス」）ことを意味する、と理解されよう。ついでに言えば、ここに、後述の「反映」とか「志向」ということとの結び付きも、ちらと見えてくる。また、ここで、「子」は、子どもとは限らず、広く、人の意味をも含みうるであろう。

　「問」とは、「口で相手をせめたてる」、「白状させるために問い詰める」という意味であったという。ここで、「問う」とは、それまで問うていなかったものごとに、「問い」を差し向けることである、とも理解される。それまで、問わなかったのは、問う者の世界にまだその問われるものごとが、隠されていて「問うべきもの」としては現れて来ていなかったからであろう。それは、その世界の地平の外にあって気づかれなかった場合もあろうし、その世界の地平の内にありながらも、例えば、余りにも当然で自明で当たり前なものごとの場合などのように、未だ問われるには至らなかった場合もあろう。その場合の「問う」は、自明とされていたものごとを改めて「問う」ということになる。そして、「学問」の「問い」の中心は、個々の場合によって幾らでも変化するものご

と、偶然的なものごとよりは、多様に変化するなかでの不変のものご
と、必然的それゆえ本質的なものごとを求めて「問う」ことにこそあ
る、と私は考える。

　ところで、「学問」の「問い」は、その学問が対象としているものご
とのみではなく、その「学問」そのものの在り方にも及ぶ。例えば、そ
の「学問」の「問い」そのもの、「問う」べきもの、「問い方」、「問う
者」、・・・などのすべてに、その「問い」が及ぶことになる。例えば、
「このように問うことで果たしてこのものごとを明らかにすることがで
きようか」とか、「明らかになるとは一体どういうことか」とか、「何の
ために学ぶのか」とか。そのように多面的にまた根本的に「問う」こと
で、その「学問」の「問う」ことが次第に深まり、「学ぶ」ことが広く
確かになり、その「学問」が豊かになる。そして更に、「学問」の「学
ぶ」も、同様に、そうした学問の「問い」の総体を「学び」、何事の
「学問」においても、そのように限りなく深く豊かに「問う」ことを自
らも始める、そのようにして「学ぶ」自体も深まり豊かになる。それ
が、「学問」である、とまあそんな風に考えることもできよう。

　そこで、「学問する」とは、「学ぶことを問い」あるいはまた「問うこ
とを学ぶ」ことであり、このことを限りなく繰り返し行うことによっ
て、「学ぶ」と「問う」の総体を深め豊かにしていくことである、と言
うこともできよう。

　「学問」は、そのようにして、その学問の組織的な「知」を築き上げ
て行く。

　ここで、「学問」の「問い」として、一つの「問い」を「学問」に差
し向けてみよう。

　「学問」は、「何のために」また「何ゆえに」、「知」を求めるのである
か。

この「問い」については、我々自身それぞれが自ら考えを深めるよう努めるべきであろうが、幸いにも、既にこの「問い」を問い、思索し、その暫定的な答えを出している「先生」がいるので、ここでは、その「答え」に、我々の「問い」の脈絡を重ね合わせて、「学ぶ」こととしてみよう。（注）

　すると、四つの場合が考えられることが見えてくる。すなわち、（A）「因果分析科学」：原因と結果の関係の説明を見いだすために、言い換えれば「この結果の原因はこれこれなんだ」と説明できるようになるために、「知」を求める場合。（B）「目的達成技術」：目的を達成する手段を見いだすために、言い換えればあることを実際にやり遂げることができるようになるために、「知」を求める場合。（C）「人間理解教養」：自分を含めた、人間を理解するために、言い換えれば自他の人間的言動について「ああ、そうか、わかった」と言えるように、理解を深め教養を豊かにするために、「知」を求める場合。そして、（D）「解放倫理実現」：この世での人間の苦境を理解しそこから人間を解放するために、言い換えれば自他の置かれた苦難の状況を理解し、そこから自他共に解き放たれ救われる倫理を実現するために、「知」を求める場合。以上の四つの場合が考えられる、といってもよいであろう。もちろん、これら四つの場合は、互いに重なり合い、補い合っているのであるが、しかし、「知」を求めるその主たる理由あるいは動機がどこにあるかは、少なくとも概念的には、区別され得る、と考えてもよいであろう。

　さて、では、我々は「何のために」また「何ゆえに」、「教育の心理」の「知」を求めるのであろうか。

§4 「『教育の心理』を学問する」ことで我々が求めるもの

　「『教育の心理』を学問する」ことで我々が求めるものは何か。それ

（注）　例えば、J．ハバーマスは、「技術的認識関心」、「実践的認識関心」、「解放的認識関心」を挙げている（1975年、591－599ページ）。また、K－O．アーペルは、合理性の四種の典型的形態として、（1）因果分析の科学的合理性、（2）目的的合理的行為の技術的合理性、（3）理解あるいは理解に到達する解釈学的合理性、（4）倫理的合理性を挙げ、順に前者が後者を前提とする関係にあると説いている（Apel, Karl-Otto, 1984, p.248）

は、我々が誰であり、どのような世界を生きているかによって定まる、といってもよい。（A）「因果分析科学」、（B）「目的達成技術」、（C）「人間理解教養」、（D）「解放倫理実現」のいずれもが、それぞれに対応する立場の人々にとっては、それこそ最も求めているものである、と感じられるであろう。

　ここで、我々が「学問する」ことを選んだ「心理」は、ほかならぬ「教育」つまり「共に育つこと」の心理であることを、もう一度思い起こさなくてはならない。「共に育つこと」、それは、本質的に「共に幸せになること」でなければならないであろう。「不幸になること」あるいは「不幸にすること」であってはならないであろう。例えば、それは、「生きがい」を体験できることでなければならず、決して「生きがい」を奪うことであってはならないであろう（神谷美恵子著、1966年、参照）。

　「学問する」ことが人々を不幸にしてきた事例は、ドイツのナチス体制の下での、精神医学、人類学、心理学などの例（ベンノ・ミュラー＝ヒル著、1993年）、や大量殺戮兵器の研究などを挙げるまでもなく、歴史のなかで数え切れないほどあろう。

　そして、仮に「『教育の心理』を『学問する』」ことが、また、それによって得られる「知」が、誰であれ、人々を「不幸にする」のであったなら、そのような「学問」は無いほうがよい、と考えることもできよう。「学問」が、もし人々を「幸せ」にできないとしても、そのような無力はまだ許されうるであろう。しかし、もし万が一にも人々を積極的に「不幸にする」ようなら、そのような「学問」、少なくとも「教育の心理」に関しての「学問」は、無いほうがよい。

　こう考えると、我々の求める「教育＝共育の心理」の「学問」の性格が、幾分ではあるが、次第に明らかになってくる。

O.F, ボルノウは、その著『真理の二重の顔』（1978年）のなかで、二つの真理概念を紹介し、一方に、「鏡」としての、認識に向けられた、ギリシャ的な真理概念、他方に、「巌」としての、信頼に向けられた、ヘブライ的な真理概念とを挙げて、対照させている。真理を「言うこと」と、真理を「行うこと」との対比とそれらの間の関連が問題となる。「知行合一」あるいは「言行一致」ということは、このことにかかわっている。「教育の心理」の「学問」において、我々が求めている「真理」は、「鏡」としての真理か「巌」としての真理か、と問うこともできよう。

§5　「教育の心理」について、我々は全く無知か？

　「だれもが教育評論家になりうる」といわれる程、「教育」については、誰もがそれぞれに、自信のある一定の見解を持っている。考えてみれば、それは当然でもある。つまり、少なくとも自分にとっては、その意見を支えるに十分に豊かである、と思われる、長年にわたる教育にかかわる自らの体験を、誰もがそれぞれ持っているからである。「教育の心理」についても、同様である。「教育の真理」については、我々の誰もが、決して、全くの無知ではない。いや、それどころか、それぞれに、常に既に、豊かな「知」を有している。

　このことを確信するには、第一章でみた例の『銀の匙』の挿話を思い起こせばよい。あの挿話で、伯母さんが「私」を、それまでの狭い旧世界から導きだし、未知の広い新世界に導き入れるに際して示したあの巧みさには、「教育の心理」の豊かな「知」が溢れるばかりに表現されている。もちろん、言うまでもなく、伯母さんは「教育心理学」というような学問の知識を学んでいる訳ではない。また、その「知」を言葉で説明せよ、と求めても、伯母さんには、うまく説明できるとは限らないで

あろう。しかし、だからと言って、伯母さんが、「共に育つ」という意味での「教育」を「行うこと」を支えるに十分な「教育の心理」の「知」を有している、ということは否定できないであろう。我々は、あれほど見事な「教育＝共育」を「行うこと」のできる伯母さんは、どのような「教育の心理」についての「知」を有しているのか、それを「学び」、我々もまた「教育＝共育」を「行うこと」ができるようになりたい、と願ってもよいであろう。「教育の心理」の「学問」に、我々は、そのような「行うこと」の基盤としての「巌」を求める。

　あの伯母さんほどではないにしても、長年にわたり教育を受ける「生徒」として生きて来たこと、教育の多様な営みを見て来たこと、考えて来たこと、他者のさまざまな考えを聞いて来たこと、そして、教えたり育てたりした経験を積んできたこと、など、などで、常に何らかの仕方で必要とされる「教育の心理」の「知」、ことに「行うこと」を支える「知」を、我々の誰もがそれぞれの仕方で有しているということは、言うまでもないことであろう。

　こう考えてくると、ここで、「教育の心理」についての「教育＝共育」で、我々が「学問する」ことによって、歩むべき道は、より一層明確になってきたようだ。つまり、それは、我々誰もがもっている「教育の心理」についての理解、そのなかには明示的な理解も黙示的な理解もあろうが、そうしたさまざまな理解から出発して、「教育の心理」の世界における多くの「先生」たちの歩んだ道を、その「先生」たちと共に辿りつつ、我々自身の「教育の心理」の理解をより明晰判明にそして豊かにして行くべく、一歩一歩前進して行くことだ、ということになろう。「先生」たちの歩んだ道を辿り、そこで得た答えを知る道行きで、我々自身、自分の既にもっていた暗黙の理解が、我々にとってはじめて露わとなり明らかとなってくる場合もあるだろう。いずれにせよ、「教

育の心理」の「知」は、我々のもっている「知」と独立に、天かどこか
から突然降ってくるように、与えられるのではない。そのように与えら
れた「知」がもしあったとしても、そのように与えられた「知」は、我
の「知」とはなり難い。そうではなくて、我々が自ら「共育」を「行う
こと」の基盤となる「巌」としての「知」は、我々自身が生きてきた
「教育」から生まれた「教育の心理」の「知」を、可能な限り多様な仕
方で、次第に豊かにしていくことによってしか生まれない。

§6 「三つの心理学」のこと

　心理学について、「三つの心理学」が言われることがある。例えば、
荻野恒一はその著『精神病理学入門』（1964年、第六章）で、「一人称の
心理学」、「二人称の心理学」および「三人称の心理学」ということを述
べている。

　「一人称の心理学」とは、「内省」つまり「自分のこころの現象を自分
自身で省察してゆこうとする方法」による「こころに関する学問」であ
る（同前書、205ページ）。それは、我による「我の心理学」とも呼ばれ
うる。「教育の心理」について、教育の営みの中で、「先生」が自らの
「こころ」の現象を自ら省みて「学問」する、あるいは、「生徒」が自
らの「こころ」の現象を自ら省みて「学問」する、そのようにして成立
する心理学があるとすれば、それが「一人称の心理学」あるいは「我に
よる『我の心理学』」であろう。

　「二人称の心理学」とは、「自分のこころの現象」ではなくて、「他人
のこころの現象」を「理解」しようとする心理学である。ただし、その
他人は「『わたくしとの深いかかわりにおいて、わたくしの前にいるひ
と』であるとき、わたくしの人生にとって、あるいはそのひとの人生に
とって、二人の『出会い』が厳粛な事柄であるとき」、そして、その他

人は「いまの状況で、他の人に代えることのできないひと」、「こころから汝とよびかけなければならない相手」（同前書、207-208ページ）である。そのような状況での相手である「他人のこころ」の学問、それが、「二人称の心理学」であり、「我による『汝の心理学』」であろう。「教育の心理」について言えば、「教育＝共育」という人生における「厳粛な出会い」において、「先生」が「生徒のこころ」について「学問する」、あるいは、「生徒」が「先生のこころ」について「学問する」、そのようにして成立する心理学があるとすれば、それが、「教育の心理」についての「二人称の心理学」であり、「我による『汝の心理学』」であろう。

　それに対して、「三人称の心理学」はと言えば、これもやはり、「自分のこころの現象」ではなくて、広い意味で、「他人のこころの現象」を、こんどは「理解」ではなくて、「説明」しようとする心理学である。これは、今日「科学としての心理学」とも「科学的心理学」とも呼ばれることのあるもので、その「科学的説明」の仕方は、自然科学の「因果的説明」の仕方に「学ぶ」ことで、心理学を「哲学」から解放して「科学」にすることを目指している。一般に、「客観的」で「科学的」な心理学と呼ばれるものがそれである。この場合の、「他人」は、「だれそれとよびうる任意のひと、無人称的な性格をもったひと、簡単に『かれ』とよんで済ましておけるひと」（同前書、206ページ）である。そのような「ひと」である「他人のこころ」の学問、それが、「三人称の心理学」であり、「我による『彼の心理学』」であろう。「教育の心理」について言えば、「先生」と「生徒」の「相互作用」を、その両者からは、距離を置いた第三者としての「客観的」で「科学的」な立場から観察や実験を重ねて「学問する」。そのようにして成立させる心理学があれば、それは、「学問する我」にとって「簡単に『かれ』とよん

で済ましておけるひと」としての「他人である先生」と「他人である生徒」の「こころの学問」であるからして、それが、「教育の心理」についての「三人称の心理学」であり、「我による『彼／彼女の心理学』」であろう。

　これら「三つの心理学」にさらに加えて、人間を「もの」と見なして「学問する」、「『それ』の心理学」といったような心理学も考えられようが、ここで論ずることは、控えておこう。

　さて、日常生活において我々は、「教育の心理」について、これら「三つの心理学」の区別を明瞭に意識することもなく、適宜、三者を混同し、混合し、混用しているのが実情であろう。われわれは、「学べる」ものからは、何からでも貪欲に学んで、生活している。

　しかし、「教育の心理」を「学問する」という場合には、少なくとも、これら三つの心理学を区別する用意が、いつでも、なされていなければならない。なぜなら、「三つの心理学」は、「教育＝共育」において「我」が「行うこと」の直接の支えとなる基盤としての「巌」には、それぞれに、同じであるばかりでなく異なるかかわりかたをするからである。

　『銀の匙』の伯母さんには、「教育＝共育」を「行うこと」の「巌」としての「教育の心理」の「知」は実に豊かであった、と思われる。それは、恐らく、長年の経験の蓄積から生まれた「二人称の心理学」の萌芽であったろうし、あるいはさらにまた、「一人称の心理学」の萌芽であったかもしれない。しかし、それは、「三人称の心理学」の萌芽でさえなかったであろう。これに対して、「三人称の心理学」の専門家が、日常生活において、貧しい「一人称の心理学」あるいは「二人称の心理学」しか有していない全くの素人である、ということはしばしば起こり得ることなのである。

§7　三つの人称の「死」：我の死、汝の死、彼・彼女の死

　「三つの心理学」の区別は、日常的に三者を混同している多くの人々にとっては、必ずしも理解することが容易であるとは限らない。さらには、なぜ、この区別がそれほど重要なのか、と疑問に思う人々さえもあろう。そこで、この区別の重要性を納得するために、「生き死に」とかかわって、この区別を考えてみる道を、すこし歩んでみよう。

　それは、「一人称の死」つまり「我の死」、「二人称の死」つまり「汝の死」、「三人称の死」の区別から、「人称」の区別の重要性を納得する道である。

　ジャンケレヴィッチの『死』（1978年）に学ぼう。

　彼は書いている。「第三人称態の死は、死一般、抽象的で無名の死、あるいはまた、たとえば一人の医者が自分の病気を検討する、ないしは自分自身の症状を研究する、あるいは自分自身に診断を下すというようなふうに、個人の立場を離れて概念的に把えられたものとしての自分自身の死だ。」「第三人称態の死、・・・・・それは他の対象と同様な一対象、人が医学、生物学、社会、人口統計の観点に立って記述し、ないしは分析する一対象であり、その場合には、悲劇性をもたぬ客観性の極致を代表するものだ。」（同前書、25ページ）。

　「第三人称が平静の原理なら、第一人称は疑いもなく苦悶の源泉だ。わたしは追いつめられた。」。第一人称の死では、「わたしはこの問題に対して距離を保つことができず、密接に粘着する。わたしのことが問題なのだ！　わたしが問題なのだ。死が個人的にわたしの名で呼ぶわたし、他人を指さし、袖を引き、隣人のほうに横目をつかういとまを与えぬわたしだ。・・・・もっとあとへの延期、そしてまったく同様にして、アリバイもだれかへの転化も不可能になった。」　死は待ってはくれない。他人に代わってもらうこともできない。凡人が死を迎えるときの

心は、次の辞世がよく表現してくれている。

　　今までは人の事だと思つたにおれが死ぬとはこいつ堪らぬ
　　　　　　　　　　　　　　　　　　　　　　　　蜀山人

　「第二人称態の死」は、第三人称の「無名性」と第一人称の「悲劇の
主体性」との間の、「中間的でいわば特権的な場合」である。「遠くて関
心をそそらぬ他者の死と、そのままわれわれの存在である自分自身の死
との間に、近親の死という親近さが存在する」、「親しい存在の死は、ほ
とんどわれわれの死のようなもの、ある意味ではわれの死とほとんど同
じだけ胸を引き裂くものだ。父あるいは母の死はほとんどわれわれの死
であり、ある意味では実際にわれわれ自身の死だ」（29ページ）。「愛す
る存在の喪失によって覚える哀惜と心を裂くような悲しみとにおいて、
われわれは親しい者の死を自分自身の死のごとく生きる」（30ページ）。
次の和田谷春江による二首が想起される。

　　見舞いたる友には癌と云いし夫のなどて吾には云わず逝きにし
　　癌を知りゐし夫なれば共に手を取りて嘆きしものを今に悔やみぬ

　「我」が、自分が、死ぬことと、他人が死ぬこととは、根本的に異な
ることである。さらに、我ならぬ他人でも、我とかかわりの深い「汝」
が死ぬことと、我にかかわりのない無名の「彼・彼女」が死ぬこととと
は、これまた言うまでもなく、大いに異なることである。このことはあ
まりにも明白であろう。
　「三つの心理学」の差異が、「三つの死」の差異ほどには、明白に見え
て来ないとすれば、それは何故なのであろうか。

「三つの死」の差異は、いわば「三つの生」の差異である。それは、「三つの愛」の差異、「三つの憎しみ」の差異・・・・などにもつながっている。

　そして、「生きること」の一つの中心的な営みである「教育＝共育」の営みにおいても、「我」、「汝」、「彼・彼女」の間の差異は、そこにおける「こころ」を「学問する」場合に、当然、根本的に異なることとして、現れるのである。

§8　「私・心理学」と「他人・心理学」

　心理学においても、この人称による根本的差異に注目している立場がある。

　例えば、著書「『私』心理学への道」（1988年）を著した戸川行男は、終章「私（わたくし）・心理学への主張」で、我々は、「あらゆる心理学的研究に先行して、研究者自身による、研究者自身についての、『私・心理学』的研究を行わなくてはならない。」（同前書、150ページ）、と書いている。「自分にとって、自分はわからないでも他人はわかるのであろうか。『私・心理学』を人が奇とすれば、むしろ、自分自身・私がわからず、私を棚あげにして他人だけを云々する『他人・心理学』こそ、不思議とされるべきではないか」とも論じている。この言葉は、芦田恵之助の「自分の事はわからないが、子供のことは見えるという法はありません」（1973年、230－231ページ）という言葉を想起させる。戸川はさらに、「人間とは、私と、そして私にとっての他者と、この二つから成る」、「自己の心は他者の一切の心から絶対に隔離されている」、「心から心への通路はない」、「心はすべて常に孤としてある」、「孤という状態が心の本質である」、「心は私としてある」等々と言明し、「宇宙に、そして今というこの時に、私という私、一人の私、この独自の私がいる。

それの、ほかの者、つまり他者はすべて、それぞれ、他者、つまり私ではない人間である。」（同前書、162ページ）と記し、また、「人は各自に、『自分』という人間、すなわち人間が知りうる唯一の人間を、見なければならない。心理学はこの『私・心理学』によってのみ、人間を知ることができるのであって、それ以外に人間を知り得る道はない。」（同前書、172-173ページ）と述べ、「『私』心理学」を作ることを主張している。

　以上は、我々の言葉で言えば、「心理学」の根幹は「一人称の心理学」つまり「我による『我の心理学』」でなければならない、とする主張である、と理解することもできよう。

　多くの読者は、直ちにこの主張に同意するかどうか。

　しかし、ことに、「『教育の心理』を学問する」場合に、「我」、「汝」、「彼（彼女）」の「我による心理学」を、各人がこの広い宇宙でただ一人で独自な「我」として、「教育＝共育」を生きる「我」として、それぞれに独自に作り上げるべく努めよ、との促しの言葉として、「学ぶ」ことは出来るであろう。

§9　「他人の心はわかることができるか」という問い

　「『私』心理学」への道へと誘う洞察はほかにも見られる。次の小説の一節がある。

　「『兄さんに対して僕がこんな事をいうと甚だ失礼かも知れませんがね。他（ひと）の心なんて、いくら学問をしたって、研究をしたって、解りっこないだろうと僕は思うんです。兄さんは僕よりも偉い学者だから固（もと）より其処に気が付いていらっしゃるでしょうけれども、いくら親しい親子だって兄弟だって、心と心はただ通じているような気持ちがするだけで、実際向うとこっちとは身体が離れているとおり心も離

れているんだから仕様がないじゃありませんか』／『他の心は外から研究は出来る。けれどもその心になって見る事は出来ない。その位のことは己（おれ）だって心得ているつもりだ』／　兄は吐き出すように、また懶そうにこういった。」（夏目漱石『行人』岩波文庫、130－131ページ）

　仮にもし、全くこの通りであるとすると、我々は、「『教育の心理』を『学問する』」ことによって、教育を行うことの「巌」としての「知」に到達することが、果たして可能かどうかが、危うくなってくるようにも思われるであろう。そして、正しく、その通りなのである。それは、まことに、危ういのである。それゆえにこそ、一人ひとりの「我」、一人ひとりの「私」が、自らの「教育の心理」を自ら「学問する」ことを始めなければならないのである。

（注）　確かに他人の「心」はわからないことは認めるとしよう。しかし、では、自分の「心」は直接にわかることができる、と言えるだろうか。実は、私は、私の「心」にさえも、直接には、そのまま接近はできない、との反論がある。その反論の理由は、少なくとも二つある。第一に、もし「自分の心」を「私」が見つめようとすると、そのこと自体によって、見つめようとする以前とは、変化してしまい異なってしまうということである。しかも、どのように異なるかということも、確かめようがないではないか、というのである。そして、第二に、ある種の「自分の心の動き」は、その現場で、それを見つめようとすること自体が不可能だ、ということである。例えば、激しい怒りなどの激情に襲われている「自分の心」には、他者はその時点でその現場での「私の心」に立ち会えるが、その激情の本人である私には、一定の時間を置いて、しかも想起によってしか「自分の心」に接近できない。そして、そのように

時間をおき、想起することができるようになった時とは、既に激情は収まっている時であるほかない。したがって、私は激情下の「自分の心」に接近することはできないというのである。

§10 「他人をわかる」ための条件

　安永浩は、他人を「理解する」ための条件を簡潔な構造的条件として示している。

　理解されるのは「他人」、理解するのは「私」（自分）、そして、「理解する」とは、私と他人とをつなぐところの「何か」である、とする。その上で、「"他人"理解のためには、まずもって同じ要素を"自分が"もっていなければならない」として、「それは細部にわたってまったく同じ、という必要はなく、自分の中のある同じ要素を何らかの規則で変形し、写像的に対応させれば・・・この操作を変換とよぶことにしよう・・・それが誘導できる、という意味での"原型"（とそれに伴う"変換過程"）が知られていればよい。／もしも原型の部分がまったくないか、あるいはこの変換過程を見いだしえない場合には、人は"他人"をこの意味で理解する・・・ことはできない。」として、その構造を次のように簡潔に定式化している。

　「一、"私"は　二、"他人"と　三、"原型"を　四、"変換"することによって　五、"同じ形"になる」のが他人を「理解する」ことである（安永浩、1986年、14ページ）と。

　この意味では、上記の条件が満たされる限りにおいて、「私」は「他人」を「理解する」ということが成り立ちうる。ここで、もちろん、「私」と「他人」との関係でも、例えば、同じ家庭でともに同じように育てられた一卵性双生児の場合とか、あるいは、長年連れ添った仲睦まじい夫婦の場合とか、のように互いに気心が知れている場合は、「理解

する」ことが成り立ちやすいが、初対面の言語も習慣も異なる異邦人同士の場合は、成り立ちにくい、ということがあろう。さらに、豊富な人間的経験によって、私の「原型」の蓄えが豊かであって「同じ形」に近い「原型」を見いだすことができれば、適切な「変換」を見いだすことが容易となるであろう。また、仮に、「原型」の蓄えの種類が貧しくても、豊かで柔軟な「変換」が駆使できれば、これまた、「同じ形」になることも相対的に容易となるであろう。さらには、そもそも「原型」や「変換」を当の「他人」と共に形成して行く、という場合も考えられよう。例えば、芭蕉の旅した跡を辿り、『奥の細道』の芭蕉の心を「理解する」というようなことは、個々の俳句に即して、ここで言う「変換」を鍛えることとも、「原型」を豊かにすることとも、どちらに理解することも可能であろう。そして、「原型」の豊かさと「変形」の豊かさとには、互いに相い補う関係にあると言えよう。

　いずれにせよ、『行人』の兄が言う通り、「他人の心」について「その心になって見る事は出来ない。」とは言え、「我の心」を「他人の心」と「同型」にすることは可能であり、その限りにおいては、他人の心を解ることも可能である、ということであろう。そして、現実の日常生活では、そのようにして、とにもかくにも、どうにか、他人同士、解ったつもりで、共に生き、共に育っている、ということであろう。次のような短歌がある。

　　人おのおのこころ異なりわが歌やわれに詠まれてわれ愉します
　　　　　　　　　　　　　　　　　　　　　　　　　　　窪田空穂

　歌人空穂は、数多くの他人の短歌を詠み選歌するに際して、「自らの心」の「原型」を柔軟に「変換」しつつ、「他人の心」と「同じ形」に

することで、「他人を理解する」体験を重ねて来ているのであろう。ふと、ある時、自らの作った歌を詠む。しかも、その時、あたかも他人の歌を詠むかのように、その歌を詠んでいた。そして、「自らの心」の「原型」を、その歌を作った時の「自らの心」と「同じ形」に、「変換」しようとしていることに気づく、そこで改めて、これまでそのようにして理解してきた「他人の心」と対照される、今理解しようとしている「自らの心」の独自性と親近性に気づき、思わず、愉快だなあと思う。この歌を、我々の脈絡で、こんな風に理解することもできよう。

　こうして、「自らの心」も「他人の心」も、言うまでもなく、ある限界をもってではあるが、「理解する」ことができる、とも考えられるのである。

おわりに

　「心理を学問」するということ、すなわち、我々の脈絡の中で、「『教育の心理』を『学問する』」ということは、「先生」が「生徒」を旧世界から導き出し新世界へと導き入れるという「教育＝共育」の営みにおける、それぞれの我、汝、彼（彼女）の「心」を「学び」また「問い」、「学ぶことを問い」また「問うことを学ぶ」ことを続けつつ、「自らの心」と「他人の心」との「理解」を次第に深めて行く営みである、ということになろう。我々はそのように「学問する」営みにおける「生徒」として、その「学問する」営みにおける多種多様な「先生」たちに「学び」、その営みにおける、自らの「旧世界」から導き出され我々にとっての「新世界」へと導き入れられること、それが、我々が「心理を学問」することである———ということに、どうも落ち着きそうだ。

4.

人間我世界

人はひと吾はわれ也とにかくに　吾行く道を吾は行くなり　寸心

（西田幾太郎）

少年貧時のかなしみは烙印のごときかなや

夢さめてなほもなみだ溢れ出ず　（坪野哲久）

「井の中の蛙、大海を知らず」（諺）、「されど、井の中を知る」（章宏）

「朱に交われば赤くなる」「善悪は友を見よ」「水清ければ魚すまず」

　これまで、教育は共育、授業と受業、心理を学問、と進めて来た。本章の主題は、「人間我世界」つまり、「人間と我と世界」であり、また「にんげんが　せかい」あるいは「にんげん　は（われ）　せかい」でもある。

§1　教育と人間

　「教育の心理」で考える共育としての教育とは、「先生」と「生徒」の間の、つまり人間と人間の間の、営みである。では、「人間」とは何か。この問いは、「こころ」とは何か、という問いと同様に、途方もなく巨大な、言わば、人間である我々にとっての永遠の問いとも言うべき問いである。この巨大な問いに、無から始めて短く答える力など私には全くない、と自覚せざるをえない。例えば、フロム他編著『人間の本質』（E.Fromm & Ramon Xirau.1968）に学ぶなら、多種多様な人間理解があり、しかも、どのひとつをとっても、それによって人間理解は決して尽くされはしないことがわかる。まして、短く述べるなどということ自体、土台無理なのである。

ただ、それにもかかわらず、我々はだれでも、それぞれに、「人間とは何か」についての暗黙の知を常に既にもっている。そして、我々はいま、「教育の心理」つまり「共育の心理」を考えるという状況に我々自身を置いている。そこで、我々にとってのこの問いを、「人間」の「教育の心理」を考えるという脈絡と状況において、人間は「何として」とらえ得るか、我々は「人間」を「何として」とらえるか、という問いとして、限定して考えることにしよう。

§2　共育における人間

　ともかく、教育という状況における、我、汝、彼／彼女としての人間たちを思い浮かべてみる。そして、素朴に、そのうちの一人がそれである「人間」を、我々は、「何として」とらえ、「何として」はとらえないか、と問うてみよう。

　一般的に言えば、第一に、人間は「もの」としてとらえることもできる。例えば、ある状況においては、恐ろしいことであるが、人間の毛髪は織物の材料に、皮膚は電気スタンドのフードに、脂肪は石鹸の材料になる「もの」であった（フランクル，V. 1956年）。しかし、言うまでもなく、我々は、我々の「教育＝共育」の脈絡において、人間をそのような「もの」としてはとらえない。第二に、人間は「けもの」（＝動物）としてとらえることもできる。人間は生き物であり、しかも、植物ではなくて、動物の仲間である。従って、曲芸の「調教」や「条件づけ」実験の対象ともなりうる。また、恐ろしいことに、生死が危機に瀕する極限状況では、人間は、「けもの」以上に残酷な獣性を発揮し、時には、共食いをするもの、としてもとらえうる（大岡昇平、1972年）。また、奴隷を酷使する者の目には、奴隷が人間としてではなく、半動物、半道具（もの）として映っていた、とも言われる。しかし、我々

は、我々の「教育＝共育」の脈絡において、人間をそのような「けもの」としてはとらえない。第三に、人間は「ヒト」としてとらえることもできる。例えば、生物学的研究などにおいては、人間は、「ネズミ」、「イヌ」、「サル」、・・・などと並んで、進化の系統樹の中で、一生物である「ヒト」として位置付けられ、とらえられることがある。しかし、我々は、我々の「教育＝共育」の脈絡において、人間をそのような「ヒト」としてはとらえない。

　人間は「人」である。しかし、もし人間が「人」であることで総てが尽くされるとするなら、なぜ、「人」とだけ呼んで済まさず、敢えて「人間」と呼ぶのであろうか。人間を「人」ではなくて、「人間」と呼ぶ必要はどこにあるのか。

§3　人間と人

　「人間」という言葉の意味については、和辻哲郎の詳細な考察がある（和辻哲郎、1934年）。和辻は問う、日本語の「人」と「人間」とは何ら異なる意味を現し得ないのか、と。それは、現し得ないのではない。「言葉自身が異る意味を現はし得ないのではなく、言葉を用ふる『人間』自身がその意味を混同したのである」とし、「人間とは『よのなか』『世間』を意味し、『俗に誤まって人の意となった』のである。」という語源に関する説を『言海』から紹介し、その上で、この「誤解」が、「数世紀に亙る日本人の歴史的生活において、無自覚的にではあるがしかも人間に対する直接の理解にもとづいて、社会的に起った事件」であり、「この歴史的な事実は、『世の中』を意味する『人間』という言葉が、単に『人』の意にも解せられ得るということを実証してゐる」とする。そして、「人が人間関係においてのみ初めて人であり、従って人としては既にその全体性を、即ち人間関係を現はしてゐる、と見てよ

いならば、人間が人の意に解せられるのも亦正しいのである」（12ペー
ジ）としている。さらに、1）「人」及び特に「ひと」はおのれに対す
るものとしての「他」を意味すること、2）「ひと」は、「ひとは言う」
という表現に見られるように、「不特定に世人という意味にまでひろげ
られる」こと、3）自分をからかう相手に対して「ひとを馬鹿にする
な」という表現に見られるように、「他者に対するわれ自身が同様に
『ひと』である」ことから、汝にとっての他人たる『我』を「ひと」が
意味すること、そして、そのことには、4）われにとっての他者がまた
それ自身「われ」であることの理解も含まれている、などと論じてい
る。こうして、「人」あるいは「ひと」は、自、他、世人などを共に意
味することが先ず指摘される。そして、この「人」という語の含蓄は、
「人間」という語においても消えることなく、人間は単に「人の間」で
あるばかりでなく、「自、他、世人であるところの人の間なのである」
とされ、「部分は全体に於いてのみ可能になると共に、全体はその部分
に於いて全体なのである」からして、我々が「部分に全体を見、部分を
全体の名で呼んでゐる」傾向の一つの現れとして、一人の人を人間と
呼ぶのだ、とする。こうして、「人は世間に於て人であり、世間の全体
性を人に於て現はすが故に、また人間と呼ばれるのである」と論じてい
る。「人間とは『世の中』自身であると共にまた世の中に於ける『人』
である。従って『人間』は単なる人でもなければまた単なる社会でもな
い。」（21ページ）としている。

　ここで、この和辻の「人」と「人間」の異同を「問う」と「学ぶ」の
在り方は、我々の「学問する」においても、おおいに学ぶべき「学問」
であろう。

　さて、我々は、上の議論から、第2章で考察し「学問した」、「授業」
（ジュギョウ）と「授業」（ジュゴウ）の関係を想起するであろう。すな

わち、内的地平の解明と外的地平の関係把握の関係である。我々のあの観点からすれば、「人間」とは、「一人の人」であるとともに、その一人の人が現していると同時にその一人の人に現れているところの、そして、その人がその中で生きておりその中に住み込んでいるところの「世の中」、「世間」、「社会」をも表現している、と和辻が論じているのである、とも理解することができよう。「人＝ひと」において、常に既に、そのことは暗黙のうちに表現されていた。例えば「顔の広い人」という表現には、その人間が住み込んでいる「世の中」、「世間」が表現されていたのであった。「人間」という言葉において、このことが、一層明瞭に表現されるにいたったのだ、と和辻の探究の結果を理解することもできよう。

　ところで、現在目の前にいる一人の人間が表現しその人間に表現されている「世の中」あるいは「世間」とは、一体、何時の「世の中」、「世間」であろうか、という「問い」が浮かんでくる。まず、この現在の時点における「世の中」が考えられるであろう。それだけであろうか。その人間がそれまでに生きて来た過去の「世の中」、その人間にとってのこれまでの「世の中」の生きられた喜怒哀楽の歴史、そして、その人間がこれから生きようとしている将来の「世の中」、その人間にとってのこれからの「世の中」への見通し、展望、それに寄せる期待と希望、あるいは幻滅と絶望、それらも、現在目の前にいるその人間が現しその人間に現れているのではないか。そう考えられもしよう。

§４　心理と心

　ここで、第三章で正面からはまだ論じていなかった、「『心理』とは何か」という問いを、再び取り上げて考えてみることにしよう。

　和辻の「人間」についての「問い」と「学問」を「学問する」なら

ば、直ちに現れてくる「問い」がある。それは、日本語の「心」と「心理」とは何ら異なる意味を現し得ないのか、という「問い」である。「心理」とは「心」と同じか、という「問い」である。まず、確かに、「心」と「心理」が同じような脈絡で同じような意味に用いられる場合があることが認められよう。例えば、「人間の心」と「人間の心理」、「教師の心」と「教師の心理」、「子どもの心」と「子どもの心理」、「教育の心」と「教育の心理」・・・・これらは特に区別されず、多少の意味のニュアンスの違い、例えば硬軟のニュアンスの違いなどはあれ、時には混同されて用いられる傾向や場合があるほどである。だが、それは、これらの言葉が区別をなし得ないのではなく、それらの言葉を用いる我々がその区別を忘れ、混同しているからではないか。そして、この混同は「日本人の歴史的生活において、無自覚的にではあるがしかも」「心」に「対する直接の理解にもとづいて、社会的に起つた事件」だと考えられるのではないか。

　手元の『国語大辞典』(小学館)を参照してみる。「心理」には「心のはたらき、心の有様、精神の状態」という極めて短い説明だけが与えられている。それに対して、「心」には、多数の用例を含めて、大判で約３ページの詳細な説明が与えられている。その「こころ(心・情・意)」の説明のうち、「教育の心理」に関連するものに限定しても、その内容は以下のように豊かである。まず、「人間の知的、情意的な精神機能をつかさどる働き。『からだ』や『もの』と対立する概念として用いられ、また比喩的に、いろいろな事物の、人間の心に相当するものにも用いられる。精神。魂。」とある。そして、「(1)人間の精神活動を総合していう。①人間の理性、知識、感情、意志など、あらゆる精神活動のもとになるもの。また、そうした精神活動の総称。②表面からはわからない本当の気持。心の本来の状態。本心。③先天的、または習慣的に

そなわっている精神活動の総称。性格。性分。気立て。④人知れず考え
や感情などを抱くところ。心の中。内心。（2）人間の精神活動のう
ち、知・情・意のいずれかの方面を特にとり出していう。①物事を秩序
だてて考え、行動を決定する精神活動。思慮分別。また、細かなところ
まで行きとどいた気の配り。周到な配慮。②とっさの気の配り。また、
事に臨んで物事を処理してゆく能力。機転。気働き。臨機応変の心。③
自分の気持ちと異なったものを受け入れるときの精神的許容性。度量。
④感情、外界の条件などに反応して心理内で微妙にゆれ動くもの。情
緒。⑤他に対する思いやり。他人に対して暖かく反応する気持。情け。
人情味。情愛。⑥詩歌、文学、芸術、情趣、もののあわれなどを理解
し、それを生み出すことのできる感性。風流心。⑦ことばの発想のもと
になる、人間の意識や感情。言語表現を支える精神活動。⑧ある物事を
意図し、その実現を望む気持。考え企てること。また、その企て。意
向。意志。⑨気持の持ち方。心構え。また、意図を実現させるに必要な
意気ごみや精神力。⑩構えてそういう気持になること。わざと、そのも
のとは違った見立てをすること。つもり。⑪あらかじめ事の成り行きを
想定または予定しておくこと。また、その予想。予期。想像。覚悟。常
識的想定。」（918ページ）と、ここでは省略した例文と共に説明されて
いる。（注）

　まず、「心理」の説明の簡潔さと「心」の説明の多様な豊かさの対照
に私は驚く。そして、日本語において、「こころ」が「からだ」や「も
の」とならんで、極めて古くから伝えられた言葉であり、この言葉とそ
の多様な用法に、日本の文化における「こころ」の多様で微妙なとらえ
かたの豊かな歴史が表現されていることを覚るのである。それに対し
て、「心理」という言葉は歴史も浅く新しいようだ。それは、以上のよ
うに日本語として既に内容豊かな「心」というものの「理」すなわち

(注)　「（3）人間の行動の特定の分野にかかわりの深い精神活動を特にとり出していう。」
　　　「（4）事物について人間の『心』に相当するものを比喩的にいう。」「（5）人体ま
　　　たは事物について『心』にかかわりのある部位や『心』に相当する位置をいう。」
　　　に当てられている説明はここでは省略する。

「すじみち、ことわり、きまり、わけ」など、を表すために作られた言葉であるらしい。哲理、論理、倫理、病理、生理、薬理、法理、数理、物理、地理、・・・などと並べて「心理」という言葉を考えて見ると、「心理」と「心」を同等に扱うのはまさしく「混同」にほかならない。にもかかわらず、先に見た「子どもの心」と「子どもの心理」の間にみられるような「混同」が起こったことには、やはりそれなりの意味があり、それなりの理由があるに違いない。我々は、「心」をとりあげ言葉で記述したり論じたりすることによって、「心の理」を論じることへと移行することになる。にもかかわらず、「心」を論じているうちに、そのように「心の理」を論じることに移行していることをすっかり忘れてしまう。その結果、「心」そのものと「心理」とをいつの間にか混同することになるのではないか。（注）

　例えば、「私の心は痛む」とは言えるが「私の心理は痛む」とは言えない。「あなたの心を愛する」とは言えるが「あなたの心理を愛する」とは言うことは稀であろう。「暖かい心の人」とは言うが「暖かい心理の人」とは言うまい。「心からの贈り物」とは言っても、「心理からの贈り物」とは言わない。だが、「贈り物をする心」も「贈り物をする心理」もともに言葉で論じることはできる。「心」はただ指しされ名付けられているだけであるのに、「心理」はその純粋な感謝の念あるいは秘められた下心、などが分析されていること、あるいは、少なくとも「心」が分析対象となりうることが暗に意味されている。「彼の心を知りたい」という場合と「彼の心理を知りたい」とでは、明らかに異なる。「心理」は、分析的論理的にその内容を探るようなまなざしを向ける人間の在り方を含意する。「心」は必ずしもそうではなくて、その全体を直感的に知り、そのままに受け止めるような人間の在り方を含意する。「人間の心」、「教師の心」、「子どもの心」などにおいては、「心」を「心

（注）　和辻哲郎が「人間」について参照した『大言海』の『新編　大言海』富山房（昭和57年）を見るに、「人間」については、和辻の紹介した通りの記載がある、「心理」は見出し語としてさえ見当たらない（1082ページ）。ちなみに、「心理学」については、「哲学の一部、人の心の作用（ハタラキ）と、発象（アリカタ）とを知る学。知、情、意、等の理を究むる学。」とある。

理」に置き換えても、それほどの差異が無いように感じられるのは、これらを取り上げる文脈において、分析的論理的に探るまなざしが今日の日本社会に広く浸透していて、「心」と「心理」を区別しそこない、両者を混同する状況が生まれていることから来ているのではないだろうか。他方、我・汝・彼／彼女の「心」、例えば、「私の心」、「あなたの心」、「彼の心」などにおいては、「心」を「心理」に置き換えた途端、その意味に決して小さくはないある差異が生ずることに容易に気がつくであろう。我々は、「恋人の心がわかる」ことと「恋人の心理がわかる」ことの間の同一性ばかりでなく差異性に対する感受性を大切にして行きたい。

　そこで、私が「この目の前の子どもの心をわかる」と私が「この目の前の子どもの心理をわかる」の対比を、少し誇張し、極端に対照して考えて見よう。すると、「心をわかる」においては、私は、その子どもの見ているもの、感じていること、考えていること、喜びと怒り、哀しみと楽しみ、そして、悔やみ、満ち足りた思い、願い、望み、夢などを、直感的に、子どもと言わば一体化して、一緒になって分かることである、と言えるであろう。それは、まさしく、『銀の匙』に描かれた子どもの世界をわかることにつながっている。そこでは、子どもが笑うとき、私も笑う。子どもが悲しむとき、私も悲しむ。

　それとは対照的に、「心理をわかる」において、私は、ある距離をおいて、その子どもを冷静に対象として観察し、その子どもが、その年齢の子どもとして、何に興味関心をいだき、何をどのように知覚し、何をどのように思考し、何にどのような感情を抱き、どのような気分にあり、何を如何に想起し、何を如何に想像しているか、などをわかり、さらには、例えば、この子どもにある事をさせるには、どう接近し働きかけるのがどのように効果的か、といったことを計算できるようになる、

というようなことを思わせる。ただし、前者と後者について、たとえ好悪はありうるとしても、価値の高低、善悪に違いは無い、と言わなければならないであろう。

　そこで、仮に、以上のように「心をわかる」と「心理をわかる」とを対照することが可能であるとすると、「恋人の心を知る」と「恋人の心理を知る」との対比も、一層鮮明になってくる。前者には、その「知る」には喜びや哀しみが伴うであろう。後者には、知ることに直ちに伴うこととして、例えば、自らの恋を遂げるための手段や駆け引きを冷静に考える、などといったことが、前者におけるよりも、ずっと容易に想像されると言えるであろう。

　そこで、我々は、「心」と「心理」という言葉の意味の間に、共通性とともに、以上のような微妙な陰翳の差異があることを認めることにする。そのうえで、我々の「教育の心理」においては、「心理」という言葉を、その言葉に元の意味に立ち戻って、改めて、以下のように、とらえ直して用いることにしたい。

　すなわち、「心理」における「理」という言葉を「ことわり・すじみち」という意味で用いることにする。したがって、ここでは、「教育の心理を知る」とは、教育にかかわる主体的人間である、我あるいは汝としての、「先生」や「生徒」の「こころ」（心）の「ことわり・すじみち」（理）を知ること、を意味することとしよう。

　要約すれば、ここでは、「心理」とは「心（こころ）の理（ことわり）」である。したがって、ここで、我々は「教育＝共育」における人間たちの「心の理」を「学問する」ことを目指しているのだ、ということになる。

§5 「心の理」（こころのことわり）の幾つか

　「心」の「理（ことわり）」を知ることは実に容易ではないように、私には思われる。

　なぜか？　「心」は「見えないもの」であるからだ。改めて言うならば、私は「心」なるものを生まれてから未だ一度も見たことがない。もし「心」を見たことのある方がおられるなら、そのような方にお会いして学びたい、とさえ願う。しかし、「心」は直かには「見えないもの」である。このことは、それ自体が、「心の理」の一つである。さらに、「心の理」もまた、「見えないもの」である。「見えないもの」である「心」の「見えないもの」である「理（ことわり）」としての「心の理」を知ることは、容易ではないのは当然であろう。そして、この容易でないということもまた「心の理」の一つである。

　以上のことを、私は、長い間かかって、次第に信じるようになった。

　「講釈師、見て来たような嘘を言い」をもじって、「歴史学者、見て来たような嘘を言い」という表現があるという。多くの場合、歴史家が取り挙げて論じる歴史的事件の有り様を、歴史家は直にその現場で見て来た訳ではない。多くの場合、彼は、その事件当時には、未だ生まれてさえ居なかったかも知れないのである。同様に、「心理学者、見ているような嘘を言い」とも言えるかもしれない。心理学者にとっても、それ以外の人々にとってと同様に、そもそも「心」そのものは、原理的に、「見えないもの」なのである。したがって、彼が「心」について語るとき、彼は自分が「見ていないもの」について語っているのに違いないのである。そして、彼がもし、「見ているもの」についてのみ語るとき「心」について語ることはできないのである。

　「見ていないもの」あるいは「見えないもの」について語るとき、人は「見ているもの」あるいは「見えるもの」を通して語るということを

する。「見えているもの」は「見えていないもの」を露わ（顕わ）にすると同時に隠す、という。同様に、「見えるもの」は「見えないもの」を露わ（顕わ）にすると同時に隠す、と言える。「見えないもの」としての「心」は、「見えるもの」としてのさまざまな表現、言葉、行動、作品、所産・・・などによって、露わになると同時に隠されもする。画家、作曲家、小説家、芸術家たちはその作品に人間の「心を描く」ことがある。そして、我々は、そのような作品を通して、「人間の心」を見たり、聴き取ったり、読み取ったりする。しかし、言うまでもなく、「見えるもの」は「見えないもの」を常によりよく見せてくれるとは限らない。例えば、擬態や欺瞞の場合のように、「見えるもの」が「見えないもの」を隠し、そこから人をかえって遠ざけてしまうこともある。これもまた、「心の理」の一つである。

　「見えないもの」としての「心」はもろもろの「見えるもの」を通して露わになると同時に隠されもする、という上の「心の理」の一つを一旦受け入れるならば、もろもろの「見えるもの」が「心」をどのように露わにしどのように隠すか、という多くの「問い」が生まれる。それらの「問い」により、「心の理」を一つひとつ露わにして行くことを「学ぶ」ことが「心理を学問」することとなる。これもまた「心の理」の一つである。そして、それら露わにされた一つひとつの「心の理」は、今度は逆に、「見えるもの」を通して「見えないもの」である「心」を露わにすることの原理となり、助けとなる。また、同時に、「見えるもの」によって隠されてしまう「心」に、それまで以上に、さらに心を向けることの助けともなる。「心理を学問」するに際しては、学問の成果は、学問の次の段階では、学問の手段ともなる。これもまた、「心理を学問」する際の、「心の理」の一つである。

　しかし、「心」は「見えないもの」であることを認めるとすると、そ

もそも、そのような「もの」が「在る」のか「無い」のかさえ、わからないのではないか、という「問い」も改めて問うことができる。「心理を学問」する人間は、この「問い」は、少なくとも一度は、「問う」てみるべきであろう。すなわち、「在る」と言えるのは「見えるもの」についてだけではないのか。「見えないもの」について、果たして、確かに「在る」と言えるのだろうか。「心」は「在る」のか「無い」のか。「心」が「在る」と言うにせよ「無い」と言うにせよ、そのことには一体どのような意味があるのか、という「問い」も生まれる。あるいは、「心」が「在る」と言えるとすれば、それはどのような意味においてであるか。そこで、それはどのような「在り方」をしているのか、という「問い」も生まれる。「心」についてよく考えて語ろうとすると、人間はそうした一連の「問い」へと必ず誘われて行くことになるということ、これもまた、「見えないもの」である「心」というものに伴う「心の理」の一つである、と言えるであろう。

　「見えないもの」としての「心」の「見えないもの」としての「心の理」を「学問」しようとする我々には、「心」と「心の理」について全くの「無知」から出発して、「教育の心理」の新しい世界に到達することは、その道程が余りにも険しく遠く、極めて困難である。そこで、一方では、我々が常に既にもっている「心」と「心の理」についての暗黙の知を「学問」することをしつつ、同時に、他方では、これまで「心」と「心の理」についての人類の優れた知に「学問」することをして進んで行くほかないであろう。

　大凡の様子を思い描き、共通の理解を形成するために、思いつくまま、以下に、「心の理」についてのそうした「知」の幾つかを更に挙げてみよう。

　「心」は人間である誰かの「心」である。誰のものでも無い「心」は

無い。したがって、「心」を言うときは、必ず、その誰かである人間が
その背景に、暗黙のうちにであれ、控えている。それと同時に、それを
「言う人」もまた、その背景に、暗黙のうちにであれ、控えている。そ
して、誰であれ、ひとりの「人間」とは必ずひとりの「私」である。し
たがって、「心」は誰か一人の人間である「私の心」であることを含意
している。これも「心の理」の一つである。

　「心」は、しかし、「私」の思いのままになるとは限らない。我々は、
自らの「心」でありながら、自らの思いのままにならぬ「心」に悩まさ
れる。精神病の例を挙げるまでも無く、日常生活において、我々は
「私」自身の「心」の思いもかけぬ動きに驚き、喜び、悲しみ、苦しむ。
「心理の学問」は、「私」が私の「心」を、少しでも、私の思う方向に向
けることの助けになることを、一つの目標にしている、とも言えるであ
ろう。

　「心」を「心的過程」として、あるいは、「心的活動」として、とらえ
ることがある。この差異は、一方では、（1）「心」をとらえる三つの心
理学の立場によるとらえかたの差異による場合がある。が、他方では、
（2）「思いのままになるかならぬか」という差異、例えば、「心」の動
きの「能動的と受動的」、「自発的と他発的」、「内発的と外発的」、「随意
的と不随意的」、あるいは「意識的と無意識的」などのとらえかたの差
異である場合がある。前者（1）の差異は、「心」を眺められた出来
事、あるいは、引き起こされた出来事としてとらえるか、「私」によっ
て生きられた経験としてとらえるか、という差異である場合である。
が、後者（2）の差異は、「私」が「私の心」を、どのように生き、ど
のように受け止めているか、という差異としてとらえている場合であ
る。「心」は、これらの「理」においては、「あれかこれか」という二分
法的にではなく、むしろ、連続的にとらえられる場合がある。「心」の

働きは「全てか無か」というように「能動的か受動的か」なのではな
く、例えば、「能動」から「受動的能動」、「能動的受動」、「受動」へ、
といった連続性をもつ多様で複雑な陰影をもった様相を示すものとして
とらえられる。このことは、上に挙げた他の差異についても同様であ
る。そして、以上のこともまた、「心の理」の一つなのである。
　「心」はそれだけで「閉ざされた領域」を形成しない。これもまた、
「心の理」の中でも極めて重要なものの一つである。この「心の理」自
体のとらえかたも様々である。（１）一方の立場からすると、「心」は
「世界の写し」である。「反映論」とか「模写説」とか呼ばれ、「心」は
「客観的な現実世界の主観的な反映である」などとされる。つまり、
「心」とは言わば「心の中への世界の模型・模写」だというのである。
ところが、（２）他方の立場からすると、「心」は「世界の構成」であ
る。「心」によって「世界は構成される」とする。これは「構成説」と
呼ばれる。「心」に「構成する」という働きがあればこそ、「世界」は在
るとされるのだ、という。（３）あるいはまた、「心」は、必ず、何もの
かを「志向する」。「心」の「志向性」と呼ばれるこの「心の理」によれ
ば、「意識は何ものかについての意識である」。この「何ものか」をもた
ない意識は存在しない、という。そして、その「何ものか」は、意識に
内在するものに限定されず、意識を超越するものに及ぶ。言い換えれ
ば、「心」は「心」の内部に在るもののみでなく、「心」の外部に在るも
のに対して「志向する」という仕方でかかわりをもつ。その意味で、
「心」は、やはり、「閉ざされた領域」を形成しない。
　あるいはまた、「人間は実存する」といわれる。つまり、人間は、事
物の在り方とは異なる在り方をしている。人間は、人間として、事物の
ように「存在する」のではなく、「実存」（EXISTENZ）する。「実存
する」（EXIST）の原義は、「立ち出る」、「出で立つ」、「立ち現れる」

という意味だという。そこで、人間は、自らの存在の意味を、つまり、自らがどこから「立ち現われ」、どこに「立ち出て」、どこへと「出で立つ」かを、それぞれが生きている状況の中で、自らの自由な決断で決定すべき運命を強いられている、という。その生き方は、他者によっては代わってもらうことができず、それゆえ、それぞれに掛け替えのない、独自の在り方である。そのような在り方を可能にする「心」の有り様もまた、それぞれの人間において掛け替えがなく独自である。そして、これも、また、「心の理」である。

人間は、「世界内存在」する。言い換えれば、人間は、常に既に、「世界」の「内」に、最初から「住み込んでいる」存在である。そして、人間は「現存在」（Dasein）でもある。言い換えれば、人間は、「在る」（Sein）ということが「現れる」「開けの場」であり、自らの「在る」が「問い」となる存在である。人間は自己についての意識をもった存在である。そして、このこともまた、「心の理」となる。

「心」は地平構造をなしている。そして、「心」は視点性をもつ。これも「心の理」としてよかろう。

こうした限りなく無数の「心の理」は、これまでと同様にこれからも引き続いて、「心」をもつ我々によって見いだされるべく、無限に開かれている。

§6 「世の中」、「世間」と「世界」

さきに、人間は「世の中」であり、「世間」である、ことを学んだ。さらに、人間は、「世間」であるばかりでなく、「世界」でもあることが、我々の「心の理」となることをみることとしよう。

一人ひとりの人間が「世の中」であり「世間」である、という場合、だから総ての人間が同一である、ということにはならない。それは、一

人ひとりの人間が現わし、その人間に現われている「世の中」「世間」
とは、その人間がその人間らしい在り方で現在生きている、これまで生
きて来た、そして、これから生きて行く「世の中」「世間」だからであ
る。つまり、その人間の他の人間とのかかわりの在り方の「歴史」、生
きられた過去・現在・未来だからである。人間は、自らの生きる「世の
中」「世間」の過去・現在・未来を、思い出し、思い、思い浮かべ、生
きられた過去・現在・未来とのかかわりにおいて、繰り返し繰り返し意
味付けをして生きる。ひとに憧れ、ひとを愛し、憎み、恨み、敬い、軽
んじ、・・・、そして、そのことを懐かしがり、悔やみ、歓喜し、幻滅
し、絶望し・・・、誇り、恥じ、・・・して生きる。そして、人間は、
そのように意味付けしつつ生きる自らの生を、現実性、可能性、必然
性、などとして、これまで生きて来たのだし、現在も生きているのだ
し、そして、これからも生きて行くのである。その意味では、一人ひと
りの人間は、既に語られているにせよ未だ語られていないにせよ、一つ
の「物語」である。こうして、人間は「世間」、「歴史」、「物語」なので
ある。

　さらに、一歩進めて、「人間」とは「世界」、「歴史」、「物語」である。
「世の中」と「世間」と同様に、「人間」には「世界」が現われ、「人
間」は自らが住み込んでいる「世界」を現わす。人間に現れその人間が
現わしている「世界」とは、「世の中」「世間」の場合と同様に、その人
間が生きている世界、その人間によって「生きられている世界」であ
る。それは、その人間が、その生において、現実性、可能性、必然性、
・・・などとして経験する事物現象、他者、自己の総体である。が、し
かし、人間の経験が地平構造をなしているということによって、その総
体としての「生きられた世界」が全体として露わになることは決してあ
りえない。「見えるもの」として現れる無数の多種多様なものが無数の

「見えないもの」を露わにすると同時に隠すという、果てしなく奥行きのある構造のなかで、人間の「生きられた世界」は、時間の流れとともに、その総体を現わすということは決してないまま、しかし、人間においてその姿を現わす。同時に、人間は「生きられた世界」を現わすことになる。その意味で、人間は「世界」であり、したがって、「歴史」であり「物語」である。このことは、「生きられた世界」の一部をなす「世の中」、「世間」の場合と全く同様である。そして、それぞれの人間の生において、「生きられた世界」は、それぞれに独自である。それは、それぞれの人間の「生きられた歴史」、「生きられた物語」の独自性として「見えるもの」となる可能性をもっている。

　人間は、「世の中」や「世間」であると同時に、「世界」であり、「歴史」であり、「物語」なのである。

　「井の中の蛙、大海を知らず」という諺がある。狭い世界に生きている人間の視野の狭さを嗤った言葉である。しかし、人間一人ひとりの「生きられた世界」の独自性と存在理由を考えるならば、この言葉に続けて、次の言葉を加えなければならない。すなわち、「されど井の中を知る」と。狭い世界に生きている人間は、広い世界を知る人間には分からない仕方で、その狭い世界を知っているものである。その意味で、それぞれの人間が、それぞれに、独自の存在理由をもっているのである。

　「人間存在を理解するということは、すでにその存在理解のうちにいるのだという基本的発想こそ重要である。比喩を使うならば、われわれは、巻き貝の開かれた入り口から内部に入っていくのではなくて、その生きた巻き貝のしだいに細くなる中心の終わりのところにすでにいるのである。問題はそこから徐々に内部を見渡していくことであるが、たいていの人はこのイメージを殺してしまうので、貝殻だけが心理学的標本ないしモデルとして残るということになってしまう。」（霜山徳爾、1978

年、6ページ）という言葉は豊かな示唆に富む。

　我々一人ひとりは、それぞれが自明としている世界に住み込んでいる。この一人ひとりが自明としている世界においては、何が当たり前で何が当たり前でないかが、常に既に知られており、しかも、その「当たり前」あるいは「自明である」とされる事物は、刻々、時の流れと共に変化して行く。そして、このこともまた「心の理」の一つである。

　時々刻々変化する、自明性に満たされた私の「生きられた世界」において、事物現象、他者、自己は、同じものとして、あるいは、異なるものとして、私の前に現われる。私は、同じものとして現われるものを、「以下同様である」として、「・・・など、など」として扱う。また、私の世界には、例えば、「私には出来ないこと」と「私に出来ること」とがある。「私に出来ないこと」が「私に出来ること」になったとき、世界は変化する。私の世界における「私に出来ること／出来ないこと」の自明性が変化する。そして、「私に出来ること」が「私に再び出来ること」となったとき、世界の自明性はさらに変化する。そして、その「私に出来ること」は、「以下同様」として、「・・・など、など」となる。「私がしたいこと」と「私がしたくないこと」、「私が欲しいもの」と「私が欲しくないもの」、「私がもっているもの」、「私がもっていないもの」、「私がそれで在ること」、「私がそれで在らぬこと」、「・・・などなど」についても「以下同様である」。

§7　「生きられた世界」の記述、「物語」の数々

　「生きられた世界」の典型的な記述として、あるいは「物語」として、差し当っての参考に、以下のものをとりあえず挙げておこう。

　（1）「赤ちゃんの誕生体験」における「生きられた世界」の変化（吉田章宏、1986年、「現象学的心理学の子ども理解：赤ちゃんの誕生体

験」、小林登ほか編、『新しい子ども学3：子どもとは』、海鳴社、201－229ページ：F．ルボワイエ著、1991年、中川吉晴訳、『暴力なき出産』アニマ2001、：F. Leboyer, (1975.); "*Birth without violence*", Alfred A.Knopf．チャンバレン、デーヴィッド著、1991年、『誕生を記憶する子どもたち』、片山陽子訳、春秋社。バーニー、T．、1982年、『胎児は見ている：最新医学が証した神秘の胎内生活』、小林登訳、祥伝社。（2）五歳児の心変わりを「生きられた世界」の変化として描いた「ある五歳児の心変わり」、E．キーン著、1989年、『現象学的心理学』吉田章宏・宮崎清孝訳、第1章、東京大学出版会、（3）はじめて文明を見た南海の酋長による「生きられた西欧世界」の報告記録：『パパラギ』岡崎照男訳、立風書房、1981年。（4）三重苦の聖女と呼ばれたヘレン・ケラーが自らの生きられた世界を語った：ヘレン・ケラー著、1937年、岩橋武夫、遠藤貞吉、荻野目博道訳『私の住む世界』三省堂。（4）セシュエー著、1971年、村上仁・平野恵訳『分裂病の少女の手記』みすず書房。（5）ブラッケンブルグ著、1978年、木村敏、岡本進、島弘嗣共訳『自明性の喪失：分裂病の現象学』、みすず書房。（6）知恵遅れの子ども達が生きる世界を描いた、伊藤隆二著、1988年、『この子らは世の光なり』、樹心社。（7）死刑囚となった人々の「生きられた世界」を我々に近づけてくれた加賀乙彦（小木貞孝）の一連の著作：小木貞孝（加賀乙彦）著、1974年、『死刑囚と無期囚の心理』、金剛出版。『宣告』新潮文庫。『ある死刑囚との対話』弘文堂、1990年。『死の渕の愛と光』、弘文堂、1992年。そして、そのことをめぐる講演記録：「私の文学と宗教」、『人間性心理学研究』第9号、1991年、日本人間性心理学会、21－35ページ。（8）ある死刑囚の手記：正田昭、1967年、『黙想ノート』正木亮・吉益修夫編、みすず書房。（9）多様な性的倒錯者たちの「生きられた世界」を描いている：メダルト・ボス著、1957年村上仁・吉田和

夫訳、『性的倒錯』みすず書房、(10) 戦没学生の手記：『新版　きけわだつみのこえ：日本戦没学生の手記』光文社、1959年。『はるかなる山河に：東大戦没学生の手記』、東京大学出版会、1951年。ヴィットコップ著、1938年、高橋健二訳『ドイツ戦没学生の手紙』、岩波新書など。(11) 病床の世界から社会を凝視した正岡子規著『病牀六尺』岩波文庫。

　そして、言うまでもなく、(12) 古今東西の無数の多種多様な文学作品のなかに描かれている、多種多様な人間たちの生きられた世界。既に我々の共通のものとなりつつある中勘助『銀の匙』の「私の世界」。幸田文著『みそっかす』岩波文庫。トルストイ著、米川正夫訳、『イワン・イリッチの死』岩波文庫。他人の顔を持つという特異な体験を描いた、安部公房著『他人の顔』新潮文庫。「意識の流れのみに生きる、生命の肉塊」の世界を描く、ドルトン・トランボ著、信太英男訳『ジョニーは戦場へ行った』角川文庫。読む人の心に残らずにはいない生活世界を描いた、石牟礼道子著『苦海浄土：わが水俣病』講談社文庫。そして、また例えば、セルバンテス『ドン・キホーテ』。Ｖ．ウルフ著、1976年、『ダロウェイ夫人』、近藤いね子訳、みすず書房。・・・・など、など。これらは挙げ出せば、数限りないであろう。

§8　一人ひとりの人間は一人ひとりの「我」である

　我々の誰もが、一人の「私」（わたくし）であり、「我」（われ）であり、一人の人間である。

　教育という脈絡のなかで、「私という人間」は「何として」とらえ得るか、あるいは、「人間としての私」は、「何として」とらえ得るか。それをとらえるのは誰か、私だ。そして、とらえられるのも私だ。私は、誰かと共に育つ人間としてある。

　私は、今、私の世界を生きている。私の記憶にもない何時の日か、私

は生まれた。そして、私を育ててくれた——父母を初めとする——多くの人々によって、私は一人の人間へと育てれられてきた。そして、今日の私がある。今日の私も、一人の人間として多くの人間たちとかかわり、世の中に住みつき、世の中を生きている。そして、これからも、多かれ少なかれこれまでと同様に、多くの人間たちとかかわり生きて行くであろう。私は、多くの人間たちに育てられると共に、多くの人間たちを育てることになるだろう。私は、一人の「人間として」、私がかかわってきた（過去）／かかわっている（現在）／かかわるであろう（将来）多くの人々、「世の中」を現している。一人の「人間」としての私は、その意味で、私の「世の中」でもある。そして、まだ、私の確かには知らない何時の日か、私はこの世を去って逝くであろう。以上のようなことは、こと改めて言葉にする以前から、暗黙のうちにせよ、私によって、初めから既にとらえている。

教育＝共育において、私の生きている世界は、旧世界から新世界へと移り行く。したがって、「私という人間」も「人間としての私」も、教育＝共育という脈絡においては、これまで「旧世界」を生きてきた、そして、これから「新世界」を生きることになる、そのような人間存在として、とらえられることになる。しかも、私は、常に、そのような「移り行き」、「移行」、「生きられた世界の変化」を既に幾度も生きて来ており、そのような移行や変化がどのような経験であるかを、これまた暗黙にせよ、既に知っているのである。

してみると、ここでも再び、我々の「問い」、教育＝共育という脈絡のなかで、「私」は、「私という人間」あるいは「人間としての私」は「何として」とらえ得るか、という「問い」への私の「答え」を求めることは、既に我々が暗黙のうちに既に知っていることを、明示的にして行くということに外ならない。

ここで、「私」が「私という人間＝人間としての私」を理解するということは、「私の生きられた世界」、つまり、私がこれまで生きて来た過去の世界、いま生きている現在の世界、そして、これから生きようとしている将来の世界、を理解するということだ、と考えてみてはどうだろうか。言い換えれば、私がこれまでの生において、生きて経験してきたことのすべてをその総体において理解すること、それが、私を理解することだ、としてみよう。すると、直ちにわかることは、「私」とは、この広い大宇宙のなかで、掛け替えのない独自で唯一の存在であるということである。「人間」として、「私」と全く同じようにこの「世の中」を生きてきた人間は、他には絶対に存在しないのである。

　もちろん、以上のような私の生きた経験の総体の理解ということは、現実には絶対に実現しない。なぜなら、１）ある経験を理解するという経験が成立したとしても、その時点では、その理解するという経験はまだ理解されていないようになっているからである。２）ましてや、仮に、万が一にも、私の経験の総体を理解するというようなことが実現したとしても、その途端、その実現した経験そのものはまだ理解されていない、ということが明々白々になるようになっているからである。私の経験の自覚化や意識化は、そのように自覚化し意識化した私の経験の自覚化や意識化とは異なる。その意味で、私の経験の総体の理解ということは実現不可能な無限の彼方に望まれる理想としてしかあり得ない出来事なのである。そして、３）それよりも何よりも、まず、私の経験の中では、経験の地平構造が成り立っていて、そもそもどのような物事も、決して同時にすべてが露わになるということはありえず、徐々にしか露わにはならないからである。さらに、４）私にとっては、その時々に、露わになる物事もあれば露わにはならずに隠れた物事があるからである。そして、さらに、５）私の一生においては、結果的に、私にとって

ついに露わにはならずに隠されたままで終わってしまうという物事さえもが無限にあるであろうからである。

　そのように物事が露わになったり隠れたりするということ自体が、私の生きられた世界において、他の人間たちにおけるのとは同じではなく異なる、独自な在り方をしている。そして、そのこともまた、私の生きられた世界に独自な事柄なのである。

　こうして、「人間としての私」あるいは「私としての人間」は、この「私」自身にとってさえ、その総てを知り尽くすことのできない存在である、ということが明らかとなってくる。言わんや、他人に「私」の生きられた世界を知り尽くすことなど到底できないことは自明であろう。同様に、「私」に他人の生きられた世界を知り尽くすことも、これまた、到底不可能なことなのであろう。こうして、他者のすべてをすぐに分かることができる、などと考えること自体、そのように考える人の人間理解の浅さを表している、ことになる。

　そうした状況の下で、私は、私にとっての旧世界から新世界に移行して行く、それも、私と共に育つ人々と共にそうする。それが、私にとっての教育＝共育の営みなのである。

§9　一人ひとりの「我」は「世界」、「歴史」、「物語」である

　一人ひとりの人間である「我」は、「人間としての我」、「我としての人間」として、唯一無二の「生きられた世界」を生きており、同時に一つの「生きられた歴史」であり、それゆえ、ひとつの「物語」である。このことが、以上の叙述により、論証されたとは言えない。が、常に既に、我々によって暗黙の内に理解されていたことではある。そして、その理解が改めて指摘され、幾分かは明示化された、とは言えるであろう。

　次の歌は、人間である「我」が「世界」、「歴史」、「物語」であること

を、簡潔に表現している。

少年貧時のかなしみは烙印のごときかなや
　　　　　　　夢さめてなほもなみだ溢れ出ず　（坪野哲久）

　「私」の「生きられた世界」は、現在の瞬間で尽くされているわけで
は決してない。いや、現在の瞬間の基盤あるいは背景には、私の生きら
れた歴史の総てが、隠されている。そればかりではない。実は、思いも
かけない仕方で、その歴史において生きたさまざまな経験、例えば喜び
と悲しみ、それにまつわる思いが、現在の瞬間に、ふと湧き出るよう
に、現われてくる。それは、意識的に思い起こそうとすることによって
ばかりでなく、そのようなことを思ってもいないときにも、さらには、
忘れたいこと、思い出したくないこととして、思い出したくない瞬間に
さえも、消し難く心に浮かんでくるのである。そのように浮かんでくる
物事は、過去の物事のみではない。これからの私の行く末へのさまざま
な思いも、夢、希望、期待、絶望、夢想、・・・などとして心に浮かん
でくる。そればかりではない。そのように、つらく耐え難い思い出とし
て思い起こすとか、期待と夢に胸を膨らますとか、夢破れて悲嘆に暮れ
るとか、将来に絶望するとか、さまざまな思いの経験そのものが、ま
た、私の「歴史」に書き込まれてきている。そして、これからも、それ
はそうであろう。そうした経験の「歴史」の総てが、現在の私の「生き
られた世界」の総ての物事を彩る基底あるいは背景として働いている。
この歴史は「物語」としてとらえることもできる。人間である「私」の
「歴史」は、単に一巻の「年代記」あるいは「年表」というよりは、各
瞬間瞬間に、繰り返し繰り返し、書き加えられ、新しく意味付けられ、
書き換えられ、編み直され、幾重にも沈殿し、今も積み重ねられつつあ

る、無数の挿話から構成される膨大な「物語」である。それは、人間一人ひとりにおいて、この広い宇宙で唯一無二の、独自で、掛け替えのない、「私の物語」なのである。

§10　教育＝共育は、人間と人間との「出会い」である。

　教育＝共育は、人間と人間との「出会い」である。

　「会う」と「出会う」とは、「人」と「人間」、「心」と「心理」と同様に、意味を共有するとともに、区別される。人間と人間との「出会い」においては、ひとりの人間としての「私」がその「生きられた世界」から言わば「出て」、もう一人の「私」もその「生きられた世界」から「出て」、互いに「出会う」。その意味で、「出会う」は、単なる「会う」から区別される。「教育＝共育」において、人間である「先生」と「生徒」は「出会い」、それぞれに旧世界から新世界へと共に育つ。それは、人間一人ひとりそれぞれの世界、歴史、物語の間の「出会い」である。その「出会い」によって、「新しい世界」が共有され、「地平の融合」（ガダマー著『真理と方法』上）が起こり、一人ひとりの「我」は「我々」となる。それが、世界、歴史、物語である人間と人間の「出会い」としての「教育＝共育」である。

　志賀直哉の「ナイルの水の一滴」と題する文章を引用しておく。

　「人間が出来て、何千萬年になるか知らないが、その間に数えきれない人間が生れ、生き、死んで行った。私もその一人として生れ、今生きているのだが、例えて云えば悠々流れるナイルの水の一滴のようなもので、その一滴は後にも前にもこの私だけで、何萬年溯っても私はいず、何萬年経っても再び生れては来ないのだ。しかも尚その私は依然として大河の水の一滴に過ぎない。それで差支ないのだ。」（志賀直哉、全集、647ページ）

5

多元的現実

　　身のうちに未知の世界を見ることを
　　　　　　　　歓びとする悲しみとする（竹久夢二）
　「宇宙物理学の最新の知識と、ハイドンのオラトリオ『天地創造』と
が、ひとりの人間のうちに共存できないとしたら、人間はどんなに貧し
い存在になってしまうことだろう」（霜山徳爾、1978年、9−10ページ）
　「一葉落ちて天下の秋を知る」、「一を知って十を知る」、「負うた子に
教えられて浅瀬を渡る」、「目で目は見えぬ」、「岡目八目」、「三人寄れば
文殊の知恵」、「子を持って知る親の恩」、「他人のふり見てわがふり直
せ」、「同病相憐む」、「昨日は嫁、今日は姑」、「我が身をつねって人の痛
さを知れ」、「他所の花はよく見える」、「両方聞いて下知をなせ」、「人は
陰が大事」、「人は落ち目が大事」など、本章の主題と関連する諺（コト
ワザ）は多い。

　これまで、教育は共育、授業と受業、心理を学問、人間我世界、を考
えてきた。本章では、人間の世界の「多元的現実」を考える。

§1　人間一人ひとりの私の世界の多元性
　「教育＝共育」を生きる一人ひとりの人間の「生きられた世界」は、
多くの部分からなり幾重にもなっているという意味で、多元的であり多
重的（multiple）である。この問題の考察を深めている学者に、現象
学的社会学者A．シュッツ（Alfred Schutz）がいる。ここでは、彼の

「多元的現実」論に学び、「教育の心理」の解明のための重要な手掛かりを獲得することを試みよう。

　人間の「生きられた世界」は多元的、多重的あるいは多層的である。例えば、だれでも日常的に、少なくとも、「夢の世界」と「現実の世界」との両者を生きている。その意味で、人間の「生きられた世界」が少なくとも二元的、二重的、二層的であることは、改めて考察せずとも、誰でもが既に知っていることである、と言ってよい。このことを、「心理」＝「心の理」として、人間の「心」は、「夢」と「現実」という少なくとも二つの「生きられた世界」を、下位世界として、生きることができる、と言うことができる。あるいは、「心」の在り様によって、人間は、「現実の世界」にも「夢の世界」にも生きることができる、と言うこともできる。

　人間の「生きられた世界」（the Lived World）全体に対して、それぞれに、その一部分、あるいは一様相、を成す多種多様な世界を、ここでは以下一貫して、「生きられた下位世界」（the Lived Sub-worlds）もしくは、簡略化して「下位世界」と呼ぶことにしたい（注）。

　シュッツによれば、我々の「生きられた世界」は、相互に関連してい

　（注）　ここでは、以下の探究を、主として、シュッツの「多元的現実」論に拠ることにする（M. ナタンソン編、1985年、：Alfred Schutz,（1973））。シュッツは、ここでの「下位世界」に相当するものに、「世界」（world）という言葉も用いてはいるが、「世界」という言葉がもちうる望ましくない存在論的含意を避け、「現実を構成しているのは……われわれの諸経験のもつ意味だ」ということを示すために（同上書、38ページ）、「限定的な意味領域」（the Finite Province of Meaning）という言葉を選んで名付けている。これに対し、既にシュッツに先立ちその考察を進めていたW. ジェームズ（William James）は、その著『心理学の諸原理』の著名な第21章において、「現実のさまざまな秩序」について語り、シュッツの言う「限定的な意味領域」に相当するものを「多くの世界」（the Many Worlds）と名付け、「下位世界」（sub-worlds）について論じていた（James, W.（1890／1981）pp. 920-927）。さらに、デトレフ・フォン・ウスラーの『世界としての夢：夢の存在論と現象学』もある。これらとの整合性を考えて、ここで、シュッツに多くを負うことになるにもかかわらず、シュッツの「限定的な意味領域」なる術語を敢えて用いず、平易で理解しやすい「下位世界」という語を一貫して用い、不必要な混乱をできるだけ避ける道を選ぶことにする。

るのであるが、しかし一般の人は日常的には相互に関連していないよう
に考えている、無数の下位世界から成り立っている。それらすべての諸
下位世界の基礎に「日常生活世界」がある。とりわけ、その日常生活世
界のなかでも「労働の世界」は、「われわれの現実経験の原型」であ
り、他のすべての下位世界は、この原型の「変様」である、とみなされ
る。そして、他のもろもろの下位世界のなかには、例えば、「夢の世
界」、「心像と空想的想像物の世界」、「芸術の世界」、「宗教的体験の世
界」、「科学的観照の世界」、「子供の遊びの世界」、「狂気の世界」など、
などがある（ナタンソン、M., 1985, 40ページ）。同様に、W. ジェーム
ズは、そうした下位世界の例として、「感覚の世界、（熱、色、音などの
質からなる、我々が本能的につかむがままの）物理的"事物"の世
界」、「科学の世界、（固体、液体、それらの運動法則、といったよう
な、学者が考えるような）物理的"事物"の世界」、「（多様な命題に表
現される）観念的諸関係、もろもろの抽象的真理の世界」、「（同類の仲
間たちに共通のもろもろの幻想あるいは偏見からなる）もろもろの『部
族の偶像（謬見）』の世界」、「（例えば、キリスト教の天国と地獄のよう
な）さまざまな超自然な世界（そして、イリアッドの世界、リア王の世
界、アイヴァンホーの世界など）」、「（人間の数と同じだけ無数にある）
個人的意見のもろもろの世界」、「（やはり無数にある）全くの狂気と奇
行の世界」（James, W.（1890／1981）: pp. 921－922.）の七つを挙げて
いる。

　もちろん、シュッツの場合もジェームスの場合も、これらで下位世界
のすべてが尽くされている、などと言っているわけではない。ただ、世
界と下位世界の関係を考えるための事例として、以上の例が挙げられて
いるのである。

　ことによると、「世界にせよ下位世界にせよ、世界がそんなに幾つも

あるとは考えられない、世界はたった一つしかないはずだ」と主張する人が現れるかもしれない。そして、その人が、もし、その意見が「絶対に正しい」と心から信じているとしたらどうか。すると、その人の意見のなかには、ジェームズの言う「（人間の数と同じだけ無数にある）個人的意見のもろもろの世界」の一つとしてのその人の「個人的意見の世界」が、言語化され我々に提示された、ということになるであろう。

　シュッツによれば、それぞれの下位世界は、「(a)いずれも、固有の認知様式［cognitive style］をもっている。(b)それぞれの世界の内では、経験はすべて、その認知様式に関してみれば、それ自体で一貫しており、さらにお互いに両立可能である。(c)それぞれに特有の現実のアクセントを付与されている」。「それぞれの固有の認知様式には、特有の意識の緊張を伴っており、したがってまた特有のエポケー［疑念の停止］、自主性の支配的な形態、自己体験の特有の形態、社会性の特有の形態、特有の時間パースペクティヴが伴っている」（ナタンソン、M.，1985年，41ページ）。

　例えば、すべての「われわれの現実経験の原型」であり「究極的あるいは至高の現実」として他の下位世界から区別される「日常生活の世界」に特有の認知様式の基本的特徴としては、以下の6つが要約され示される。「(1)特有の意識の緊張、すなわち十分に目覚めていること。それは生に対する十全たる注意から生じてくる。(2)特有のエポケー、すなわち［外的世界やそこにある諸々の対象の存在に対する］疑念を停止すること。［言い換えれば、外的世界やそこに在る諸々の対象が、自分にたいして現れている以外のものであるかもしれないというような疑念を括弧にいれる、自然的態度のエポケーをとること］。(3)自主性［spontaneity］の支配的な形態、すなわち労働。（企図された事態を、外的世界に関与する身体上の動きを通して実現しようとする意図に

よって特徴づけられる）。(4)自らの自己を体験する際の特有の形態。（全
体性をもった自己としての労働する自己。）(5)社会性の特有の形態。（意
志の疎通と社会的行為から成る共通の相互主観的世界。）(6)特有の時間
パースペクティヴ。（持続［主体的に体験される『生きられる時間』］と
宇宙的時間が交差することから生じてくる、相互主観的世界に普遍的な
時制構造としての標準的な時間。）」（ナタンソン、39ページ）。同様に、
他の下位世界のそれぞれにも、その世界に特有の認知様式が示され得
る。

　ここで、「認知様式」とは、いわば、「心の在り方」とも言えるであろ
う。心の在り方が変わることで、心の世界が変わる。その意味で、「心
の在りよう、持ちよう」と「心の世界」とは互いに強く規定しあってい
る（注）。

§2　下位世界の間の移行には，ショック［衝撃］が伴う

　我々人間は、さまざまな下位世界と下位世界の間を移行することがで
きる。

　やや先取りして言うならば、教育＝共育という営みの働きの一つは、
「先生」と「生徒」とが互いに導き導かれて、既に在る下位世界の内容
を豊かにし確かなものにするとともに、さらに、未だ知らぬ新たな下位
世界を見いだし、旧世界から新世界へと移行する体験を通して、そうし
た諸々の下位世界から成る「生きられた世界」全体を多様であるととも
に統一された豊かな「世界」と化していくことである、とも言えよう。

　しかし、一つの下位世界から他の下位世界への移行には、特有の
ショック（shock, jolt）が伴わずにはいない。無数に存在するそうし
たショックの中には、例えば、以下のようなものがある。「もろもろの
夢の世界への飛び込みとしての入眠のショック」、「舞台劇の世界への移

（注）　このことを、フッサール現象学では、（心の働きとしての「ノエシス」の）
　　　「信念性格（定立性格）」と（心の内容としての「ノエマ」の）「存在性格」と
　　　は相関関係を成す、と言ったりする。

行としての、劇場で幕が上がるとき受ける内面的転換」、「一枚の絵画の前で、絵の世界への通路として、その額縁の内側にあるものだけに自らの視野を限るに任せたとき、我々の態度に起こる根源的な変化」、「ある冗談に耳を傾けていて、ほんのちょっとの時間、その冗談の虚構世界をあるひとつの現実として受け入れる用意があるとき、緊張を解いて笑いに入りながらも、感じる当惑。その際、我々の日常生活の世界は、その冗談の虚構世界とのかかわりにおいては、愚かしいという性格を帯びてしまっている」、「遊びの世界への移行としての、子どものおもちゃへの立ち向かい」、「宗教的領域への飛び込みとしての、キルケゴールの『瞬間』の経験」などの極めて多様な宗教的経験、「『この世』のもろもろの事柄への情熱的な関与のすべてを、第三者的な観照的態度で置き換えようという、科学者の決断」(Schutz, A.（1973）, p.231) などである。

　現実の日常生活における、文字どおり、住み着くべき下位世界間の移行に伴うショック経験として、故郷世界から出て「よそ者」(Stranger) として異郷世界に入るときのショック、再び、異郷世界から出て「帰郷者」(Homecomer) として故郷世界に入るときのショック、などを、以上にさらに加えることもできよう。(Schutz, A.（1964）, pp.91-134)。

　これまで見て米た、下位世界の間の移行とそれに伴うショックとは、現実生活における「よそ者」経験と「帰郷者」経験とそれに伴うショックを、言わば原型モデルにした、比喩的表現であると言ってもよいであろう。なぜなら、「下位世界の間の移行」という表現は、決して文字どおりの時間的・空間的な移行を表すものではなくて、「心の在りよう、持ちよう」と「心の世界」の変化を表すものだからである。とは言え、多様な下位世界が次第に内容を充実させ、全体の世界が多様化するとともに統一化される、という時間的空間的イメージは、例えば、ある下位世界の「飛び地」と言うような生きた比喩も可能であることなどから、「空間化」に伴

う誤解と誤用を避けることが可能な限りにおいて、十分に有効な比喩である、と認めてもよいであろう。

　蛇足ながら付言すると、第2章で紹介した「境小学校の卒業生の言葉」にあった、「私たちのふつうの生活と、歌や詩の世界には、向う側が見えない板のようなものがある。その板には、小さな穴があいていて、歌や詩の世界へ行けるようになっている……」（本書、44ページ）という比喩的表現は、シュッツ流に言うならば、「日常生活の世界」と「歌の世界」や「詩の世界」には、それぞれに特有の認知様式があり、そのためその間の移行にはショックを伴う、……ということを平易に表現していた、ということになる。

§3　「日常生活の世界」、「至高の現実」の内部における多元性

　これまで見て来たように、我々の世界を構成する多種多様なもろもろの下位世界は、我々の世界を豊かにしてくれている。このことは、もはや多言を要しないであろう。

　しかし、それ以前に、我々の「至高の現実」である「日常生活の世界」自体も、灰色一色でも一様に平板でもない。それ自体の内部にも、さらに、互いに微妙に異なる多種多様な下位世界を見いだすことができる。我々は、刻々、そのような多種多様な下位世界を、次々に経験している、とも言えるのである。そこで、まず、「日常生活の世界」の下位世界の幾つかを探索してみよう。

§4　我一人の世界のもろもろの下位世界

　我々の一人ひとりの「生きられた世界」の下位世界としての「日常生活の世界」のうちで、さらに、誰でも、日常的に親しんでおり、余りにも自明で、つまり、当たり前で、取り立てて考えることも稀にしかしな

いような、幾つかの「下位世界」からまず取り上げて、考えてみること
にしよう。

　まず、「片目の世界」について考えよう。ここでは、日常的には「両
目の世界」に生きている場合を考えることにする（注）。

　いま、目の前にある物を、普通にまず、両目で見ていると仮定しよ
う。それから、身のまわりを見回してみる。これが、後で考えることに
なる「両目の世界」である。

　さて、そこで、次に片目、例えば、左目を閉じて右目だけで、さっき
と同じ物を見てみる。そして、そのまま、また身のまわりを見回してみ
る。これが「右目の世界」である。同様に、左目だけで、さっきと同じ
物を見て、次にまた、身のまわりを見回してみる。これが「左目の世
界」である。「片目の世界」同士、つまり、「右目の世界」と「左目の世
界」との間では、何らかの差異があるであろうか。TVの画面を見てい
る時は、どちらの世界も、画面の内容そのものに関しては、ほとんど変
わらない。その意味では、例えば、「立体テレビ／三次元TV」とも言
うべきものが出現するまでは、TVは、「片目の世界」を放送している
ということに、気づく。さて、同じ物を見ている限り、「右目の世界」
と「左目の世界」はほとんど同一である、とも感じられる。同じ場所に
座って、時間をかけてゆっくりと「右目の世界」を生き、ついで、「左
目の世界」を生きることをしてみる。遠くにある事物のみを見ている限
り、これら二つの世界は、それほどの差異はないように見える。ところ
で、この両者の比較は、同時的には行われないので、その差異には気づ
きにくい、ということがある。そこで、小さな物、例えば、このテキス
トを手で取り上げて、右目の前10センチ程のところに保持し、右目のみ
を覆い、左目は遠くも見えるようにしてみる。その上で、再び、「右目
の世界」と「左目の世界」を生きてみる。この場合は、今度は、一方の

　（注）　受講者あるいは読者の中には、片方の目のみが健康な方々、あるいは、両方
　　　の目の不自由な方々、盲目の方々がいらっしゃるかもしれません。そしてその
　　　場合は、ここでの話の総てを共に経験することには障害があるかも知れませ
　　　ん。その点は、どうかお許しください。著者自身も、白内障と葡萄膜炎のため
　　　の手術を受ける以前、暫くの間、右目がほとんど見えないという経験をしたこ
　　　とがあります。また、以下の記述において、身体の一部が不自由な方にも、同
　　　様のお許しをいただきたいと存じます。

目に見えている事物が他方の目には見えていない、ということが起こる。例えば、左目に見えている遠くの事物のある物が、右目には隠されて見えないということが、明瞭となる。そこで、両者の差異は明白である。

　さて、左右の目は、それぞれの世界の間の差異によって、時間の差異、時間の流れの代わりともなる、ということがある。例えば、仮に、右目の前のテキストをそのままにして、その背後の辺りから、目から遠いところを、拳（こぶし）ぐらいの大きさの物が、右から左に動くとしよう。すると、その拳を左目が見ているとき、右目は未だ見ていない。そして、しばらくの時間を置いて、右目がそれを見ることになる。つまり、左目が今見ているものは、右目が暫くたって見るはずのものだ、ということになる。言い換えれば、左目は、右目が近い将来見るはずの物を、今見ている、ということになる。左目の現在は、右目の将来であり、右目の現在は、左目の過去だ、とも言える。この意味で、「空間的差異」である右目と左目のそれぞれに「見える世界」の差異は、「時間的差異」を代用することができる差異でもある。次に、テキストを机上に置く。そして、例えば、両手に鉢のようなものを持って、目の前で、ゆっくりと回して見る。すると、まず、その鉢に関して、「右目の世界」で見えている側面と「左目の世界」で見えている側面とでは、その間に差異があることは明白であろう。そして、一方の目で今見ている側面は、暫くすると、他方の目にも見えてくる側面となっている、という具合である。その意味で、一方の目が現在見ているものは、他方の目が将来見るものである、とも言える。また、同様に、他方の目が現在見ているものは、他方の目が過去に見たものである、とも言える。この意味でも、空間的差異である右目と左目のそれぞれに「見える世界」の差異は、時間的差異を代用することができる空間的差異でもあるのである。

さて、次に、交互に、一方の目を閉じ、他方の目を開く、という運動を素早くしてみる。その場合は、先程、ゆっくりと見ていた場合には気づかなかった、「右目の世界」と「左目の世界」との差異が、目の前の事物の僅かな動きのようになって見える「見えの差異」として、言わば小さな「疑似的運動」と化して、明瞭に現れてくる。言わば、事物が、疑似的に運動するかのように見える分、ちょうどその分だけ、二つの世界の間には差異がある、ということになる。それにしても、この動きは、僅かと言えば僅かであるからして、二つの世界はほとんど同一である、と言いたければ、そう言うこともできよう。

　以上のような差異があるとは言っても、我々は「右目の世界」と「左目の世界」とを、それぞれ別々に生きることも、すればできないことではないのに、自ら進んではしないのが普通であろう。もちろん、片方の目で顕微鏡を覗き、顕微鏡を通して見たものの素描や写生画を自ら為し、他方の目でそれを見るというような特別の場合は、その限りではない。むしろ、我々は、日常生活の世界では、「右目の世界」と「左目の世界」との差異に気づくことなく、「両目の世界」、言い換えれば「両眼視あるいは複眼視の世界」に生きている。一方の、「両目の世界」と

「片目の世界」との間の同一と差異、他方の、「右目の世界」と「左目の世界」との間の同一と差異、これら二組の「同一と差異」の間にも、また、「同一と差異」がある。

　前頁に掲げた「教育遺碑」（所在地は、北海道小樽市緑小学校）の写真を見ていただきたい。

　この写真は、一見、全く同一の写真が二枚、左右に横並びにしてあるように見えるかもしれない。しかし、この二枚の写真の間には、微妙な差異がある。実は、右側の写真は、右目に見えた世界の風景、左側の写真は、左目に見えた世界の風景、なのである。そこで、まず、この写真を、１）両目を開いて、「両目の世界」で見てみる。ついで、２）片目を閉じて、「片目の世界」で見てみる。そのようにして見てみても、１）と２）における「見え」の間には、たいした差異は認められないであろう。次に、この写真を、両目で見て、ただ単に、同一と差異を併せ持つ二枚の写真とは見ることを止めて、右側の写真は右目だけで、左側の写真は左目だけで見る、ということを試みてみよう。つまり、両目で、Ａ）全く同一かとも見える二枚の写真を見る、のではなくて、Ｂ）二枚の写真の被写体である「芦田恵之助の教育遺碑」がある現場で、その前に立って、あたかもその被写体そのものを見ているように、右目では「右目の世界」を、左目では「左目の世界」を、見るように努めることを試みるのである。この試みは、左右の目を、写真に対して、下図のＡ図のようにではなく、Ｂ図のように、眼差すことを意味するであろう。

　すると、一体、何が起こるか。驚くべきことが起こる。

　言わば、Ａ）これまでの平面的で奥行きのない死んだ世界が、Ｂ）立体的で奥行きのある生き生きとした世界に、瞬時にして変わる、ということが突然に起こる。言い換えれば、Ａ）並列した、差異を含む二様の二世界、つまり「右目の世界」と「左目の世界」が、Ｂ）統合され、以

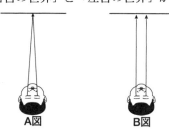

Ａ図　　　　Ｂ図

前の差異が消え去り、一様の一世界、つまり「両目の世界」に変化する、ということが起こる。

　この「教育遺碑」の写真について言えば、A）二枚の写真であったものが、あたかも、B）一枚の写真でもあるかのように見えるようになる、という変化が起こる。いや、B）となった場合、そもそもそれは、通常の意味での平面的な写真を見ている感覚に代わって、あたかも、「教育遺碑」を眼前にする現場に居て、遺碑を直接みているような生き生きとした感覚が襲ってくるであろう。この感覚そして知覚は、一般的には、「立体視」などと呼ばれている。しかし、ここでの我々の脈絡では、ここで現れたA）とB）の見えの差異は、決して、狭く単なる「平面視」と「立体視」（昨今では、『３－Ｄ』とも呼ばれる）との間の差異に止まるものではない。それは、A）共に、この写真を二枚の写真として見ている限り、「片目の世界」と「両目の世界」の間の差異は微妙で、ほとんど気づかれないような状態と、B）「片目の世界」がこの写真を二枚の写真としてしか見ることができないのに対して、「両目の世界」で、左右の写真が、それぞれに、左目と右目に独立に見られることにより、「立体視」が成立して、「片目の世界」と「両目の世界」両者の間の差異が余りに明白となり、この差異に気づかずにいることはほとんど不可能であるような状態、このA）とB）二つの状態の差異なのである。そして、ここで起こったことは、この二つの状態、状態Aと状態Bとの間の移行なのである。「片目の世界」と「両目の世界」は、それぞれ「単眼の世界」と「複眼の世界」とも呼ばれる。

　さらに、前掲図で、A図の眼差しではなく、B図の眼差しが、確実に出来るようになると、「混沌」に新たな「秩序」をもたらすことが可能となる。「片目の世界」では、何ら意味ある図形を表していない「混沌」とも見える図に対して、B図の眼差し、つまり、右目には「右目の

世界」を、左目には「左目の世界」を、それぞれに委（ゆだ）ねると、我々に生まれつき授かった不思議な力によって、左右の世界の統合が一挙に起こり、一つの「秩序」としての、意味をもった立体的な像が浮かび上がってくるという図が存在する。それは、近年、３Ｄと呼ばれる図の一種である（注）。

この過程は、左右の目が、同一の「混沌」図を、それぞれに言わば独立にそれぞれの仕方で、つまり、Ｂ図の眼差しで、見ることが必須である。この点が極めて大事な点である。差異を含む複数の「混沌」の下位世界が、統合されてより上位の世界となったとき、そこに、単独の下位世界では成立不可能であった、ある新たな「秩序」が出現する、ということの、一つの鮮明な典型として、これを我々の記憶に留めておきたい。同一と差異を含む二つの下位世界の統合の成立と同時に、突然出現する思いもかけぬ新たな像との出会いの経験は驚き満ち、感動的でさえある。

さて、以上の、Ａの場合とＢの場合の同一と差異は、「生きられた身体」をもつ我々においては、「片耳の世界」と「両耳の世界」、「片手の世界」と「両手の世界」、「片足の世界」と「両足の世界」、などとして、多少とも同様の仕方で、現れうる。例えば、「両耳の世界」は立体音響を可能にし、ステレオ・サウンドやステレオ音楽の世界を生み出した。「両足の世界」においては、道を前に向かって歩く場合、前に出た足は後に残った足と、互いに空間的に前後となる、というだけではない。現在の前足は後足の未来を先取りしつつ前に進んで来ており、ついで、現在の後足はその前足の過去を辿りつつ、さらに現在の前足を越えて進み、次の前足となって行く、という時間的関係の構造も実現している。前足は、言わば、後足が後からやってくる道の安全を前以て確かめる道案内や斥候の役割を担っている。こうして、左右の足は、その役割

（注）　例えば、３Ｄアート研究会編、1993年、『マジック・アイⅡ』、ワニブックス、の中の16−21ページの図版をその事例として挙げておく。

を交互に交替しつつ前へと進む。このことがさらに一層明瞭になるのは、暗闇で足元が危い場合に、「すり足」で足元を探りながら進むような場合である。「両手の世界」は、例えば、右手を熱い湯に、左手を氷水につけてから、両手を同時にぬるま湯につけてみると、その同じぬるま湯が、右手には冷たく左手には熱く感じられる、などといった現象を可能にする。物体の操作においても、「片手の世界」と「両手の世界」の間には、言うまでもなく、大きな差異がある。「右利きの世界」と「左利きの世界」の間の差異と同一についてはどうであろうか。

「それは、皆さん自分で考えて見て下さい。」

以上のことと、本章の冒頭に掲げた、次の文章も直接に関連してくる。「宇宙物理学の最新の知識と、ハイドンのオラトリオ『天地創造』とが、ひとりの人間のうちに共存できないとしたら、人間はどんなに貧しい存在になってしまうことだろう」（霜山徳爾、1978年、9－10ページ）。

こうして、我々は、日常生活の世界において、既に、互いに補い合うような関係にあるような、同一と差異を含む複数の「下位世界」を統合しつつ生きているのだ、とも言える。そして、そのことにより、そのような統合が無い場合には決して得られないような、より豊かな世界を生きることが、我々にとって、可能となっている、ということが見いだされるのである。

§5　現在の我の世界における、ひとつの物の現れの多様性（注）

ある一つの物の知覚における、物の現れの多様性について、ここで考えて置きたい。

目の前にある、例えば、今読んでいるこのテキストを、一つの物質的物、物体として見る、という行為、活動、過程、出来事を考えて見よ

（注）ここでの叙述は、直接には、主として、Gurwitsch, A. (1964). pp. 202－213. : Kockleman, J. J. (1967). pp. 190－208. : フッサール、E. 1979年、177－180ページ、に依拠している。

う。この瞬間、私に見えているのは、この物の一側面、一契機でしかない。私にとってのこの「見え」は、部分的で、ある単一の視点からの「見え」に限られている。（注）

　例えば、私が、真正面からこのテキストを見ているとしよう、すると、そのときには、表表紙の側は私に見えるが、それと同時には、直接には、裏表紙は見えない。つまり、この物の部分的な知覚、一側面の知覚、しかできないのである。このことは、必然性をもった事柄である。そもそも私が、この物の全ての側面を同時にひとときに見てしまう、ということは絶対に起こり得ないことなのである。これは、たいへん重要な「心の理」である。そこで、この物の知覚をより充実させるためには、私は、この単一の見えを越えて、この同じ物の、さらに多くのさまざまな見えを獲得しなければならない。例えば、この物を手にとって回してみるとか、あるいは、私が、この物の周りを回ってみるとか。すると、そこに現れる多元的なさまざまな見えを通して、異なる局面において、そのさまざまな側面、さまざまな方向から、順々に、この物のさまざまな特質や特徴が展開されて行くことになり、そのようにして、私にとって、言わば、「この物自体」が露わになってくる。それらすべてのさまざまな見えを、その中身は互いにかなり異なってはいても、あくまでも、一つの同一物の異なる部分的で一面的なさまざまな見えとして、私はとらえている。ということは、たとえ、どの一つの見えをとっても、それ一つだけでは、部分的で、一面的であって、その物を適切にとらえるには十分ではない、ということである。例えば、綺麗な真っ正面だけ見ていても、その裏面がぼろぼろである場合、そのことは見えては来ない、などということが起こりうる。しかも、単に、それぞれの個々の見えが、その物の部分的、一面的な見えであるというだけでなく、実は、私は、いつも、それぞれの個々の見えを、決して全体的、全面的な

（注）　ここで、「見え」という言葉で表しているのは、現象学で言う「射映（影）」
　　の積もりである。ドイツ語の原語とは違って、「射映」という言葉には「影」
　　の含意が失われ、日常語としては馴染みが薄い。どうせそうならば、敢えて
　　日常語の「見え」を採ってみた。ちなみに、外国語で対応する語は、
　　Abschattung（独）、Adumbration（英）、profile（英）、profil（仏）、などで
　　ある。私個人としては、学術用語よりも「プロフィール」を好む。

ものとしてではなく、必ず、部分的で一面的なものとして、経験している、ということがある。言い換えれば、個々の見えは、そのほかの可能なさまざまな見え、あるいは、そのようなさまざまな見えの全体を、あたかも指し示していて、そして、この見えは、その見えの全体のなかで、今現実に現れている見えとして、一つの特別な位置を占めている、というような具合になっている。であるから、この物の多様なさまざまな見えを、それぞれ、互いに異なるにもかかわらず、ひとつの同一物に属しているものとして、私は経験している、という具合になっている。ところで、この物の私による知覚過程は時間の流れのなかで成立する。その過程のなかで、ある一つの見えは、その流れの中でのひとつの局面として、私によって経験されている。そして、さまざまな見えは、それぞれに、その時間の流れの中で、後から現れる見えは前に現れた見えを乗り越えて行きながら、それでいて、それぞれが、いずれも、一つの同一物の部分的で一面的な見えとして、互いに調和し、補い合いつつ、結びつく、という関係を保っている。こうして、一つの見えの一面性あるいは部分性は、それに続くさまざまな見えによって、言わば、絶えず克服されて行く。こうして、さまざまな見えの間の調和により、その物自体がますます露わになっていく、という具合になっている。ここで、その調和とは、さまざまな見えの生まれる個々の過程が、互いに他を含意し、互いに他と補い合い、互いに他を確認し合う、ということから成り立っている。そのようにして、その同一物の知覚は、次第々々に充実し、決して終わることのない過程として無限に開かれた仕方で、しかしまた、限りなく確かな知覚へと無限に近づいて行くことになる。

　こうして、同一物の見えの多様性は、互いに異なるにもかかわらず、むしろ、互いに異なるがゆえに、かえって、互いに補い合い、互いに確認し合って、生成する全体性として調和しつつ、その同一物の私による

知覚として、次第に、限りなく充実して行くのである。以上のことは、まだ他者の世界とは直接にはかかわらない、我の世界で起こる事柄である。が、次に見るように、直ちに、他者の世界と我の世界とのかかわりの関係に結び付いて行くことになる。

§6　他者の世界と我の世界

　一つの考え方によれば、これまで見て来た、我の世界、その下位世界の多元性と物事の現れの多様性は、「我の世界」とは異なる「他者の世界」においても、基本的には全く同様に成り立っている、と考えられる。なぜなら、我は、多くの人間の中にある一人の人間として、自らが「他者とは隔絶した極めて特別で特殊な存在であり、その根本的な在り方において、他者とは比較を絶する極めて特異な存在である」、とは考えないからである。他者と我とは、互いに多少とも異なるところがあるとは言え、基本的には、他者は、我と同じような存在であると、我々は考える。以上のような一つの考えを、ここでは、仮定としてにせよ、あるいは日常生活世界の常識としてにせよ、ひとまず容認することにして、この考え方を基本的前提とした上で、先へと進むことにしよう（注）。

　まず、総ての他者が、この我と同じく、一人の「我」である。このことを容認する。

　すると、前節で述べた、「我の世界」の視点性は、そのまま、「他者の世界」の視点性として、長々とした議論なしにも、容認されうるであろう。発達心理学の教科書なら必ず紹介されると言ってよいほど有名な、あのスイスの発達心理学者 J. ピアジェによる、「三つ山問題」（Piaget, J.,（1963）、pp. 209−246.）の研究は、子どもにおける「我の世界」と「他者の世界」の視点性の理解成立問題の提起と実験的検証と解釈で

　（注）　哲学に親しんでおられる方々の中には、「他者の世界」について、このように余りにもあっさりと重大な基本的前提をおいてしまう軽率さに驚き、かつ違和感を覚える方がおられるかもしれない。ここで、私なりの拙い弁明をするならば、これは、A. Schutz の先例に倣い、ここでの目的的関連性に調和するよう、以上の基本的前提を容認する立場を取ったのである、と申し上げるほかない。納得できないという方には、既に長い歴史のあるこの問題の複雑に錯綜した「他者論」の議論の探究は、ご自分で跡づけなさって下さるようにと、お願いするほかない。

きる。

　我が此処Aにあり、他者が其処Bにあり、また別の他者が其処Cにある、としよう。三者にとって身近のある物体Xを、それぞれの視点から見る場合、我と他者たちとには、物体Xはそれぞれ異なる見えにおいて見られている。此処Aにある我にとってのその物体Xの見えを「A（X）」と名付け、其処Bにある他者にとっての見えを「B（X）」、其処Cにある他者にとっての見えを「C（X）」、と名付けるとしよう。

　さて、私が今、他者がいる其処Bなる場所に移動し、場所Bを占めるとき、私にとって、かつての「其処B」は、今や「此処B」となり、そして、私にとっての物体Xの見えも、かつてのA（X）ではなく、いまや「B（X）」となるであろう。さらに、其処Cに移動し場所Cを占めるなら、私にとっての見えは「C（X）」となるであろう。これは、実に、単純素朴な自明の理のようである。が、しかし、このことは、我々が、日常生活の世界において、つい忘れないとも限らない事柄なのである。そして、ピアジェの発見のひとつは、子どもにとっては、この理は決して最初から自明の理ではなく、加齢に伴う心理的発達を必要としているということであった。この事実は、「子どもの自己中心性」の現れ、とも解釈されている。もっとも、加齢は、必ずしも、この「自明の理」の理解を保証はしない。それ故にこそ、このことを人々に考えさせるために、昔から、この章の冒頭に掲げたような、多くの優れた諺が、人間的知恵のエッセンスとして、伝承されて来ているのであろう。

　さて、以上の視点性は、日常的下位世界における物体の「見え」に限定されていた。

　さらに、「見え」の視点性に対応して、A．シュッツにしたがって、下位世界における、到達可能性、さらには、操作可能性など、をも考えることができる。到達可能性は、「我の世界」と「他者の世界」では同

一のみでなく差異を生じる。

　私の手の届く範囲内（within my own reach）の下位世界は、次のように分化している。「私自身の手の届く範囲内のこの［下位］世界は、なによりもまず第一に、世界のうち、私が［いま］現実的に手の届く範囲内の部分である。それから、かつて以前、私の現実的に手の届く（actual reach）範囲内の部分であったのだが、今や、私の潜在的に手の届く（potential reach）範囲内の部分となった部分がある。［潜在的に手の届く］と言うのは、その部分は、再び私の現実に手の届く範囲内に取り戻すことが可能だからである。そして、最後に、［もし其処に］到達すれば私の手の届く（attainable reach）となる［はずの］範囲内の部分、……、［つまり］、若し仮に、私が此処にいるのではなくて其処にいたならば、私の現実的に手の届く範囲内となるであろう部分、……」がある（Schutz, A.（1964），p. 127.）。

　ここには、第一に、先に見た空間的な視点性による見えの変化や差異のみでなく、「手が届くか否か」という、働きかけや操作の可能性が、視野に入って来ている。第二に、現在において「いま、現実に」、過去において「かつて以前でき、そして、取り戻すことのできる」、そして、将来において「もし、其処に到達するならば、」という時間性も視野に入っている。

　さらに、私が此処に居て、あなたが其処に居る、という状況を考えてみよう。すると、その状況のもとでは、「私の潜在的に手の届く範囲内の部分」が「あなたの現実的に手の届く範囲内の部分」であるという場合が生まれる。その場合、いまあなたが居る其処に、もし私が仮に行って、其処に居ることになれば、「あなたの現実的に手の届く範囲内の部分」が、「私の現実的に手の届く範囲内の部分」になる、ということを意味する。そしてまた、逆に、現在「私の現実的に手の届く範囲内の部

分」が、「あなたの潜在的に手の届く範囲内の部分」である、ということも生じるであろう。そしてまた、「私の現実的に手の届く範囲内の部分」と「あなたの現実的に手の届く範囲内の部分」とが、ある共通部分をもつ場合、その部分は「我々の現実的に手の届く範囲内の部分」となり、我々が共同作業をすることができる場となる。

　ここで、私にとって、空間性と時間性のみでなく、他者性も視野に入ってくることになる。

　以上を考慮すると、以下のように整理することが可能であろう。

　私が、場所Aから、場所Bへ、ついで、場所Cへ、とこの時間的順序に従って移動するという歴史を生きる、と仮定しよう。そして、現在は、私は場所Bを占めている、と仮定しよう。それぞれの場所から、物体X、を見ると、A、B、Cそれぞれの場所から見える物体Xの「見え」を、A（X）、B（X）、C（X）としよう。そしてさらに、今現在の時点で、他者（A）が場所Aを、他者（C）が場所Cを、それぞれ占めている、と仮定しよう。

　すると、A（X）、B（X）、C（X）は、それぞれ、私にとって、第一には、時間的に言って、物体Xの、過去、現在、未来における「見え」である。そして、第二には、空間的に言って、場所A、B、C、における「見え」である。さらに、第三には、他者と我・自己の関係から言って、他者A、我B、他者C、それぞれにとっての「見え」である。第四に、現実性と可能性の点から言えば、A（X）は可能的、B（X）は現実的、そして、C（X）は可能的な「見え」である、と言える。こうして、物体Xの「見え」が、誰が、何時、何処から、現実にあるいは可能的に、見ているかに対応して変化する視点性については、空間性と時間性と他者性と可能性・現実性とが、互いに一定の対応関係をもっており、また、それゆえに、一定の限界内で、相互互換性をもっていること

がわかる。

　さらに、顕微鏡、望遠鏡、テレビ、などの道具は、我々の「見る力」を、言わば「増幅」（amplify）する。映画やテレビは、視点を変化させる力を「増幅」しうる。そして、「知能の増幅器」（Ashby, W. R. (1956)）としてのコンピュータも登場する。

　そして、前述の対応関係あるいは相互互換性は、「見え」に関する「視点性」ばかりでなく、下位世界の「操作可能性」あるいは「手の届く範囲内の部分」の相互関係にも、それらの間の、過去、現在、未来の関係についても、同様に成り立つということは、容易に見て取れる。

　さらに、例えば、パワー・シャベルや起重機などによる力の「増幅」はもちろんのこと、多様な武器、さらには、ボタン戦争ではボタン一つを押す「操作」で、大量殺人も可能となる。実印一つ押す「操作」が経済的破産を招くこともある。権力者のサイン一つの署名の「操作」が、何十万人という人々の命を奪うこともあれば、同じ人物の平和条約でのサイン一つがさらなる殺人から多数の命を救うこともある。それらは、社会的力による「増幅」ともいうことができる。こうした場合の「操作」の意味は、例えば、単なる身体的動作「サインの文字を書く」などをはるかに越えて、言わば、社会的に「増幅」された意味を獲得する。

　「ペンは剣よりも強し」ということも可能となる。

　そして、さらに、最近では、「遠隔地のロボットを操作する」遠隔操作技術としての「テレロボティクス」、「テレイグジスタンス」、さらには、「テレサージュリー（遠隔手術）」などが現実のものとなろうとしている（服部桂著、1991年、第2章）。これは、「見る力」と「操作する力」とを同時的に連動させた「増幅」として見ることもできよう。

　こうしてみると、自己、時間、空間、他者、言語による表現、そして、さまざまな表現、は互いに、それぞれの間におけるある限定条件の

下に、互換性があることがわかる。空間的差異、時間的差異を生み出す自己の経験、他者の経験、その言語と表現による共有の可能性の基礎が、そこに見られる。そして、同時に、この同じ基礎のお陰によって、「世界」、「歴史」、「物語」が互いに異なる私と他者にとって、動機、関心、意味などにおいても、相互に、同一と差異があるのだ、ということもまた、私にも他者にも、見えてくることになる。

　このことが、教育にとってもつ意味は何か。

　「それは、皆さん自分で考えて見て下さい。」

§7　視点性と「影」の隠喩

　他者の世界と我の世界の、視点性による同一と差異は、「影」の隠喩を用いて巧みに語られることがある。そのような例として、私にすぐ思い起こされるのは、古来から有名なプラトンの「洞窟の比喩」（プラトン、1979年）、フランクルの物体の影のアナロジー、私の恩師アシュビー先生の「多次元的関係分析」の比喩（Ashby, R. W., (1964)）である。しかし、ここでは、『夜と霧』の著者として有名な、V. フランクルの唱える「次元的人間学と次元的存在論」の第一法則と第二法則とだけを、それぞれに付せられた図とともに、簡単に紹介しておこう（フランクル、V. E. 著、1976年、26－34ページ）。

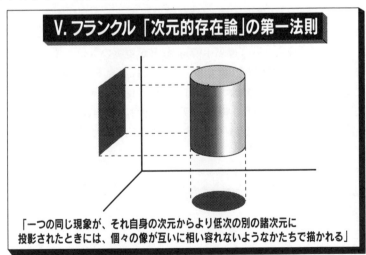

V. フランクル「次元的存在論」の第一法則

「一つの同じ現象が、それ自身の次元からより低次の別の諸次元に投影されたときには、個々の像が互いに相い容れないようなかたちで描かれる」

第一法則は、「一つの同じ現象が、それ自身の次元からより低次の別の諸次元に投影されたときには、個々の像が互いに相い容れないようなかたちで描かれる」というものである。図は、左下図のように描かれている。

　そして、第二法則は、「異なる諸現象が、それら自身の次元から低次の次元に投影されると、そこに描き出される像は、多義的である」というものである。

　フランクルは「人間を、多様であるにもかかわらず統一されているもの」と定義したうえで、「人間を身体的、心的ならびに精神的な段階や層として考えること」を批判して、「構造の統一性をこわさずに、質的相違を示すためのアナロジーとして」、この２法則を提出している。文字どおり物体とその影に関する事柄としては、あまりにも当たり前のことと思われるかもしれない。しかし、これをフランクルが意図したとおりに、アナロジーあるいは隠喩として理解するならば、これらの二つの法則は、極めて重要な事柄を簡潔に見事に述べていることがわかる。

　フランクルは、人間をとらえる諸学問が相互に補いつつも統一されるという関係を論じるために、以上のアナロジーを用いている。しかし、我々は、それだけに限定されず、「影」を「射影」（射映）あるいは「プロフィール」もしくは「見え」として解釈してもよいであろう。する

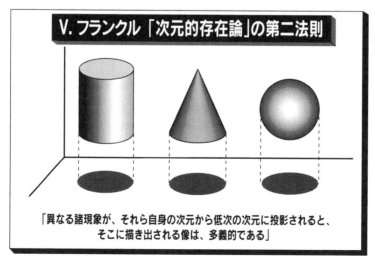

V. フランクル「次元的存在論」の第二法則

「異なる諸現象が、それら自身の次元から低次の次元に投影されると、そこに描き出される像は、多義的である」

と、これまでの我々の議論から、この図は、他者の世界と我の世界の相互関係と相互に補い合う関係を表現しているもの、と見えてくるであろう。その関係は、フランクルが、諸学問の関係について述べていることと対応する。では、どのように対応するであろうか。

「それは、皆さん自分で考えてください。」

「先生の世界」と「生徒の世界」の間に見いだされるのが、差異のみで、何らの同一も全く存在しないのならば、教育は不可能であろう。全くの差異だけでは尽くされないからこそ、つまり、同一があるからこそ、教育は可能なのである。しかし、また、もし全く同一なら、教育は不必要であろう。全くの同一ではないからこそ、教育は必要とされるのである。

§8　ひとつの「心の理」：心は「……化する」である。

「心の理」として「……化する」ということを挙げよう。

心の働きは、「生きる世界」を「……と化する」、「生きる世界」において、物事を「……と化する」、そして、それは、私が「……と化する」ことである。さらには、それにより、他者の「生きる世界」を「……と化する」ことにもなる。

そこで、「こころ」とは「化ける」と「化かす」なり、とまず敢えて述べておこう。こころが「……と化する」であるからこそ、「こころここに　あらざれば、見れども見えず、聞けども聞こえず」、ということが起こり得るのである。

「化」という文字は、「人」とその逆立した姿「Y」を合わせたもの、との解釈がある。その正誤の程は、字源の研究専門家ではない私にはわからない。しかし、その正誤にかかわらず、ともかく、我々の脈絡の中で、これを示唆的な解釈として受け入れることにしよう。「化」は、人

が、逆立ちすることにより、異なる姿を示すことを表現している、とまず理解される。で、第一には、逆立ちして異なる姿になることは、それ自体が「化ける」である。すると、第二に、実は、我の世界が「化ける」ことになる。なぜなら、総てが空間的に逆立ちして見えることになり、「我の世界」が変化するからである。そして、第三には、他者に対する見えとしての我の姿が「変化する」したことにより、他者を「化かす」ことになり、他者が「化かされる」ことになる。第四に、他者が、そのように変化した我に対するかかわりの在り方を「変化させる」。そのことで、他者が「化する」。すると、第五に、他者の我に対するかかわりの在り方が「変化する」。第六に、それに伴って、我の他者に対するかかわりの在り方も「変化する」。第七に、それら両方の変化によって、我の「世の中」、「世間」が変化する。第八に、以上の変化の総てはまた、「我」と「我の世界」の「変化する」こととともなる。

　要約すれば、我が「……と化する」ことは、(1)「我の姿の変化」、(2)「我の世界の変化」、(3)「他者の世界の変化」、(4)「他者の変化」(5)「他者の我へのかかわりの変化」、(6)「我の他者へのかかわりの変化」(7)我々の「世の中」、「世間」の変化、(8)「我の変化」を含むことになりうる。

　「こころ　の　ことわり」としての「……と化する」は、比喩的に、人間の多元的現実が生まれてくる心の働きを表す表現として適切である、と考えられる。そのことは、7章以下で、さらに考え続けることにしよう。人間の「と化する」という心の働きにより、人間にとっての現実は、一元的ではなく多元的となる。そして、「……と化する」働きにより、さらに、ますます多元的となって行く。

　教育＝共育により、人間の多元的現実は、ますます豊饒化する。そして、そこには、さらに、その多様化と統一化が現れる。

§9 教育＝共育における我と我との「出会い」

　教育においては、一人の我はもう一人の我と「出会い」、一人ひとりの人間＝我は、その「出会い」を経ることによって、それを通じて、「我」から「我々」になる、そして、「人」はますます「人間」となり、「世間」が生まれる。教育＝共育とは、人々が、それぞれに、促し促されて、多様な現実の間を行き来しつつ、さらに一層豊かな多元的現実を、それぞれに生み出していく過程であることが見えてくる。統合された多元的現実に生きることにより、人に自由が生まれる、そして、人は自由になる。生きられた多元的現実は、人間の心理の「……と化する」、受動的かつ能動的な過程や活動を通じて、ますます、多元的かつ統一的となる。人間の生きられた世界では、もろもろの下位世界の多様化と統一化が起こり、ますます豊饒化して行く。

6.

真偽と信疑

「信じるというのは、ただ、『それが』真実だと信じるということでは
ありません。それ以上、ずっとそれ以上です。信じることを、真実のこ
とにするのです。」（V. フランクル、1993年、113ページ）
　「西と言うたら東と悟れ」／「嘘も方便」

　手元の国語辞典によれば、日常的には、「真偽」とは「ほんとうのこ
とといつわりのこと。ほんものとにせもの。」であり、「信疑」とは「信
ずることと疑うこと。また、信ずべきことと疑わしいこと。」である、
とされる。そもそも、「真理」とは何か、「真実」とは何か。これらは、
存在論、認識論あるいは真理論などで論じられてきた、巨大で難しい問
いである。同様に、「真偽」とはなにかという問いも、実に容易ならざ
る問いである。「信じる」とは、日常的には、「物事を本当だと思う。ま
た、信頼する。信用する。」ことであり、「疑う」とは「はっきりしない
事柄について思いまどう。本当にそうだろうか、これからどうなるだろ
うか、これこれでなかろうか、などと思う。物事を悪い方に考えて、そ
うではないかと思う。疑わしいと思う。」ことであるという。以上のよ
うなことを踏まえながらも、ここでの我々は、あくまで、これまで共に
考えて来た「教育＝共育」という脈絡における「真偽と信疑」の問題
に、限定にも限定を加えて、我々の考えを少しでも深めることに努め、
新しい世界へと「共に育つこと」を目指したい。

§1 「真偽と信疑」

　これまで見て来たように、人間である我々一人ひとりは、それぞれに、自らの世界、歴史、物語を生きている。そのそれぞれの生きている世界においては、まず基本的に、さまざまな事物・物事・現象の存在について、「・・・がある」（存在する）とか「・・・である」（そのように在る）ということが、本当に真実である、心の奥底から「本当に、本当に」そうだと信じる、という心の働きがある。たとえば、確かに目の前にある事物として見たり触れたりなど知覚した結果、どう見ても考えてもそれは間違いなく真実であると確信して、信じるという心の働きがある。こうした「真偽と信疑」は、それを生み出す多様な心の働きによって、その信じることの有り様において、さまざまに変様しうることは明らかであろう。例えば、「絶対にそうだ」、「そうでありうる」、「もしかしたら、そうかもしれない」、「恐らく、そうだろう」、「ほんとにそうだろうか」、「もしかしたら、そうでないのではないか」、「そうではない」など、推察、推測、疑問、疑惑、否定などに変様することができる。さらに、「そうである」かどうかには関係なく、ただ単に思い浮かべるだけの、想像や中立変様（注）と呼ばれる心の働きもある。ある事物・物事・現象をどのように経験しているか、このように多様な心の働きのうち、どの心の働きが働いて物事が経験されるか、ということは、言うまでもなく、物事ごとに絶対的に固定している訳では決してない。一方には、比較的安定した一定の心の働きによって経験されている事物がある。例えば、揺るぎのない絶対な信仰において、その存在が堅く信じられて経験されていて、その信じられ方が少しも変化しない事物・物事・現象もある。他方には、時の経過に従って、さまざまな経験を経るなかで、事ある毎に刻々変動し変化して経験されて、「もしかすると」から「恐らく」とか「きっと」など多様に変動する心の働きによって経

（注）　ここでは、これらの「心の理」の簡単な概略が示されればよいものとし、より正確な叙述を望む読者は、例えば、フッサール．E.著，1984年、渡辺二郎訳、『イデーンⅠ－Ⅱ』、みすず書房　176－186ページ、などをご参照下さい。

験されている事物もある。さらに、在る無しにかかわらず、想像される
だけの事物もまたさまざまに変動する。これが、我々の生きられた世界
の変転きわまりない状態の通例であり、またそれに伴う多様な心の働き
の状態の通例である、と言ってよいであろう。

　そこで、「教育＝共育」において、「先生」と「生徒」とが出会い、旧
世界から新世界へと共に育つとき、以上のような意味での、それぞれの
「真偽と信疑」においても、新たな変化を生じる、と考えられる。教育
＝共育の過程とは、これまで見て来たように、多様な下位世界の変化、
多様化と統合化の過程であると同時に、その過程に合流するように、そ
れに伴って多様な「真偽と信疑」がこれまた多様に変化する過程でもあ
る、とイメージを重ね合わせ、思い描いてもよいであろう。

　以下では、話を少しでも簡潔にするために、「真偽と信疑」を、「真と
偽」、「嘘」、「信じる」、「疑う」などの基本の単純な場合に限定して、考
えることにしたい。

　素朴に考えるなら、「先生」と「生徒」の出会いとしての「教育＝共
育」の過程は、「真偽と信疑」に関して、つぎのような状況であること
が望ましい、と考えることができよう。すなわち、一方で、「先生」
は、その生きられた世界において、ある事柄について「真である」こと
を知っており、そのことを「信じて」もいる。他方、「生徒」はその生
きられた世界において、その事柄について「真である」ことを知らず、
あるいは、「偽なる」ことを知っていると思っており、しかも、先生と
の出会いまでは、その「偽なる」ことこそが「真である」と「信じて」
いる。そして、「先生」は、自分自身と「生徒」とが互いにそのような
状況と関係の中にあることを知っており、「生徒」をその生きられた世
界から導き出して、「偽なる」ことではなくて「真なる」ことを「真で
ある」と「信じる」世界、現在の自分の生きられた世界の中へと導き入

れようと努める。その際、「生徒」も、自分を「先生」がそのように「導き出し」「導き入れて」くれるということを「信じて」いる。その意味で、「先生」の「人物」を「信じて」いる。「先生」もまた、「生徒」がそのように「導き出し」「導き入れて」もらうことを望んでいる、と「信じて」いる。その意味で、「生徒」の「人物」を「信じて」いる。そして、さらに、以上のような意味で、両者は、互いに互いを信じ合っていること、信じかつ信じられていること自体を互いに信じている。以上のような状況が、限られた意味では、教育＝共育における「理想の状況」であると言っても、とりあえずは、よいであろう。

　しかし、「教育＝共育」においては、そのように素朴で望ましく美しい「理想の状況」がいつも実現できるとは限らず、また、自然に実現しているとは限らない。それのみか、教育＝共育をより広い人間的脈絡に位置付けて、「授業」（ジュゴウ）、「業」（ゴウ）の授受という脈絡で考えるなら、果たして、それだけを唯一の最も望ましい状況としてよいものかどうか、少なくとも、簡単に割り切ることは困難だ、ということが次第に見えてくる。それには、少なくとも以下のような幾つかの理由がある。

　その理由の第一は、言うまでもなく、有限の存在でしかないひとりの人間である「先生」の信じる「真偽」の全てが、絶対的で永遠の真理であるはずがない、ということである。例えば、狭い教室文化の中での「真偽」は、あくまでも相対的な真理であるよりほかなく、より広い社会・時代・文化の中では、「真偽」が覆される場合が幾らでもありうる、ということである。例えば、「先生」の信じる「真偽」が、他者からの単なる受け売りであって、容易に覆されるような「真偽」である場合も有りえよう。また、例えば、日本における、戦時中の国民学校での教室での「先生」（教師）の「真偽」の多くは、戦後の教室で、覆らざ

るを得なかった。そして、こうしたことは、何時の社会・時代・文化にも起こりうることである、と言わなくてはならない。

　第二の理由は、事柄によっては、「先生」の信じる「真偽」が、その生きる社会、時代、文化の中で承認されている「真偽」と全く合致している場合、その社会・時代・文化の変動に伴って、変動する場合がある、ということである。例えば、中世の錬金術の最先端にあった「先生」が信じていた「真偽」は、現代科学ではその多くが覆えされている。あるいは、ガリレオ・ガリレイの言葉「それでも地球は動く」を持ち出すまでもなく、現代科学においても、通常科学からパラダイム変換による科学革命（クーン、T. 中山茂訳『科学革命の構造』みすず書房）が起こるとき、科学革命以前の「先生」が信じていた「真偽」はもちろん、最先端の科学者たちが信じていた「真偽」さえも、大きく変動し、覆る可能性がある、ということである。

　第三の理由は、現実的に考えれば、「先生」あるいは「生徒」なら誰でも、互いに、人間として、「嘘」は決してつかないと「信ずる」に常に足るとは限らないという悲しい現実も認めざるをえない、ということである。そのような現実の状況下で、互いに「信じる」ということが可能でしかもそれが現実化する場合、その互いの信頼というものは、互いに他に対するいわば「贈り物」なのであり、その状況は両者に対する「恵み」でさえあるのである。

　第四の理由は、現代の教育＝共育を囲む状況が、上記の素朴な考えからの「理想の状況」とは調和しない不協和音を発するような状況である場合、例えば「嘘」が支配する社会状況がある場合、などがあり得て、そのことが、教育＝共育に純粋に「理想の状況」のみに安んじることを許さない場合がある、ということである。

　そのほかにも考えられる種々の理由から、素朴に考えられた「理想の

状況」が、必ずしも、唯一の「理想の状況」とは言い難くなるということが起こり得る。

　また、こうしてみると、「信疑」については、一方で、ある「事物（ことともの）の存在を信じたり疑ったりする」ことがある。すなわち、ある事物が「・・・在る」とか「・・・である」とかいうことを、信じたり疑ったりすることがある。他方では、ある人間の「人物（人柄）を信じたり疑ったりすることがある。」ことがある。一方では、ある人間の語った事物の存在が真実であるがゆえに、その人間の人物を信じる、ということがある。他方では、ある人間の人物を信じるがゆえに、その人間が語った事物の存在を信じる、ということがある。これら両者を、互いに関連づけると同時に区別しておかなければならない。以下では、「真偽と信疑」の無限に多様な無数の状況のなかから、幾つかの事例を取り上げて、教育＝共育における「真偽と信疑」について、われわれの考えを少しでも深めることにしよう。

§2　「先生」（教師）と「生徒」（子ども）それぞれにとっての
　　「真偽」と「信疑」：授業「レンズで燃えるのはなぜか？」の事例

　ある小学校三年の理科の授業について、次のような記述がある。

　「…児島環さんがやった三年生の『虫メガネ』の授業。／ガラスだと燃えないのに、［凸］レンズを使うとなぜ［ものが］燃えるのか、という問題に対して、レンズが物を燃やすのは、そのなかに物を燃やす薬が入っているからだとひとりの子が主張する。それに対して、教師はおろおろしながら、そうではないわけを説明しようとする。すると別の子がもっと意外なことを言い出す。とうとう児島先生は悲鳴をあげる。『あたし、わかんなくなっちゃった。だれか教えてください』」（武田常夫、1971年、102－103ページ）

同じこの授業について、斎藤喜博は次のように記している。

「中本さん［斎藤喜博が著書中採用した児島環さんの仮名（引用者注）］は、とうとう悲鳴をあげて、『わからなくなっちゃった。だれか教えてください』と、両手で頭をかかえ、子どもと参観者の方を困ったように見わたした。／授業が終わったあとの質疑応答のとき、そのことについての質問や意見がでた。説明の仕方を出す人もいた。教材研究が足りないという意見も出た。／だがこの問題は、そういう問題ではなかった。中本さんは、若いが優秀な理学士だった。だから三年の教材の説明ができなくて悲鳴をあげたのではない。中本さんが悲鳴をあげたのは、子どもの具体的な経験から得た意見を、科学的な認識へと結びつけ、引き上げていくことができないためだった。参加者のなかには、中本さんの悲鳴や動作をすばらしい演技として見た人もいた。だがそれもそうではなかった。中本さんは意識してそういう動作をしたのではなく、しんから困ってしまい、自然にそういう動作やことばを出してしまったのだった。／私は、中本さんの教師としてのそういう態度に感動した。理学士であり、理科にはすぐれた力を持っている中本さんが、もし教えることだけを考えていれば、いくらでもうまい説明はできたはずである。だが中本さんは、子どもたちにじっくりと考えさせ、子どもたちの考えが熟し切るのを待っていた。子どもたちが３年生なりに追求しつくし、科学的認識へと到達していくようにと授業を進めていった。だからこれがうまくいかないとき、悲鳴が出るのはとうぜんなことだった。／中本さんは、授業のなかで子どもといっしょになって考え、追求していた。自分の持っている知識を、ただ子どもに説明し教えこむという、教師らしいやり方でなく、子どもたちに真理の発見への追求をさせようとした。私は、こういう態度が尊いのだと思っていた。だから悲鳴をあげたことも、決して失敗などというものではないのだと思っている。／中本

さんのような授業をやれば、授業はいつでも冒険の連続になる。決まったことを決まった順序で教えるのとちがい、子どもに発見させ追求させるという授業は、結果がどう出るかわからないから、冒険的であり、不安のつきまとうものである。／それは、作家が一つの小説を書くばあいに似ている。作家は小説を書くばあい、いつも結果がわかっているわけではない。『こうであろう』と予想はたてるが、それがはっきりし、確かになるのは、作品を書き進めていくなかにおいて［で］あり、結論が出るのは、書き終わったときである。書き終わったときにはじめて、自分の考えや思想がはっきりと結晶するわけである。授業も同じである。ほんとうのところは、授業をやりあげてみなければわからないわけである。／中本さんは、そういう態度で授業を進めていった。ただ、子どもの思考がまだ熟しきらないうちにあせって結果をだそうとしたから、『わからなくなっちゃった。だれか教えてください』と悲鳴をあげることになったので、このあと何時間かつづけて授業をやった結果、子どもたちのうえに確かに結晶させることができたのだった。／だが私は、その授業がたとい失敗であったとしても、平板に、既製の知識を概念的に子どもに教えこむことより、中本さんのようにやった方が、どれだけ子どもにほんものの知識をつけ、子どもの思考力や論理性をつちかっていくかわからないと思っている。そういう意味で、たとい不安があり失敗の危険があるとしても教師は、それを覚悟の上で冒険をし、子どもといっしょに、通ったことのない道、自分でも目的地へ到達するかどうかわからない道を、一時間一時間の授業で、いつも骨を折って歩まなければならないのだと思っている。そういう授業のなかで、子どもにも生き生きと追求させ探求させなければならないのだと思っている。」（斎藤喜博著、1969年、100−102ページ）

　そして、武田常夫は、児島先生が『あたし、わかんなくなっちゃっ

た。だれか教えてください』という悲鳴をあげた授業において自らが経験した「ふしぎな感動」について、つぎのように記している。「冗談じゃない、とわたしは思う。あなたは大学で四年間理科を専攻してきた理学士じゃありませんか。たかだか小学校の理科の教材ぐらい朝めし前のはずではないですか。しかし、現にこの若い女教師は顔をまっかにしたまま、困惑しきった表情で教室につっ立ったままなのだ。冗談などではなかったのだ。／わたしはふしぎな感動にとらわれていた。授業としては、だれが見たって、まったくさまになっていないこんな未熟な授業が、どうしてこれほどわたしの心をゆるがすのだろうと思った。」と。そして、さらにこう記している。

「教えるということは、教師が持っている知識や学殖を一方的に子どもに記憶させることではない。そういう作業もときには含めながら、より本質的には、子どもの内なる論理や直観を土台として、それをはるかな高い本質へと転位させる作業なのである。そしてそれは、問いと答えとの激しい往復運動を媒介として醸酵する思考と論理の激突をぬきにしてはありえない。教えるとは、子どもと真に語り合うことだ、とわたしは思ったのである。」（武田常夫著、同前書、103－104ページ）

この事例とそれへの斎藤と武田のコメントは、授業について、教育＝共育について、我々に考えさせる点を多く含んでいる。

§3　授業「レンズで燃えるのはなぜか？」の事例のひとつの解釈

この授業においては、「ガラスだと燃えないのに、[凸] レンズを使うとなぜ［ものが］燃えるのか」、ということが問題であった。ある一人の三年生の「生徒」は、「レンズが物を燃やすのは、そのなかに物を燃やす薬が入っているからだ」と主張している。ここで、この子どもは、先生を困らせようと、あえて珍説を考え出して主張しているのではな

く、その主張通りを信じているのだとしよう。また、「先生」が悲鳴を
あげたのも、意識して、演技しているのではなく、本当に困っていたの
である、としよう。

　すると、ここに、「生徒」の世界と「先生」の世界とにおいて、「ガラ
スでは燃えないが、レンズでは燃える」ということは「真なる事実」と
して共有されている。が、その理由については、「生徒」の世界におい
ては、「レンズのなかに物を燃やす薬が入っている」ことが信じられて
おり、「先生」の世界においては、「生徒」の世界において信じられてい
る「物を燃やす薬が入っている」ということは信じられてはいない。そ
して、「先生」は、授業のなかで、少なくとも、「物を燃やす薬が入って
いる」ことを理由とするような世界から子どもを導きだし、「先生」の
科学的知識の世界へと導き入れることが、この「先生」の課題となって
いた、と考えられる。その二つの世界の具体的な接点が、ガラスの虫メ
ガネが光を集めて物を燃やす、という共有された事実だった、という訳
である。ここで、「先生」は、自らが大学などで学んだ光学の知識に基
づいて、光のレンズによる屈折、焦点、などを、図解などしながら、概
略を説明することもあるいはできたかもしれない。仮にそうしたとす
る。そして、子どもが「先生」のその説明を信じたとする。しかし、そ
れは、「先生」の説明だから信じたということに過ぎないであろう。子
どもにとっては、自分が信じている「先生」が、どこからか学んで来た
難しい学問の説明を、話してくれた、というに過ぎないであろう。とい
うのは、最初の問題をその子どもに尋ねれば、恐らく、「先生」の説明
をそのまま繰り返すのが精一杯であろうし、それも、うろ覚えの説明
で、大事な要点において、誤りさえ犯すかもしれないからである。それ
に、子どもが自分の考えとして最初に信じた「物を燃やす薬が入ってい
る」からだという理由も、子どもの世界では、密かに信じられていて、

捨て去られるには至っていないかもしれない。子どもは、こんなことさえ言うかもしれない。「学校で先生は、こう説明してくれたんだけどさ、僕は、本当は、やっぱり、レンズには物を燃やす薬が入っているんだと思うな。」ここに至って、「先生」による、「科学的概念」としての光学的説明は、「生徒」自身による、「生活的概念」としての「物を燃やす薬が入っている」という説明とは、子どもの世界において、全く干渉しないまま、併存することになる。いや、もしかすると、子どもの世界においては、学校の教室内での「先生」による建前としての科学的説明と、学校の教室外、例えば子供同士の遊びの場などでの、自分が考え出した本音としての日常生活的説明とが、併存しており、場に応じて、建前と本音を使い分ける、というような事態にも成りかねない。「科学的概念は生活的概念と同じようには発達しない」からである（ヴィゴツキー著、1962年、15ページ）。

　もちろん、この「先生」は、そうした分裂した事態の発生は何とかくい止めたいと考えている。その為には、まず、「先生」は、「生徒」である子どもの世界に入って、そこから、子どもを導き出すことをしなくてはならない。「先生」は、子どもと同じように、「物を燃やす薬が入っている」という日常生活的概念的な説明を、自らも信じる世界から子どもと一緒に出発しなくてはならない。そして、その世界から子どもを導きだし、光学的説明を信じる世界へと導き入れなくてはならない、と考えている。だが、ここで、この「先生」には、この子どもの世界に入ること自体が、あるいは既に、困難であったのかもしれない。既に、科学的説明になじみ親しんでいる「大学で四年間理科を専攻してきた理学士」には、子どもの提出した「物を燃やす薬が入っている」という突拍子もない珍説に、その時点では、すっかり衝撃を受けていたのかもしれない。また、仮に、この子どもの世界に入ることができたとしても、その

世界から、どうやって脱出するか、見通しが立たなかったのかもしれない。

　また、仮に、その世界から子どもと一緒に脱出する見通しが立ったとしても、その脱出地点から、どうやって、自らが親しんでいる科学的光学的説明に到達できるか、科学的説明を信じる世界へ、子どもを導き入れることができるか、これも、その場では、見当もつかなかったのかもしれない。それは、余りにも遠すぎる道程であって、場合によっては、何らかの中継点まで到達することで、満足すべきであるのかもしれない。そのことの判断の一切が「先生」に任されている。しかも、その道は、この「先生」にとって、これまで、一度も歩んだことのない全く未知の道程であったのであろう。にもかかわらず、この「先生」は、そのような未到の道を、子どもを導きながら子どもと共に歩み、子どもと共に育つことへの強い憧れを、教師として既に抱いている。だが、その憧れる道は、言わば霧に閉ざされており、この授業の場では、見通しさえ全く立たない。このような困難な状況の下で、ついに『あたし、わかんなくなっちゃった。だれか教えてください』という悲鳴を挙げたとしても、ごく当たり前のことで、全く驚くに足りないことであるように思われてくる。それとともに、そのように真剣に、子どもの世界に入ろうとし、その世界から子どもと一緒にはい上がろうと苦闘している「先生」の純粋な姿が、武田常夫に感動を与え、その「心をゆるがし」たことも、また少しも不思議ではない、と思われてくる。そこには、微塵の「演技」も、「見栄」も、「衒い」も、「嘘」も「冗談」もなかったからである。

　授業においては、子どもの「生活的概念」など、子どもが真なるものと信じていたところから出発し、そこに小さな疑いが生じ、その疑いがしだいに広がり、その疑いを晴らすための営みの歩みが始められ、その

結果ついに、それを偽と断じ、より確実で体系的な「科学的概念」を信ずるに至る、その過程を学ぶこと、自ら経験すること、それこそが、教育＝共育において経験すべき、大事なことなのではないか。人は、はじめ抱いたある知への素朴な信から、その知を否定し、それへの信を失い、新たな知を得、それへの信を得る。そして、またその知と信を否定し、さらに新たな知と信を得る、・・・・。そのように、知と信において、否定に否定を重ねて、確かな知と信として獲得されるのが、揺るぎない確信に基づく確かな知識である、ともいえよう。

　ところで、レンズには「物を燃やす薬が入っている」と信じている子どもの世界から、光学的概念の世界にただちに導き入れるのは困難としても、その世界から外へと導き出す道はあるようにも思われる。

　そこで、「それは、皆さん自分で考えて見て下さい。」

§4 「真偽と信疑」と「嘘」

　スイスの発達心理学者 J. ピアジェ（1）はその初期の著作で、子どもの「嘘」概念の発達の筋道を研究していた。彼によれば、最も幼い時期には、子どもは「嘘」を「悪い言葉」と同一視する。それは恐らく、「嘘」は「悪い言葉」と同様に親などによって非難されることを子どもが経験しているからであろう。8歳までの段階では、「嘘」は「誤り」と同一視される。「嘘」は事実に合わないという点から、「誤り」と同一視されるのである。しかし、「意図的な誤り」として「嘘」をとらえる10から11歳の段階では、はじめて、嘘を単なる「誤り」とは区別するようになる。したがって、「忘れる」や「間違える」とは区別される「嘘をつく」という行為の意味を理解し、その概念的区別ができるようになる、という（ピアジェ、J. 1955年、174－192ページ）。それは、恐らく、自らも「嘘をつく」という第一人称的経験を経ることによって、初

めて可能になる概念的区別なのではないだろうか。他者の行為のみに関する限り、「嘘をつく」は、「忘れる」、「間違える」、「誤る」などの陰に隠れて露わにはなりにくいということがあるからである。

　好著『嘘の人間学』の著者ボクは、「私はうそを、欺く意図で述べられたメッセージと定義したい」と述べ、「私たち自身信じていないことを彼ら［（引用者注）私たちが意図的にだまそうとしている人］が信じるように、メッセージを伝える」その「手段として、身振り、変装、行為または行為しないこと、あるいは沈黙さえも利用できる」としている（ボク著、1982年、32ページ）。真実さえも、相手がそれを嘘としてしか受け取らず、真実としては決して受け取らない、と分かっている状況のもとでは、かえって真実が「嘘」として、つまり、相手を欺く意図で述べるメッセージとして利用できるのである。

　こうしてみると、我々は、多様な「嘘」の在り方を、日常生活の中で、時間を掛けて学んでいる、と言えるようだ。そして、「嘘をつく」ということは、ある水準以上の知的能力を必要とすることでもあるらしい。教育＝共育においても、多様な「嘘」が避け難く発生する。

　先に述べた、「真偽と信疑」を巡る素朴で美しい「理想の状況」は、多様な「嘘」によって徐々に崩壊していく。「嘘」は、教育＝共育を汚染し蝕むことにもなる。

　次に、教育＝共育における多様な「嘘」の様相の一端をかいま見ることにしよう。

§5　教育＝共育における嘘：「先生」の嘘

　我々のここでの脈絡で、別書で既に紹介したことのある挿話（吉田章宏著、1991年、144－145ページ）を、再び取り上げてみたい。一人の人間に過ぎず、神ならぬ身の「先生」である教師にこの世のすべての「問

い」に「答える」ことが出来るはずはない。にもかかわらず、「先生」として「答える」立場にある教師は、「生徒」に問われれば何にでも答えようとしがちとなる。これは、このことから生じる「先生」の「嘘」についての挿話である。

　若い教師であった古田　拡が、先輩の先生に教えられたという短いことば、それは、「古田くん、教師がひとり前になったというのは、知らないことをはっきり知らないと言い切れるようになったときだよ」という言葉であった。それに続けて、ある一人の生徒から聞いた話が紹介されている。その生徒はこう言った、という。知らないことを「知らない」と言って調べて来る「Ａ先生のおっしゃったことなら、うそかほんとかがはっきりしていて、そのまま信ずることができます。」しかし、「それに比べてＢ先生のはどこからどこまでが本当かうそかの区別がつきません。生徒が突っ込んだ質問をすると、必ずなんとかかんとか言って、ごまかしてしまうからです。」と。古田はこう記している、「教師はみずから権威を保とうとしてはならない。真理を真理として、児童・生徒からも、ものを学ぼうという心をもつこと、すなわち、教師の権威を忘れて、真理の大海に児童・生徒と、ともに泳ごうという気になってこそ、かえって児童・生徒は教師に親しみを覚え、同時に、尊敬も払うようになってくる。

　もちろん、親しみや尊敬を払ってもらおうというような邪念をもってしてはだめである。ハッタリや見せかけはすぐはげてしまう。児童・生徒はそれほどばかな者ではない。」と、先の先輩の言葉は「真理を真理とせよという教えであったと、今にして思うのである」と書き、「いわゆる話術を使って、ごまかさないことである。真心に立ちかえってものを言うこと。これこそ、話術以上の話術ともいえよう」と。（古田　拡著、1965年、110－114ページ）

古田の言葉は、教育の場に、「先生」と「生徒」の間に、互いに他を信じつつ、真理を追求しつつ、共に育つという「理想の状況」を実現するために、教師の在るべき姿を説いたものとして、学ぶことができる。

　しかし、以下のようなことも考えることができる。

　まず、古田にその先輩が改めて説いたということ自体、「知らないことをはっきり知らないと言い切れる」ことは、教師として決して容易ではない、ということを示している。つまり、すべての教師が、そのような態度を身につけている訳ではない、ことを意味している。生徒が語ったA先生とB先生の対比について考えてみる。と、もちろん、生徒が、A先生の在り方から、学ぶ者の取るべき態度や在るべき姿を学んだことは十分考えられよう。しかし、仮に、その生徒が、A先生のような在り方をしている先生のみしか知らなかったとし、それゆえに、先生という存在について、その人物を信じることしか知らなかったとすると、どうであろうか。その生徒にとって、B先生のような望ましくない在り方をしている先生の存在を知ったお陰ではじめて、A先生の在り方の尊い意味も、自ら発見した、ということもあるのではないか。とすれば、B先生の意図の如何にかかわらず、B先生の存在自体も、生徒にとってやはり意味があったことになる。そして、この生徒は、それぞれが意識的にではないにせよ、両先生のお陰で、A先生のような在り方とB先生のような在り方とを区別することができるようになり、B先生に教えられた場合には、A先生に教えられた場合のように「うそかほんとかがはっきりしていて、そのまま信ずることができます。」と素直にそのまま受け入れてしまうのではなく、「どこからどこまでが本当かうそかの区別」を自分でつけようとするようになる。

　もし以上のようなことが起こっているとするならば、この生徒は、B先生の在り方からも、多くを学んでいたことになる。それは、「先生」

の言を、「先生」の言であるというそれだけの理由から、そのまま信じるのではなく、「先生」の言であっても、「どこからどこまでが本当かうそかの区別」を自分でつけようとすることを学んだ、ということである。その意味では、A先生もB先生も、生徒にとって、貴重な存在だったのである。自力で考えることを促すためには、すべてを「真」として教えて受け入れさせ信じさせていてよいものであろうか。「嘘」ではないか、と疑うことを学ぶ機会も用意すべきではないか。それとも、疑うことは、機会が与えられずとも、自ら学ぶものであろうか。「それは、皆さん自分で考えて見て下さい。」

§6　教育＝共育における嘘：「生徒」の嘘

　教育＝共育における嘘は、「先生」である教師ばかりでなく、「生徒」においても、多様な仕方で、生じる。

　『遺愛集』の作者であり死刑囚であった島秋人は、少年時代の痛ましい思い出をこう記している。「僕は小学校五年の時国語の試験にレイ点を取り、その先生に叱られて足でけっとばされたり棒でなぐられたりしておそろしさに<u>苦しまぎれにうそを云って学校から逃げ出し…</u>」(13ページ、下線は引用者)。子どもは、「苦しまぎれに」嘘をつくことがある。そして、嘘が嘘を呼ぶことになる。

　しかし、「教師に恐れをなし、立ち向かうとか、とっさに欺瞞にならないような『逃げ道』を考えつけなかった生徒のうそ」(ボク、セシラ著、1982年、220ページ)には、まだ、弁解の余地がある。強者の嘘とは違って、弱者の嘘は、弱者が自らを護る唯一の手段である場合さえあるからである。むしろ、「先生」である教師が強者である場合には、「苦しまぎれに」嘘をつくよう追い込まれて苦しむ子どもの状況の有り様を理解することが、「先生」には求められているのではないか。

そのような状況に追い込まれて「嘘をつくこと」を覚えた子どもは、さらに進んで、時には、つぎのような洞察を得るに至るということさえ起こりうる。後に「少年死刑囚」となった子どもの洞察として示されているものである。

　「『宿題をやってきたか』／　先生から聞かれる度に、私は必ず『はい』と答えた。すこしでも不安な表情をしたり、あわてた様子をみせたりしては、嘘を見破られると思って、私はきはめて自然に、先生の前でにこにこ笑ってみせた。／　私はそんな芝居を続けてゐる間に、嘘を嘘でないと信じてゐれば、他人は看破できるものではない、ということを悟るやうになった。そして不思議なことにはその後、私には嘘と真実の境がしだいに不分明なものになってきてしまった。嘘も私が嘘でないと信じれば、真実なものとなってしまうからである。反対に真実を嘘だと思へば、嘘になってしまう。私が真実、善悪の識別感をうしなってしまったのは、少年時代のこうした習癖からだった。」（中山義秀著、1954年、9ページ）

　この洞察は、言い換えれば、「他者を嘘で騙すよい方法は、自らの嘘を真実と自ら信じ込むことである」というものである、と理解してもよかろう。

　だが、子どもは、嘘をつくことを、おのずと学ぶものであろうか。「嘘をつくな」と教えて、現実には、嘘をつかせることがよいのか。あるいは、世には「嘘」は根絶され得ないことを認めた上で、「つくべき嘘」、「許される嘘」と「許されない嘘」などの区別を教えて、「許されない嘘」をつかぬように教えることがよいのか。

　また、生徒の「嘘」を教師が咎める場合の、教師の在り方も問題として考えられよう。

　犯罪の容疑者に対する刑事による厳しい取り調べの尋問においては、

容疑者の「嘘」は徹底して追及される。自らの「嘘」を繕う容疑者を刑事は許さない。それが、仕事なのである。では、教師は、生徒の「嘘」に対してどう対応するべきか。生徒が、これに懲りて二度と「嘘」をつかぬように、という理由づけのもとに、刑事と同じように厳しく追及する、それも一つの有り様ではあろう。

　しかし、教師の場合は、刑事の場合とは根本的に異なって、教師は生徒の「嘘」に騙されてもよい、との考えが成り立ちうる。なぜなら、その「嘘」の被害は小さい場合が多い。「嘘」を改めるのは、強制されてではなく、生徒自ら進んでであるべきだ。教師が「嘘」と思い込んだことが、実は「嘘」ではなかったという「無実の罪」である場合には、子どもが受ける精神的打撃は余りにも大きく、教師と生徒の人間関係の破壊はそれで決定的となる。とすれば、その危険はできる限り避けるべきだ。逆に、「嘘」をついている生徒に仮に甘く見られたとしても、教師の生徒に託した信頼が誠意に満ちたものである場合には、生徒自らの自発的反省を促す力となるかもしれない。などの理由が考えられる。教育＝共育においては、相手の言葉や人柄の真を疑うことの危険は余りにも大きく、これと比較して、その偽を信じることの危険は、どちらかと言えば、小さいのではないか。

　これについても、「それは、皆さん自分で考えて見て下さい。」

　「先生」である教師が「生徒」に、「許されぬ嘘」をつくな、と教えることは、「先生」自らが「許されぬ嘘をついていないかどうか」を根本から問われることにつながる。自ら「嘘」をつきつつそれを他に知られながら、他には「嘘をつくな」と説いても、それは殆ど力を持たないであろう。そればかりか、生徒は、教師の言と行の不一致を鋭く感じとり、その言「嘘をつくな」を無力化してしまう。「先生は生まれてから一度も嘘をついたことがないか」と尋ねられて、「私は他人に嘘を一度

もついたことがない」と答えるのは、「嘘」の原型なのである、とも言えるのではなかろうか。多様な「嘘」の区別とその意味の理解は、教育＝共育における信頼、誠実さ、「先生」と「生徒」の人間関係を崩壊から護るための緊急の課題だと言えるであろう。

「私には一つの信念となっているものがある。それは人が幼少のころ、漠然としたものながら、第一印象として、世間とはこうした物だ、これが当たり前だとして、受け入れた印象は、生涯を通じて変わらないものだということである。その力は強く、運命的なものである。」（窪田空穂「序」、島秋人1966年、9ページ）

読者にとって、窪田の言う「世間とはこうした物だ」との「第一印象」は、ことに「嘘」に関しては、どうであったであろうか。今日の社会は、この点に関して、多くの人々の「幼少のころ」において、どのような「第一印象」を受け入れさせ、育てているのであろうか。

§7　教育＝共育における嘘：親の嘘

親子の間の「嘘」は、親子関係の危機的状況において、深刻な問題となってくる。親も子も、自らの望みを貫き通し、相手の意志に反しても相手を自らの思いの方向に動かそうと望むとき、親子であるという甘えも手伝って、一方的に、あるいは双方向的に、「嘘」をつくことが始まりがちである。そのような自らの「嘘」は、相手がそれが「嘘」であることに気づかないときにこそその効果は高い。さらに、相手を知るために、相手の「嘘」に気づかない振りをすることもまた始まる。また、相手の「嘘」に気づいても、その「嘘」を暴くことを直ちにはせずに、相手の「嘘」に気づかない振りをしつつ、その裏をかくことによって、自らの意志を通し一層の効果を挙げようとするということも始まりうる。そして、そこから、最初は、素朴な「嘘」から発しても、その裏、その

裏の裏、・・・、という次第に縺れた「嘘」に固められた状況が生じないとも限らない。

　しかし、そうした状況は、教育＝共育にとって「理想の状況」から隔たること、これより甚だしいことはないであろう。そのような状況では、「先生」たる親は、今や、「嘘の無い旧世界」から「縺れた嘘で固めた新世界」への導き手と堕することになる。ここに、そうした自称「子どもの為を思っての嘘」に満ちた状況から脱出する「対策」には「応用がきかない」ことを指摘した印象深い文章がある。1980年代の日本の家庭状況での親と子の「嘘」と「まこと」の在り方を考えさせている文章である。

　「…家庭内暴力型や爆薬蓄積型の問題少年をかかえてしまった家はどうすべきか。結論は、ハウツー式の『対策』など『ない』ということだ。まず、問題の根源・背景はこのように深く巨大であることを知ること。その上で、多くの場合父親（またはそれに当たる立場の家族）が、時間をかけて自らの方法を発見するしかない。それは何らかのかたちで父子対決の関門を通ることが多いようだ。母親や祖母に過保護の傾向が強ければ、もう物理的に引き離してしまう。しかも重要なことは、この『対策』は応用がきかない点である。ひとつだけ実例をあげよう。／ある父親は、自分の月給を全部息子に見せて真剣に訴えた――― 『オレは毎日こんなにあくせく働いているのに、全収入はこれだけの、しがないサラリーマンだ。お前が要求するステレオを買ったら、この中からどれだけなくなるか考えてみてくれ、そしてオレが毎日どのように働いているかを、いちど見にきてくれ』。／　問題は、どんなにダメオヤジでも、そのダメな生きざまが虚飾なく子に伝わる真剣度にある。この記事を読んで、このマネをして月給袋をさらしてみても、息子はただちに見破るだろう。だから『応用はきかない』のだ。…」（本多勝一編、1986

年、163−164ページ。）「虚飾なく」ということは、相手を思いのままに動かすためでありながら、「子どもの為の」と称される「嘘」をつくことを断念する、ということであろう。しかし、「練れた嘘」を解くのは決して容易ではあり得ない、であろう。互いを「信じる」ということが一度失われた状況に、「信じる」を取り戻すのは、親子の間でも、決して容易ではないのである。

§8　教育＝共育における嘘：時代・文化・社会の嘘

　窪田空穂の説いた「幼少のころ」の「第一印象」として、素朴に人を信じるということの難しさを体験させられる時代・文化・社会があり、そのような体験をする世代がある。人を素直に信じることを阻害される世代がある。そのような世代に属したかと思われる人に山中　恒がいる。1975年に44歳となった時点から少年の日を振り返って、彼はこう書いている。

　「ぼくらは小学校から国民学校にかけて、日本は神国であり不滅であるとくり返し教えられてもきたし、大東亜戦争は百年戦争で子子孫孫の代まで続けられると観念させられてもきた。事実、一九四一年十二月八日以後半歳の戦果はそれを信じて疑わないようにさせる効果があった。それなのに敗戦という思いも及ばぬ事態になったのである。／…。ぼくは息を殺して周囲のおとなたちの様子を伺った。おとなたちが自決するのを見て、その作法を確認した上で自決しようと思った。だが、おとなはそのことにひと言も触れなかった。監督の教師も放心状態のぼくらに、軽挙妄動するなといっただけで、腹を切る気配も見せなかった。／数日後、ぼくらは学校へもどった。ぼくらは、日ごろの言動から当然自決するであろうと思われる教師をひそかにリスト・アップして監視していた。だが、そのだれもが自決しなかった。／そればかりか、その中か

ら、日本が神国だなどというのは甚しい迷信だという教師さえ現れた。そのとき、ぼくはどうして、その教師をなじることができなかったのだろう。かつて日本が神国であると教えられたときのように、どうして、素直に受けとめてしまったのか。そんなことは初めからわかっていたのだとこともなげに語る教師に、それならどうして初めからそれをぼくらに語らなかったかとつめよるべきではなかったろうか。それができないほど、ゆがめられていた自分をたとえようもなく哀れに思うのである。そのときからぼくは、おとな一般に敵意を抱くようになった。身すぎ世すぎでぼくらを錬成したおとなを憎むようになった。」（山中　恒著、1975年、488－490ページ）

　そして、1986年、55歳の彼は、「大人たちの責任」という小見出しのもとに、再びこう記している。「…／したがって、本来ならば敗戦のときに、こどもたちは、なんでこんなことになったのかと、大人たちを責める権利があった。まして『万が一にでも戦争に負けるようなことがあれば、陛下に死んでお詫びせねばならぬ』と教師は子どもたちをおどしつけたのである。そういうことをいった大人は、まずそれを実行すべきであったし、子どもたちに糾弾されてしかるべきであった。／だがそんなことをした子どもはいなかった。『よくもよくも、でたらめを教えたな』と食ってかかる子どもはいなかった。…、躾られた子どもたちは、疑ったり、批判したりすることは許されていなかった。ただひたすら教師のいうことを聴くだけしか許されなかったのである。」（山中　恒著、1986年、214ページ）。

　疑うこと、批判することを禁じられ、ひたすら素直に信じることのみを教えられ、そのように躾られた子どもは、たとえば、日本における1945年の敗戦のような、時代・文化・社会の大変動の時期には、変動以前のおおきな「嘘」を発見するという経験を強いられる。そして、それ

が、大人一般や人を素直に信じることから阻害される結果となることがある。そうした事例は、高史明著、1974年、『生きることの意味：ある少年のおいたち』筑摩書房、B. スパンヤード著、大浦暁生・白石亜弥子訳、1994年、『地獄を見た少年：あるアメリカ人のナチ強制収容所体験』、岩波同時代ライブラリー、など、多くの同世代人に見られる。革命、反革命、戦争、敗戦などの社会変動を境として、変動以前の社会に調和的であった教育が、変動以後の社会には不調和を来すような場合、教師を疑うことを知らず、ひたすら素直に信じていた子どもは、ささやかながら、密かで、根強い人間不信に陥る。大人たちは、そのことに気づかない。

　例えば、こうした具合に、恐らく、事物や人物を「信じる」ということを巡っては、世代の間に違いがあるに相違ないものと思われる。教育＝共育ということを考えるには、この、教育にとっての根本である、「信じる」と「疑う」ということについての世代の間の同一と差異、究極的かつ具体的には、我と汝との間の同一と差異、を考えなければならないであろう。それは、我が、このことに関して、どのような世界、歴史、物語を生きているか、そして、汝が、このことに関して、どのような世界、歴史、物語を生きているか、そのことの互いのかかわりをよくよく考えなければならない、ということを意味する。

　「嘘」は、現実の社会の人間関係においては、少なくとも必要悪ではあるのであろう。では、そのこと、および、「嘘をつくこと」は、人は一体どこでどのようにして学ぶのであろうか。仮に、ある時代・文化・社会において「嘘」が蔓延しているとしよう。その「嘘の世界」で、嘘がつけず、素朴に真実のみを述べる者は深く傷つくほかない。また、さらには、そのように嘘をつけないために、多くの善良な他者に被害を及ぼさずにはいない場合がある。例えば、ヨーロッパにおけるナチ体制の

もとでのレジスタンス運動の成員がゲシュタポに対して「嘘」をつけなかったとしたら、どうであろうか（渡辺和行著、1994年）。それほど深刻な場合ではなくとも、現実の日常生活において、「嘘」をつくことや「嘘」を疑うこと、「嘘」を見抜くことなどを学ぶことは、極めて大事な場合があることは、否定のしようがない。では、それは、いつ、どこで、どのように学ぶべきか教えるべきか。「嘘」を学ぶことの教育＝共育にとっての意味は何か。「それは、皆さん自分で考えて見て下さい。」

§9　人間の教育＝共育における「真偽と信疑」の奥深さ

　現代の時代・文化・社会では、素朴に、この世には真実のみがあると信じることは、既に、極めて困難になってきている。「嘘」の存在はむしろ当然のこととなっている。現代が「嘘」で溢れた「不信の時代」と呼ばれる所以である。そして、そのことに対応して、他者の仮面を剝ぎとることに喝采する「仮面剝奪の時代」（ボルノウ）でもある。むしろ、それゆえにこそ、ますます、嘘の厚い層を透かして微かな真実を見ることができるということがたいへん重要となってきている。他者に裏切られて生ずる人間不信を何とか克服して、根底において、人間を信じ続けることができること、そのことが人間の教育＝共育にとっては、重要な課題となってくる。他者に騙され破壊されて破滅してしまわない程の賢さを保持しながら、しかも、自らは人間を信じ、「許されない嘘」をつかぬ努力を続けることは如何にして可能か。

　しかし、それを実現することがどうしても求められる、教育＝共育における重要な課題となってくる。これは、現代のような不信の時代・文化・社会を生きる人間にとって、決して容易に実現できることではない。むしろ、それは極めて困難な課題である。それだけに、この課題の重さを前にして、我々は、一人ひとり、それぞれにおいて、可能な限り

の努力を尽くすほかないのであろう。なぜなら、一般の世界においてと同様に、教育の世界においても、「信頼と誠実さは貴重な資源であって、浪費するのは容易だが、ふたたび手に入れることはむずかしい。それらは、真実に対する敬意という土壌においてのみよく育つもの」なのだからである（ボク著、1982年、300ページ）。教育＝共育の世界では、真実の虚偽との困難な戦いは、永遠に続くであろう。そのどちらに味方するか。それは、我々、人間一人ひとりの決断に委ねられている。

第 2 部

　第一部の第一章から第六章までは、この『教育の心理』の言わば基礎とも総論とも言うべき性格をもつ部分であった。「教育は共育」、「授業と受業」、「心理を学問」、「人間我世界」、「多元的現実」、「真偽と信疑」の諸章によって、「教育の心理」の新しい世界の大まかな輪郭が描かれた。

　その新しい世界では、教育は「共に育ちましょう」と、「先生」が「生徒」の生きる旧世界から「生徒」を導きだし、新世界へと導き出す営みとして、まず描かれた。この営みの内的地平の解明によって、それが「業」（ギョウ）の授受としての意味をもつことが、外的地平の関係把握によって、それが「業」（ゴウ）の授受としての意味をもつことが、明らかにされた。「心理」とは「こころ　の　ことわり」としてとらえられ、「学問」は「学ぶことを問うこと　と　問うことを学ぶこと」としてとらえられた。多くの「心の理（ことわり）」の中から、「反映」とか「志向」とかも取り出された、さらに、「・・・と化する」ことが「心の理」として取り出された。単なる「人」と区別される「人間」は、「世間であり、世界であり、歴史であり、物語である」。そして、人間は、多様な多元的現実からなる世界を生きている。生きられた世界の下位世界を、多様化し統合化しつつ、その多元的現実を生きている。それはまた、多元的現実からなる世界についての「真偽」を、あるいは信じあるいは疑い、その「信疑」を多様に変化させつつ生きている。それが、ひとりひとりの人間が生きている世界であり、歴史であり、物語である。以上が、ここに描かれた新しい世界であった。

　第二部は第7章から始まる。そこでは、「こころのことわり」の一つ「・・・と化する」ことがその中心に据えられる。典型的な教育＝共育

においては、一方で、「先生」はまず「・・・と化する」世界に「先に生まれて」入る、あるいは、既に入っている。他方、「生徒」は、「・・・と化する」世界には未だ入っておらず、未だ「・・・と化する」には至っていない旧世界に生きている。「先生」は「生徒」を、未だ「・・・と化する」に至っていない旧世界から導き出し、「・・・と化する」新世界へと導き入れる。その一つの理想的状況においては、「先生」と「生徒」は、お互いが、それぞれ、そのような状況にあるということをよく知りつつ、かつ、そのことを互いに信じており、さらにまた、互いに他を信じて、「共に育ちましょう」と呼びかけあって、旧世界から新世界へと連れ立ち、移り住むことになる。これが、ここで我々が思い描く教育＝共育の世界である。しかし、そのような理想的状況が常に成り立っているとは限らないのが、人間的状況の現実である。そのことは、既に、我々の共通の理解となっている。

そこで、以下の各章では、第一には、教育＝共育において、「心の理」としての多様な「・・・と化する」はたらきによって、多様なもろもろの世界の間を、「先生」が「生徒」を導き出し導き入れることとその在り方の意味と構造を明らかにすることに努める。それとともに、第二には、この『教育の心理』の印刷教材と放送教材を通して、それを「生徒」である学ぶ人々が、「教育の心理」について、それぞれの生きている旧世界から導き出され、「・・・と化する」新世界へと導き入れられ、「共に育つ」ということが起こるように、著者である私が、それぞれの「生徒」である方々に対して語りかけ働きかける。そうすることで、私は、ここでの「教育の心理」の世界に「先に生まれた」「先生」としての務めを自覚的に果たすことに、自らの喜びを見いだしつつ、努めることとしたい。

7

無利私利他利化

　本章の題は「無利私利他利化」である。これは、「無利知りたりか」とも「無理知りたりか」とも読める。つまり、「無利ということを知ったか」および「無理であることを知ったか」という意味にとることもできる。「無利」とは、「利が無いこと」あるいは「利を超えたこと」の意味である。また、「無理」には「道理に反すること。理由が立たないこと。行いにくいこと。」の意味がある。で、ここでは、章の題に、第一には、「無利」を知ることは難しい、という意味を込める。そして、第二には、「私利」を「他利」と化し、「他利」を「無利」と化することは、なかなかに困難であり、実践しにくい、「無理である」という意味を込める。そのように、この章題を読むことにしたい。

§1　人を理解するには，その人が何を求めているかを発見すること

　フランツ・カフカにこんな言葉がある、という。

　「石ころが丘を転げ落ちるのは何故かを理解するには、頂上でそれが占めていた場所からそれを解き放った力は何であったかを見つけなければならない。しかし、人がその同じ丘を登るのは何故かを分かるには、その人が丘の頂上にある何を求めているのかを発見しなければならない」(Valle, R. S, and Halling, S. (1989) p.x.) と。すなわち、我々人間は身体を有しており、部分的には物質的な物体でもあるからして、重力の因果的影響を免れることはできない。しかし、我々はまた、主体的な経験を有し、自らの意志をもって、意図的に自らの行動を計画

し、決定し、実行することができる。しかも、それも、場合によって
は、圧倒的な自然的な因果的力に逆らってでも、自らの「求めるもの」
を実現すべく、自らの意志を貫くことさえある。そして、そのように自
らの意志を貫く場合に、むしろ、最も人間らしさが現れ発揮される、と
も言えるのである。そこが、人間的な事象と自然的な事象との根本的な
差異である、と恐らくカフカは教えているのであろう。

§2 「求めるもの」の一生を通じての変化

　そこで、「共に育ちましょう」と唱えた、我々にとっての教育の先達、
芦田恵之助が、78歳の時に、それまでの人生において、その時々に「求
めた」ものの変遷を、自らの一生の行路を顧みて、述べた次の言葉に耳
を傾けるところからまず始めよう。

　「私が、この世に生まれて、最初に求めたものは生であったでしょう。
無意識ではあるが、生を求めて母の乳房を吸ったのでしょう。泣いて空
腹をうったえたのでしょう。次に求めたものは、名でしょうか。ほめら
れたさにしたことは、幼い時からどれほどあったか知れません。次には
利にめざめて、これを追いはじめたようです。ひたすらに立身出世を求
めて、人間のはからいの浅ましさを知りました。次に道を求め法を求め
るようになりました。書の上に、行の上に、求め求めて、道は脚下に存
し、法はおのれに行わるゝことを悟りました。この理すこぶる明晰、さ
らに迷うところはありませんが、それでも物に接し、事に触れて、念々
一切の境に安んずることは出来ませんでした。これを求めて幾年、よう
ように唯楽しと思うに至りました。生・名・利・道・安・楽、私は私な
りに求めたあとを顧みて、ひそかに面白いと思うのです。

　この内省を他に転じて、人の上を見る時、尊重敬愛の念を生じ、物の
上を見る時、亦尊重敬愛の念を生じます。我が職とする教育を、この立

場から考えると、宗教生活の現実そのものではないかとさえ思います。私はこゝに『人生唯楽し』と感じ得たのでしょう。」（芦田恵之助著、1972年、6ページ）

芦田のこの言葉について、私の恩師波多野完治先生は、以下のような評言を加えておられる。すなわち、これを「要約した一種の人生行程」、「一生のカリキュラム」とみる見方があるが、むしろ、これを「体系的、同時的（または共時的）なものとみて、利は同時に道であり、利欲は道への別の契機である、というふうにみたい。」と。そして、「教育者のうちには、『利』を極端にきらう人がいる。しかし、利欲なくしては、全精神のエネルギー動員はむずかしいのである。」として、「利欲じたいが悪いと教えるのは、教育者の狭量である。利だけを追求」するのが悪いのである、と論じておられる。「きらう」か「きらわない」かは、容易には変わらないそれぞれの人々の好みなのかもしれない。ここでは、論じることは控えて、そのままそっと置くことにしよう。

ただ、通時的であるばかりでなく、共時的である、と見ることにすると・・・、芦田の六つの「求めるもの」は、人生行路のそれぞれの時点で、それぞれが「求めるもの」として、それらの内のどれに力点がおかれているか、ということの表現としても見ることができるようになる。

「利」とは、「利害」、「利益」、「利する」、「利にさとい」の「利」で、「もうけ、（損得の）とく」さらに、「勝利」の「利」、「勝つこと」の意味も多少含まれているかもしれない。そこで、「利」のみ追求する人の一生は、「求めるもの」の力点が「利」にある段階に留まり、その段階を超えて行くことのなかった一生としてとらえることができよう。

さて、ここでは、教育において、人間が「利」を求める、ということを主題として考えてみたい。現代は、社会の多くの人々が「利」を求めている。人々は、「利」を求めることのみに留まることが珍しくない、

と言えるかもしれない。そして、「利」を求めることを否定できないとするならば、とりあえず、まず、人々の求めるものが「利」である場合を取り上げて、それを考えてみることにしよう、というのである。もちろん、これは、「利」を超えて行くことを否定するものでは全くない。仮に、それを超えて行くことを望むとしても、今日の課題として「利」を求める在り方を考えてみよう、というのである。

　共育において、「先生」のひとつの仕事は、「利」を求める「生徒」を、新しい世界に導き入れることにより、「生徒」が求める「利」を実現することを助けることにある、とも言えるであろう。教育の仕事は、他者である「生徒」の「利」を充足することを助けることを求める。その意味では、「生徒」から「先生」となるということには、自らが求めるものについて、かつて自らが「生徒」であって自らのための「私利」を求めていた境地から、いまや、他者である「生徒」が求めている他者の「私利」を満たすという、「先生」である私にとっての「他利」を求める境地へと移行することを含むことになる。

　さらに、「道・安・楽」は、「私利」にせよ「他利」にせよ、そうした「利」を超越するという意味で、ここでは「無利」と呼ぶことにする。

　そこで、「生徒」としての「私利」から「先生」としての「他利」へ、さらに、それを越えて、自らの「利」にせよ「生徒」の「利」にせよ、「利」を越える「無利」を求める境地へという移り行きの行路を考えることができる。

　しかし、もともと「私利」を求めていた者が、「他利」を真に求めるに至ることには、困難が伴うことであろう。まして、「無利」を求めるに至るには、さらに一層の困難を伴うことであろう。そして、そのことが、芦田に、改めてあのように自らの行路を顧みる必要を感じさせた一つの理由だったとも思われるのである。求めるもの「私利化」している

人間が、「生徒」から「先生」となるに伴って、その求めるものを「他利化」するにいたる移り行きは、それ自体、一つの「旧世界」から「新世界」への移り行きである。

§3 「生徒」が「先生」にもたらす「利」：「客分児」と「身内児」

　教育＝共育において、求めるものの「私利化」から「他利化」への移行に関連していると思われるものに、アメリカの心理学者D．P．オースベルが提唱した「身内化」／「客分化」（SATELLIZING／NON-SATELLIZING）に関する心理学的理論がある（オースベル、D．P．著、1984年、463－466、523－528ページ）。これは、一般的に言えば、相対的に独立し上位にたち相手に依存される人間と相対的に下位にたち相手に依存する人間との相互関係において、例えば、親と子の関係、あるいは、教師と子どもの関係などにおいて、両者がそれぞれ互いに相手に何を求めるかの違いによる、関係の在り方、および、上位の者と下位の者の在り方の相違を類型化・典型化して、理論としたものである。すなわち、われわれの脈絡で言えば、「先生」と「生徒」の人間関係において生じるそれぞれが求める「利」の関係の類型、と受け止めてよい。

　そこで、便宜上、以下では一貫して、教育＝共育における「先生」と「生徒」の間の関係として、叙述全体を調整して、この理論の一端を語ることにしよう。

　一方の「身内化」の関係においては、「先生」が「生徒」を受け入れるに際して、「先生」は、互いに「先生」であり「生徒」である、というそれだけの理由で、「生徒」に美点が有る無しにかかわりなく、「身内化される者」としての「生徒」に限定なき受容を与える。「生徒」は、自らは美点を獲得するための努力もせずに受け入れられて、「先生」に「素直に」依存する。「美点」なしにも，受け入れられているという感

覚のために、比較的安定感があり、改めて「美点」を獲得して、自分の価値をさらに上げて受け入れられ易くしようなどという努力は敢えてしない。「美点」の獲得を求める場合でも、既に確保されている受容を強めるためというよりは、たとえば、「先生」を喜ばせるためであったりする。無条件に尊重され受容されているため、安定した自尊の念を身につけることになる。

　他方、「客分化」の関係においては、「身内化されない者」としての「生徒」は、「先生」への依存を、与えられた状況の下でやむを得ないこと、いずれは改めていくべきこと、ただ一時的で便宜上のこと、として受け入れるが、本音のところでは、受け入れていない。「先生」のほうも、「生徒」を、自らに「利」をもたらさないものとして受け入れを徹底して拒否するか、あるいは、「生徒」の美点の故に、つまり、現在あるいは将来、自分にとって役立つ、言い換えれば、自分に「利」をもたらす者であるという理由だけから、受け入れる、ということになる。客分者は、自分自身何らかの達成によって「先生」が認める「美点」を備えることによってのみ、受け入れてもらえるので、自分を受け入れてもらうために役立つ働きのある「美点」を獲得することへの執着が強い。そして、「先生」を手本として見習い、いずれ将来には、「先生」ほどの実力をつけて、できたら「先生」にとって代わることを夢見ている。

　さて、以上は、アメリカで展開されたひとつの理論の一端であるが、我々の脈絡に位置付けても、考えるべき論点を含んでおり、また、ある普遍性をもつ問題を提起しているように思われる。

　より日常的な具体に即して語れば、「身内者」とは、例えば、「目に入れても痛くない」と孫をかわいがる祖母に安心して可愛がられている子どものようなものである。その子どもが可愛がられるのは、その子の出来がいいからではない。出来の善し悪しにかかわらず、いや、むしろ,

出来が悪くて世の評判が悪ければ、かえって、それゆえにますます可愛い、と可愛がられる孫のようなものである。祖母は、孫から何らかの「利」を期待して可愛がる訳では全くない。子は、祖母の無条件な愛情に包まれて安らっている。第一章で見た、『銀の匙』の「伯母さん」とその愛情に護られている「私」との関係が想起されよう（第1章参照）。他方、「客分者」とは、例えば、「学校の成績がいいから」と大事にされるが、一旦、成績が下がり始めると、たちまち、無視されたり、疎んじられたりする、そういう子どものようなものである。親は、子どもの将来に期待する、が、その期待は、自らが果たせなかった夢を子どもに果たしてもらいたいとか、あたかも自分自身が偉くなったかのように子どもを自慢したいとか、「家」の誉として出来のよいわが子を他人に自慢し、満足したいとか、あるいは、将来、いつの日か、わが子に世話になるときには、よりよい条件で世話になることを期待するとか、現在あるいは将来の「利」の見返りを期待した上で、大事にし、受け入れもするのである。この場合、一旦、そのような見返りが期待出来ないことが明白となってくると、一変して、子どもを見捨てて顧みなかったり、その無能を責めたり、あるいは、自分にとって「恥」さらしになるなどとして、子どもから距離をおくことを望んだりすることになる。

　学校と生徒の関係についても、同様のことが見受けられる。教育という観点からは、最も教育を求めておりまた必要ともしている「出来のわるい子」や「落ちこぼれた子」を、疎んじて、退学させたり放校したりする学校がある。そのような学校は、そのような子どもをその「美点」の大小有無によって受け入れたり拒絶する「客分者」として扱っている、ということになる。

　こうして、オースベルの理論における「身内者」と「客分者」の区別は、第一に、「先生」と「生徒」との間の関係の重要な側面を表現する

次元であるように思われる。第二に、親との関係において、それぞれ
「身内者」あるいは「客分者」として育った子どもは、その後の教育に
おいて、それぞれ、「先生」との関係を大事にする子どもとして、ある
いは学力や能力などの「美点」を大事にし自らの頼りにする子どもとし
て育つという。それぞれの自尊心のもちかたにも差異が現れる。身内者
は、自分を無条件で受け入れてくれる「先生」との人間関係のかかわり
において自尊心を育てるのに対し、客分者は、自分を拒否する「先生」
でも、好むと好まざるとにかかわらず、認めざるをえない実力、学力、
能力などを頼りにして自尊心を育てる、という。第三に、身内化あるい
は客分化のいずれが、どのような条件において、どのような「先生」と
「生徒」の関係を生み出し、その共育を確かにしていくであろうか。身
内化は安定した人間的な暖かさとともに「甘え」を生み易く、客分化は
不安定な利己的計算高さとともに「厳しさ」を生み易い、という。

§4 「私利」、「他利」、「無利」の愛

　「私」の「利」のための愛、「他」の「利」のための愛、そして、それ
らを越えた「無利」の愛が、認められる。オースベルの「身内化」と
「客分化」は、これらとどう対応しているであろうか。

　フランスの哲学者ジャンケレヴィッチは、その著『道徳の逆説』で、
「二つの愛」について、次のように記している。

　「すべての人々にとって二つの宇宙の対立・・・二つの光景・・・。
第一は１つの観点、わたしの観点で、わたしの身体の小さなのぞき窓を
通して見た、形を歪められ、たえず変化する自己中心の宇宙。もう一つ
は非自己の総体、他のすべての人々の客観的宇宙、他者の宇宙だ。・・
・・他の者を、単に他の者であるために、何らの理由もなく、その人の
功績とは無関係に愛すること、これは純粋で無私無欲の愛、動機のない

愛の本質だ。わたしだから、その女性だから・・・、一つのなぜに答えずそれ自体に送り返すこの循環するだから、これこそ無償の愛の不条理な処方だ。返事が結局は質問の単なる反復であるとき、それは、純粋の他者性という事実以外にほかに愛する理由がないことを意味する。・・・他の者の他者性に対するわれわれの愛は、それが愛の対象である存在の本質そのものに訴えるのだから、一つの純粋愛だ。その愛するもの、それが愛の対象であるその人におけるあれそれの美点（ある人における例外的天賦の才、ある他の人におけるすばらしい手腕）ではない。というのは、その場合には、愛すべきものに対して副次的となり、愛を生ぜしめた美点が消え去ると、ともに消え去ることだろうから。このように動機を持ち、条件に左右された営利主義の哀れな愛は、一つのだからに引きずられている。それはいくつかの愛する理由に分割され、分散して、その高熱は下がる。愛の陶酔と自己忘却とにおいて燃えるつねに先行する熱烈な愛の焔を知ることは決してあるまい。」（Ｖ．ジャンケレヴィッチ著、1986年、209-211ページ）

　「愛」が「利」に基づくものか、「無利」あるいは「他利」に基づくものか、による「愛」の現れの差異を指摘しているものである。先の、オースベルの理論においては、「身内化」は「純粋な無私無欲の愛」それゆえに「他利」あるいは「無利」に、「客分化」が「営利主義の愛」それゆえに「私利」に対応しているようにも思われる。

§5　「気遣い」について

　オースベルの身内化と客分化の対比は、「先生」から「生徒」へ、「生徒」から「先生」への、「慮」「気遣い」（Sorge／Care）の在り様についてのハイデガーの考察を想起させる。次に、その概略の内容を語ってみよう。

慮（ＳＯＲＧＥ／ＣＡＲＥ）
道具存在に対する「慮」：「配慮」（ＢＥＳＯＲＧＥ）
他の人間存在に対する「慮」：「顧慮」（ＦＵ̈ＲＳＯＲＧＥ）
　　　消極的な「顧慮」には、相互反目、相互無視、相互無縁・・
　　　・など
　　　積極的な「顧慮」の形態には二つの極
　　　　一方の極には「尽力的＝支配的顧慮」
　　　　他方の極には「垂範的＝開放的顧慮」
　　　　　　　　　　ハイデガー著『存在と時間』

　人間が道具存在に対して向ける「慮」には「配慮」がある。しかし、それとは区別される、道具とは区別される他の人間存在に対する「慮」があり、「顧慮」と呼ばれる。「顧慮」には消極的形態と積極的形態とがある。消極的な衰退形態には、相互反目、相互無視、相互無縁などがある。積極的な「顧慮」の形態には二つの極があり得て、一方の極には「尽力的＝支配的顧慮」、他方の極には「垂範的＝開放的顧慮」があり、その間に多様な「顧慮」の混合形態がある、というのがその極く大まかな概要である。簡単に述べるなら、（１）道具に対する「配慮」は、目的と手段の織り成す網の目の中で、私にとって、一つの道具が私の目的に適切に対応して、その目的を実現するよう、役立つようにと、目と心を配ることである。（２）「尽力的＝支配的顧慮」は、私が、その他人のために尽力する顧慮である。私は、言わば、その他人の身代わりになって、力を尽くす。その人自身は自ら為すべきことをせず、私に代わりにやってもらうことになり、その結果、その人は、私に依存する者、私の支配を受ける者に堕する恐れが生じる、とされる。（３）「垂範

的＝開放的顧慮」では、私が他人のために尽力して、結果として、彼を私に依存させ支配することになることを避けて、私が彼のために力を尽くすことはむしろ控えて、彼が彼自身の直面している問題を自らの問題として引き受け、それを自力で解決し、そうすることで自らの生きる可能性を見いだし開いていくように、私は私自身の状況を生きて、その生き方が、彼にとっての手本、模範、となる生き方を示すように努める、という顧慮の在り方である。（3）は、一見しただけでは、他人のためには何の役にも立っていないようにも見えるが、実は、この顧慮こそが、他人が彼自身の置かれた状況を真正面から受け止めて自ら生き、本来的な彼自身を取り戻すことを助ける。その意味で、この顧慮は、私がその他人を最も尊重した場合の在り方である、という深い洞察が示されている（ハイデガー、M．著、1960年、206－211ページを参照）。

　ここで、以上の考察を参照して考えるなら、一方の「先生」による「生徒」の「身内化」は、「尽力的＝支配的顧慮」によって為されている可能性が見られる。しかし、他方の「客分化」には、「先生」の「私利」のために発したあたかも道具に対すると同様な「配慮」も含まれ得るし、あるいは、拒絶、無視、反目、無縁など、「顧慮」における消極的で衰退的な形態も含まれ得るし、あるいはまた、「生徒」が自らの生を引き受けて生きることを、結果として促すことになる「垂範的＝開放的顧慮」が混在している可能性があることが、見えてくる。

　教育においては、（1）「生徒」が、自分自身が求めている「利」の実現を、「生徒」自身が自らの力で実現すること、それを「先生」として、「垂範的＝開放的」に、見守ること。（2）「先生」が、「生徒」自身が求めている「利」の実現を、「先生」として、「尽力的＝支配的」に、援助すること。（3）「先生」が、自分自身の求めている「利」の実現を、「生徒」を道具として利用する「配慮」することを通じて、実現するこ

と。これら3つの場合の間を峻別が必要であることが見えてくる。そして、「先生」は「生徒」に、自らの「私利」を求めてはならず、「生徒」の「利」を実現するという意味で、「他利」こそを求めなくてはならないであろう。さらには、「無利」を求めなくてはならないであろう。

§6 「先生」が自ら唱える「他利」あるいは「無利」

しかし、ここに、難しい問題が現れてくる。それは、「先生」が「生徒」に出会うに際して、「他利」あるいは「無利」を求めて、接するべきであることは言うまでもないとしても、それを、「先生」が「生徒」に対して、あるいは、他の誰かに対して、言うとき、その言葉の陰に「私利」が立ち現れる、という難しい問題である。

それは、人と人との関係における、以下のような事情による。「客観的に真実な、だが、わたしは言う権利のない一つの真理があるということだ。わたしがそれを言う瞬間から（しかもまさにわたし、あなたでもあれそれの他の人でもなく）、その真理は非道徳、こっけい、そしてまったくまちがったものとなる。」（V．ジャンケレヴィッチ著、1986年、212ページ）。そのような真理の例には、たとえば、「わたしの謙虚さ」、「わたしのユーモア」、「わたしの魅力」、「わたしの無心さ」、「わたしの尊厳」、そして、「わたしの徳」などがある。

そして、「先生」が「生徒」に告げる、教育＝共育において、「わたしは私利を求めてはいない」、「わたしの求めているのは他利だ」、「わたしの求めているのは無利だ」という言葉がありうる。より平易に表現すれば、たとえば、「私は、自分の利益などは全く無視して、ただお前のためだけに、このような苦労をし、たいへんな犠牲を払ってやって上げているのだ」というような種類の言葉である。そのような言葉は、それを口にした途端、すくなくとも「こっけい」、「まちがった」もの、さらに

は、時には「非道徳」となる。

　何故であろうか。それは、そのように「生徒」に告げること自体が、および、その行為自体が、「先生」自身に対して「私利」をもたらす可能性に繋がることになるからだ。そこに、本人さえも極めて気がつきにくい欺瞞がひっそりと忍びよってくる恐れが生じることになるからだ。

　あるとき、大勢の学生に向かって、私は、こう尋ねたことがあった。「この中で自分が一番謙虚であると思う人、手を挙げて下さい。」一瞬の静寂の後、賢明な学生さんたちの中からは、洪笑が沸き起こった。

§7　「私利」を全く否定し，「他利」や「無利」のみに訴えること

　「先生」は、自らの「私利」を全く否定すべきであるか。「生徒」のために、「先生」は、私利私欲を放棄し、無私となり、ひたすら献身的に尽くすという在り方をするべきであろうか。しかし、もし、そのような在り方に「先生」自身が喜びと幸せを見いだすことがなければ、それは「生徒」にも喜びと幸せをもたらすことは難しいであろう。

　親にとって、子どもを育てることが喜びとなる。その喜びそのものが、子どもから親に向けての最大の贈り物なのである。その意味では、子どもは、親に育てられること自体によって、育てられながら同時に、親に対して、親として「育てる」という最大の喜びと幸せを、子として、既に贈っていることになる、とも言えるのである。

　同様に、教育＝共育において、「先生」が「生徒」に、「私利」でなく「他利」と「無利」を求めて献身しているのだ、と訴えて、自らが「私利」を全く求めていない、と語って、協力を求めることは、あまり説得力をもたないことがある。

　このことは、以下の指摘を想起させる。

　「たとえば、貸した金を取りに行って金を取れない男が、あらゆる理

窟や権利や約束のことを言い立て、喋りまくるとする。だが別な男は、相手の前にじっと坐って、言葉少く遠まわしに、自分の生活をもまた成り立たせてほしい、とか、自分の顔を立ててほしい、と言ったとする。日本の社会では、前者よりも後者が利き目が多いのは確かである。」（伊藤　整著、1981年、15ページ）

　「他利」を求めていること、「無利」を求めていること、を訴えるよりも、「私利」も求めていることを認めることのほうが、真実味を感じさせ、ずっと共感を呼びやすい、ということでもあろうか。また、そのほうが、現実に、真実に近いことも多いのであろう。「先生」は、「生徒」と共育するなかで、「私利」も「他利」も、そして、「無利」も求めてよいのだし、「生徒」と共に、喜びを得て幸せになるのだ、そう考えてはいけないだろうか。それは、「先生」が自分の有りのままの姿を見つめることも意味するだろう。

§8 「先生」が，「私利」から「他利」そして「無利」を求めるとき

　芦田恵之助（1873－1951）は、教室で教える教師の教壇での工夫、「師弟の間におかれた教材にやどる響きの響かせ方」について、最上乗（1）から最拙劣（4）までの師の在り方を挙げている。

　（1）最上乗は、「響を生ずべき急所をうって」、「響を児童から聞こうとする師」で、「響を児童から聞いて満足しよう」という師。「児童からいえば、導かれたのは師であるが発見したのは自分です。そこに学習の喜を感じ、求むる心を生じ、学習の方法を悟るのです。」（2）次善は、「工夫を絶した場合には、師が感じた経路を語って、独り楽しむが如くに振る舞う師」で、工夫を絶した場合、そしてこの他に道の見出せない時で、「どうにもならぬ方法であるだけ、真実味がゆたか」で「効果も多い」という。そして、（3）「説いて知らせようとする師」は、最拙

劣。時には響を求める心を枯らすおそれがある。説けば分かるという考えは、児童の伸びる力を無視した傾があり、往々にして、児童が自分で求めて楽しむということを無視することになる。「説いて気の済む先生は、弟子としては至極迷惑な場合」があり、独演でも、問答でも、注入に終わる場合が多い、と芦田は書いている。しかし、（4）行じない師が「師が感じた経路を語って、独り楽しむが如くに振る舞う」ならば、それはさらに拙劣、と説いている（芦田恵之助著、1973年、96－97ページ）。

　もちろん、芦田恵之助は、主として芦田の生きた明治、大正、昭和前半期の時代の小学校の教室での「教師と児童」を思い描いている。したがって、芦田の説くところが妥当する範囲にも、自ずからある限界があるであろう。その絶対的な永遠の普遍性など、主張することは困難であろう。しかし、その「師」、あるいは「先生」、についての考えの中にある、最上乗の「師」というものは、自己の「私利」など全く眼中に置かないものだ、という点には一定の普遍性を認めることができるのではないであろうか。すなわち、そのような師が求めているのは、あくまでも、「生徒」である弟子が成長し育つことである。そのためには、師は弟子から「響きを聞き楽しむ」だけに留める、そのために、時には愚かにもあるいは傲慢にも、弟子は自分独りの力で育ったなどと思い込み、思い違いすること、そのことをも師は喜んで許容するのである。芦田は、そのような姿に、「他利」あるいはさらに進んで「無利」を求めることに徹する最上乗の師の姿を見ている。その「私利」を超えた「先生」の姿の善さには、ある普遍性を見ることができるのではないだろうか。

　以上のような「私利」を全く考えない師としての「先生」は、弟子の「生徒」に向けて、「恩知らず」などという言葉を吐くことは絶対に在り

得ないことになる。「恩」を感じる心というものがあるとすれば、それは、弟子から「先生」に対して感じるものとしてのみ存在しうるのであって、「先生」から「弟子」に感じるようにと要求することは、「私利」を考えぬ「先生」には、有り得ないことだからである。「他利」あるいは「無利」に徹したはずの「先生」から、弟子に対して「忘恩の生徒」とか「恩知らず」という言葉が吐かれた途端、その言葉自体が、恐ろしいことに、「先生」が「私利」によって動いていた可能性を露呈させることになる。そして、生徒を幻滅させることになる。この言葉もまた、「先生」であるわたしにとって、「客観的に真実な、だが、わたしは言う権利のない一つの真理」である、ということになるであろう。

こうして、宮沢賢治の『銀河鉄道の夜』の中の言葉「みんなのために、ほんとうのほんとうの幸福をさがすぞ」が、そして、「世界がぜんたい幸福にならないうちは個人の幸福はありえない」が、ふと思い起こされてくる。

教育＝共育において、「私利」を「他利」と化し、「他利」を「無利」と化する「無利私利他利化」は、凡人である我々にとっては、決して容易なことではない。それゆえにこそ、自らの「私利」を自覚し、「他利」と「無利」を意識的に求めることが大切となる。したがって、我々が自らに向けるべき問いとして、「無利知りたり、か」あるいは「無理知りたり、か」が、立ち現れてくることになる。みなさんのお答えはどうであろうか。

「それは、皆さん自分で考えて見て下さい。」

8

自由化と拘束化

　「彼らの生活はすべて、法令や定款或いは規則に従って送られたのではなく、皆の希望と自由意志とによって行われた。・・・（中略）・・・一同の規則は、ただ次の一項目だけだった。／**欲することをなせ。**／それと申すのは、正しい血統に生れ、十分な教養を身につけ、心様（こころざま）優れた人々とともに睦み合う自由な人間は、生れながらにして或る本能と衝動とを具えて居り、これに駆られればこそ、常に徳行を樹て、悪より身を退（ひ）くのであり、これらの人々は、これを良知と呼んでいる。彼らが、もし恥ずべき隷属束縛によって抑圧され屈従を強いられると、進んで徳の道に赴いた折の高貴な情念を転じて、この屈辱の桎梏を除去し破棄しようとするにいたるのである。何となれば、我々人間は、常に禁断されたことを行わんと企て、拒否されたることを欣求（ごんぐ）するものだからである。」［「第五七章　テレミートたちの生活はどのように定められていたか」『ラブレー第一之書　ガルガンチュワ物語』渡辺一夫訳、岩波書店、248－249ページ］

　「山路を登りながら、こう考えた。／智に働けば角が立つ。情に棹させば流される。意地を通せば窮屈だ。とかくに人の世は住みにくい。／住みにくさが高じると、安い所へ引っ越したくなる。どこへ越しても住みにくいと悟った時、詩が生れて、画が出来る。」（夏目漱石作　『草枕』、岩波文庫、7ページ）

　「人は人　吾はわれ也　とにかくに　吾行く道を　吾は行なり」寸心（西田幾太郎）

「艱難汝を璧にす」「願わくば我に七難八苦を与えたまえ」山中鹿之助

§1　自由と拘束

　前章では、人間としての私が「求めたもの」として「生・名・利・道・安・楽」（芦田恵之助）を挙げ、その中でも、さまざまな「利」を求めることの意味を、「無利私利他利化」として考えた。

　本章では、「自由化と拘束化」を考えよう。「自由化と拘束化」は、「『自由か？』と『拘束か？』」とも読むことができる。そして、そのようにも読むことを許容することにまず合意し、これを我々の共通の「問い」とし、先へ進みたい。

　まず、言葉の意味を素朴に調べるところから始めよう。

　ある国語辞典（『岩波国語辞典』、1979年）によれば、「自由」とは「他から束縛を受けず、自分の思うままにふるまえること。」であり、「思うがままであること」、「束縛のないこと」、「他からの強制でなく自分の責任で行うこと」などにそれぞれ重点がある場合があることが記されている。また、「拘束」とは「行動の自由をしばること。束縛。」別の国語辞典（小学館『国語大辞典』、1981年）によれば、「とらえつなぐこと。自由を制限すること。」とある。それぞれの語の語義の素朴で常識的な理解は、おおよそ、以上の説明に表現されていると言ってよいであろう。「自由」は、字義通りには、「自らに由る」である。従って、自由自在とは「自らに由り、自らに在る」という意味になる。ここで用いる「拘束」の類語としては、制約、束縛、強制、無理強い、・・・などを考えることにしたい。

　さて、自由の問題は、これまた言うまでもなく、巨大な問題である。ここで考えるのは、あくまで、教育＝共育の脈絡の中での「自由化と拘

束化」に限定してであり、しかも、そのごくささやかな一端に過ぎない。

　我々は、恐らく、ラブレーのガルガンチュア物語のテレミートたちの生活におけるように、「欲することをなせ」という状況に生きている場合が最も幸せだ、と考えられるのではなかろうか。これこそ最も自由な在り方であろう。そして、恐らく、多くの人々が一度は夢見る幸せな生活の状況ではないだろうか。

　しかし、現実には、我々には「欲することをなせ」を実行する「自由」は与えられておらず、さまざまな「拘束」が、我々の自由を制限している。それが、我々が生きている世界の現実であると言ってよいであろう。我々一人ひとりの世界は、こうしてみると、多様な自由と拘束からなる世界であるとも見ることができる。その世界を構成する自由と拘束や束縛の由来は多種多様である。第一に、そもそも我々が全知全能ではないこと、言い換えれば、我々が有限の存在でしかないこと、が挙げられよう。第二には、我々がそのような自由を享受するだけの人間としての「常に徳行を樹て、悪より身を退（ひ）く」という条件をまだ備えるに至ってはいないということも挙げられよう。

　人間の歴史は、有限の存在でしかない人間が自らの自由の拡大を求めてきた歴史であった、と言いうる。人間が求めた自由、それには、自然の脅威など「・・・からの自由」、権力の圧政など「・・・からの自由」、無知や迷信など「・・・からの自由」、・・・などであった。そして、さらに、真理や真実「・・・への自由」、平和、正義、平等「・・・へ自由」、愛「・・・への自由」、・・・などでもあった。それと対応して、「拘束」の由来も、一方に自然的な力があり、他方に社会的な力があった。

　それぞれの人間の受胎、出生から死亡に至る一生についても、同様

に、「・・・からの自由」と「・・・への自由」など、それは自由の実現を求める営みとしての生きられた歴史だ、と言うこともできよう。その意味では、教育＝共育は、それぞれ一人ひとりの人間の自由を拡大する営みである、と言ってもよいであろう。

　一人ひとりの生きられた世界は、その人間が、見聞きすること、感じること、思うこと、考えること、欲すること、意志すること、行為すること、・・・などから成っている。それらは、「自らに由る」という意味で自由である場合もあれば、自由ではない場合もある。例えば、私が自由ではない在り方をしている時、「私が欲する」ことが私の自由にはならない、ということが起こり得る。その極端な場合として、例えば催眠術によって、あることを「欲する」ようになることを予め暗示され、催眠から覚めて、自らは「私が欲する」と信じているが、実は、私はそれを「欲する」ことを催眠暗示によって強いられているに過ぎない、という場合があれば、それがそうした場合に一つであろう。

　そして、ここで、ひとつ不思議なことが現れる。

　それは、人間の心においては、自らのある行為を、自らの意志によって自由に始めて行っていると信じている場合にも、心の有り様によって、拘束されて行っていると感じるように変化することがありうるし、逆に、初めは、拘束されて始めて行っていると信じている場合にも、心の有り様によって、自由に行っていると感じるように変化することがありうる、ということである。これもまた「心の理」の一つであろう。そして、そのような変化が起こると、その行為自体の我々にとっての意味も変化する。逆に、我々がその行為の意味を変化させることによって、その行為が自由であると感じられるか拘束によると感じられるかも変化させることができる場合がある、ということである。

　言い換えれば、我々は、心の働きによって、少なくともある程度まで

は、「自由」を「拘束」と「化する」こともできるし、「拘束」を「自由」と「化する」こともできる、ということである。本章では、以下、「拘束」が社会的な力によるもの、他者に由来するもの、である場合に主として限定して考えることにする。

§2　同一の身体運動の「自由化と拘束化」

　第三者が、第三人称的に、表面的に、見て外面的には同一の行為に見える行為が、その行為をしている本人にとって、第一人称的に、内面的にみれば、自由でもありうるし、拘束でもありうる。つまり、全く外部から第三者がみて同一と見えるさまざまな行為のうちにも、本人の立場からみれば、内面的には、「自由」な行為として経験されている場合もあれば、「拘束」された行為として経験されている場合も有り得るということである。

　例えば、自らの身体を鍛えるために、自ら進んで行っているボディ・ビルでの身体運動と、強制労働、罰としての無意味労働としての身体運動とは、第三者が外部から外面的にとらえたとき、全く同じように見える行動である場合がありうる。しかし、その本人の側からとらえたとき、その運動が、自らに発している「自由」な場合と、他から強制されている「拘束」である場合とでは、本人にとっての、その運動の意味は根本的に異なってくるであろう。

　ここで、ドストエフスキーの有名な言葉が思い起こされる。シベリアの監獄での様子を描いている文章である。

　監獄内の「労役そのものからしてが、私には決して、それほど辛いもの、所謂懲役とは思わなかった。たゞ、可なり後になってから初めて私は、この労役の辛さと懲役性とは、実際に仕事が骨が折れるとか、いつまでやってもきりがないとか言ふことよりも、寧ろそれが、強制的、義

務的であること、常に笞の脅威を受けてゐるといふ一事にあることを察したのである。娑婆にゐる百姓たちは恐らく、これとは比較にならぬほどに多く、時には夜なべまでして労働する。夏は特にさうである。併し彼は、自分のために、合理的の目的を以て働くのであるから、自分には全然何の利益もない仕事に強制されて従う囚徒たちから見れば、てんで比較にならないほど気持が楽なのである。」

「私は一度こんなことを考へたことがある―――若し人を圧し潰して完全にすたれものにしたかったら、若し彼を、最も凶悪な殺人犯すらその罰のためには顫へ上つて、前以て逃げ出してしまうやうな、この上なく恐ろしい刑罰で罰したかつたら、それはたゞその労役に、完全な無益と無意味とを付与すれば足りるだらうと。（中略）若し彼らを強ひて、例へば、一つの桶から他の桶へ水をあけさせたり、またその桶から初めの桶へ戻させたり、砂を搗かせたり、土の堆を一つの場所から他の場所へ運ばせたり、またそれをもとへ戻させたりしようものなら、―――惟ふに囚徒は、数日を出ずして首をくゝるか、或はたとへ身を殺してでも、かうした恥辱や、苦痛や、堕落を免れようとして、どんな罪でも犯すかしたであらう。勿論、かうした刑罰は、拷問となり、報復と変ずる以外、意味はないであらう。なぜなら、何等合理的の目的を達することにはならないに違ひないから。併し、かうした拷問や、無意味や、堕落や、恥辱の一部は、一切の強制労働には必ず随伴するものなのであるから、懲役作業は自由労働に比べて、つまりそれが強制的であるといふ一事によって、比較にならないほど苦しいものなのである。」（ドストエーフスキイ作、1938年、40−41ページ、下線は引用者）

ここには、同時に、幾つものことが言われている。そこで、少し単純化してみると、以下のように整理することもできるであろう。「この上なく恐ろしい刑罰」となる懲役作業は：　1）ある労働をさせる。2）

その労働は強制されている。「それが強制的であるといふ一事によって、比較にならないほど苦しい」　3）その労働は無益である。「自分には全然何の利益もない」　4）その労働は無意味である。「何等合理的の目的を達することにはならない」　5）その労働には終わりがない。「いつまでやつてもきりがない。」　6）その労働は同じことの反復である。　7）その労働は重い。「仕事が骨が折れる」・・・・・

　ここで、ドストエフスキーが最も強調している点の一つが、その労働が「強制的であるという一事」によって、すべての意味が変わるという点である、と読みとっても必ずしも間違いではないであろう。というのは、この一事に他は付随することがしばしばだからである。ところで、このドストエフスキーの言葉は単に「考へたこと」に留まったが、この「考へたこと」が現実となりこの世の地獄を生み出した事例があった。それは、ナチの強制収容所での生活を描いた記録文学に残されている。

　ナチ強制収容所の「深く意図された目的は、肉体の破壊をつうじて、また思想を含めた人間の精神への直接的加害行為をつうじて、拘留者の＜内面＞を破壊することだったのである。／この目的の集約的な象徴はたとえば収容所における特殊な＜拷問＞に現れている。・・・／その一。親衛隊員の監視のもとで、セメントで固めた正方形の中庭を数時間、全速力で停止することなく走りつづけること。その二。蛙のように、しゃがんだ姿勢のままピョンピョン跳びながら同じ中庭を往復すること。もっとも遅かった者は水槽に投げ込まれる。・・・それは朝六時から夜の十時までつづいた。その三、両手を垂直にあげたまま、膝を屈伸する運動を際限なく繰り返すこと。・・・・そのあいだにも、ちょっとした停滞、怠慢に対して、鞭、ゴム棒が容赦なくふるわれたり、長靴で蹴あげられたりした・・・」（篠田浩一郎著、1980年、59ページ、下線は引用者）

少なくとも、短時間、第三者がみた場合の外見上は、全く同じに見える身体運動が、その運動を行う本人の側からみた場合、内面的には、根本的に全く異なる意味をもつ場合があることが、以上から明瞭になる。

　そこで、例えば、A）ボディ・ビルとして、自らの身体を鍛えるために自由に行う場合と、B）他者に罰として強制され束縛されて行う場合とでは、外見上は全く同じよう「に無益で無意味に」見える身体運動でも、本人にとってのその意味はがらりと変化する。このことは、容易に想像されるであろう。もちろん、上記のように、両者の間の差異はそれだけに留まらないことは言うまでもないが・・・。

　すなわち、例えば、いわゆるボディ・ビルのような、「身体鍛練のための運動」の場合を、先の「この上なく恐ろしい刑罰」となる懲役作業と対比してみると、以下のようになるであろう：　1）ある身体運動をする。　2）その運動は自由である。　3）その運動は有益である。「自分の身体を鍛えることになる。」　4）その運動は有意味である。「美しい身体を作り出す」　5）その運動には終わりがある。「自分の意志で止めることができる。」　6）その運動は同じことの反復である。

　7）その運動は重い。・・・・・

　こうしてみると、上記の監獄や強制収容所のような極限状況の場合でなくて、日常的生活における平凡な労働の場合にでも、自由に自ら進んで行う場合と、他者に束縛され強制されて行う場合とでは、本人にとってのその意味、「辛さ」、「恥辱」、「苦痛」、「堕落」、「無意味」、「無益」・・・などが変化することが、容易に想像されるであろう。

　そして、このことは、労働という一般の場合ばかりでなく、我々の主題である、教育＝共育における「学習」の場合でも、全く同様であることもまた、多言を要しないであろう。

§3 「学習」を「生徒」が自ら「求めるもの」とすること：
「教育の極意」としての「発動的学習」（芦田恵之助）

　「共に育ちましょう」の芦田恵之助が、教師となり、教授の諸方法を尋ね尋ねて二十余年、ようやくたどり着いた「教育の極意」とは、ほかならぬ「発動的学習」であった。

　ここに、その発見を語った言葉がある。「教授方法の研究もその本に帰つたら、剣道の極意に流派のやうに、諸教授すべて一に帰するものであらう。一とは何ぞ。児童の学習態度の確立である。発動的に学習する態度が定まれば、教授の能事はこゝに終れるものといつてよい。こゝに到達する方法としては、勿論教授材料も必要である。教授方法も工夫しなければならぬ。しかし、そのいづれよりも、教師の態度が発動的でなければならぬ。発動的ならぬ教師が、児童の発動的学習態度を定めようとしても、それは暗中に物を探るやうなものである。」［芦田恵之助著（1916／1939年）、2ページ］

　言い換えれば、芦田が発見した「教育の極意」とは、「生徒」が「学ぶこと」を自由に自ら「求めるもの」とすることであり、そのための必要条件は、「先生」が、自らも、自由に「学ぶこと」を「求めるもの」としていることである、というのであった。

　実に、簡にして要を得ている。

　たとえば、小学校で、ある学級がどれほど深く教育されているかということは、その担任の先生が、一日休んで、子どもたちの自学自習に任されたときに分かる、と言われる。よく教育された学級では、子どもたちが、自ら学ぶことに喜びを感じており、先生の在不在にかかわらず、自分たちで選んだ学習を自ら進んでなすというようなことがあるからである。しかし、まだその境地に至っていない学級では、子どもたちは、先生の不在を喜んで、例えば、学ぶことを放棄し遊びだし、大騒ぎする

8

自由化と拘束化

などといったことにもなる。子どもが本当に「自由」になり、「欲することをなせ」と言われたときに、子どもたちは何を始めるか。そこで、子どもが自ら「欲すること」が何であったかが明らかになる。また、「学ぶということ」が、子どもたちにとって、「欲すること」あるいは「求めるもの」となっていたかどうかが、隠しようもなく露わとなる。

　人間は、「私の世界を変える」ことを自ら求めるようになることがある。自ら求め、「私の世界を変える」こと、「私の世界が変わる」ことを、喜ぶようになることがある。そのことを、強いられてではなく「自由に」、「生徒」が自ら求めるようになること、それが「教育の極意」である、と芦田恵之助は説いた。そう、私たちは学びたいと思う。

　一人ひとりの「私」は、その時々の旧世界から新世界へのさまざまな旅を通して自ずから変わる。そこから、そのような自ずからなる変化に留まらず、自ら進んでもろもろの旅を求め、自らを変えようとすることも生まれて来る。「私の世界を変える」こととか「私の世界が変わる」ことそのこと自体が、自ら「求めること」となるのである。それは、教育＝共育で学ぶことを通して、自らの世界が変化することの楽しさ自体を喜ぶこと、そして、そのような楽しみを繰り返し体験することによって、さらに、そのような楽しみが自ら「欲すること」、「求めるもの」となること、によるのであろう。

§4　まだ「求めるもの」となっていないものを，「生徒」に教えること

　教育心理学者オースベルは、興味や関心を持たない生徒に教えようとしていろいろ試みてもうまく行かない場合への忠告として、「当面、子供の動機づけ状態［興味や関心］を無視してできるだけ効率のよい教え方に専念せよ」と教えていた。すなわち、「目下の学習課題に関して何らそれと認められる動因状態がなくとも学習が起こりうることは明らか

であろう。・・・課題に特定する動機づけなしでも学習が起こりうる・・・・・・、偶発的な学習が起こりうるという事実は教育上重要な意味をもっており、教師は適切な興味や動機づけが発達するのをいつまでも待つ必要があるわけではない。動機づけのない生徒に教えようとして、他の方法でいろいろやってもうまくゆかない時に、教える唯一の道は、当面、その子どもの動機づけ状態を無視してできるだけ効率のよい教え方に専念することかもしれない。いずれにせよ、たぶんある程度の学習が結果として生じるであろうし、先に学習に満足することからもっと学習しようという動機づけをその生徒は発展させるであろう。

この主張は、動機づけと学習の間の因果関係はふつうに認められているよりももっと典型的に相互作用をしているという一般命題を反映している。つまり、動因状態が学習を活性化するというだけでなく、学習の成功がその基にある動因決定因を高めもするのである。」[オースベル・ロビンソン著（1984年）、497－498ページ]。

言い換えれば、子どもが興味や関心を示さない場合、つまり、その物事を学ぶことが子ども自ら「求めるもの」となっていない場合、上手な教え方で、その物事を学ばせ、ともかく「分かるように」あるいは「出来るように」してしまえ、という忠告である。そうすれば、そのように学ぶ過程で、その物事を学ぶことの喜びを味わい、それを学ぶことが自ら「求めるもの」にもなるであろう、という考え方である。

もっとも、これには、もし、その教え方が下手で、当初の苦しみの末にも、結局分かるようにも出来るようにもならなかった場合には、学ぶこと自体を「求めるもの」にすることにさえも失敗しかねない、という大きな危険を伴っている。だとすれば、そもそも、「生徒」である学ぶ人本人がまだ興味も関心も持てない物事を「強いて」教えるということは、「先生」に果たして許されることであろうか。また、もし仮に、そ

れが許されるとしたら、それは何故か。ここで、一つの考え方の要点を記せば、それが許されるのは、「先生」には、「先生」として、「生徒」には未だ見えていない「新世界」とそこへ導く道とが既によく見えていて、今そのことを学ぶことが、「生徒」自身の将来にとってよい意味を持つことになる、ということが見えていると確信される場合である、ということになろう。

　つまり、「先生」が「生徒」よりも、時間的に遠い見通しをもっている、ということである。他方、「生徒」は、現在の自分には見えていない「新世界」があり、そこに通じる道があり、「先生」が、いま自分の為にその道へと導き出してくれようとしているのだという基本的信頼を「先生」に対して自ら贈ることができる場合にのみ、「生徒」自身には現在未だ「求めるもの」となっていない物事への教育＝共育が、それにもかかわらず、その「生徒」がやはり自ら求める自由な営みとして、可能となるのではないだろうか。

　では、更に進んで、「生徒」がどうしても望まないことを強いて、その自由を拘束してまで、学ばせることについては、どう考えたらよいであろうか。

§5　まだ「求めるもの」でないものを，「生徒」の自由を拘束し，強いて教えること

　「共育」も、「生徒」に「先生」と共に育つことを「求める」心が不在であるとき、しかも、「先生」の「共に育ちましょう」との呼びかけを辞退あるいは拒否する権利や力が与えられていなければ、「生徒」にとっては、「共育」は、他者である「先生」に自由を奪われ、束縛され、強制される、という「拘束」の経験を伴うことになる。

　確かに、「発育」という言葉を推奨した福沢諭吉が批判していたよう

に、「教育」の「教える」には強いる意味が込められていた。「共育」としても、「教育＝共育」においては、やはり、何らかの「強制」は必然的であり、どうしても避けがたいのであろうか。それとも、強制は望ましくないこととして避けるべきであろうか。そしてまた、それは避けることが可能なのであろうか。

　「先生」と「生徒」の両者の間では、「先生」から「生徒」への力ずくであからさまな強制から、力をちらつかせた脅かしによる強制、言葉による穏やかなしかし断固たる強制、さらには、本人には強制とは気づかせないような巧みな強制、・・・・などなど、から、本人の「欲するまま」に「求めるもの」を得させる自由放任まで、多様な「拘束」から、多様な「自由」へと繋がる長い連続線を考えることができる。

　「共育」において、「自由」のみが「求めるもの」であり、「拘束」はあくまで絶対的に回避すべきものなのであろうか。

　しかし、「自由」は「拘束」あっての「自由」である。「自由」が当たり前となり、当然のこととなり、自明となると、その存在は空気のように気づかれなくなる。「自由」は、「拘束」によって奪われ制限されることによって初めて、その存在と意味が気づかれる、ということになり易い。「自由」の価値は、失ってみなければわからない。「自由」が奪われて初めて、我々はその有り難さに気づく。もちろん、「自由」あっての「拘束」なのであるが、しかしまた、「拘束」あっての「自由」でもあるのだ。すると、「自由」への憧れを忘れない範囲内で「拘束」を経験することは、かえって、「自由」の価値、その有り難さ、それを「求めるもの」とする意志を深め強めることになる、とも考えられる。

　自由を享受したことのない者には、自由の意味が分からない。「自分が奴隷だったことのわからない人間は、解放されたこと［自由となったこと］もわからないのである」（M．マイヤー著、1963年、69ページ）

175

8
自由化と拘束化

しかし、それまで当たり前として、自明のこととして、自由を享受している場合、それを決定的に失うまでは、その存在も意味も、痛切には悟ることができないのが人間ではなかろうか。自明としていた自由を失い、そして、かつて失われた「自由」を取り戻すとき、人々は、それを掛け替えのない価値ある「自由」として歓喜をもって迎える。「自由」をそれと知らず享受する世界から、「自由」を失った世界に強いられて生き、そして、「自由」を取り戻した世界に再び生きるという経験をしたことのある人々こそが、「自由」について、そのような幾つもの世界を生きる経験をしたことが未だない素朴で無知な「生徒」には、「自由」の価値を教えてくれるに最も相応しい「先生」たちとして現れる。その意味では、人間の一生においては、「自由」を失う経験も、「自由」の存在と意味、その価値を悟らせる経験となりうるのである。それは、誰も決して自ら望む経験ではないかもしれない。が、人間が、いわば運命によって、そのような経験に出会うとき、その人間にとって、それは重い意味のある経験となりうる、とは言えるであろう。

§6　我々における『自由からの逃走』（フロム）

　人間は、自由にも倦み飽きることがある。フロムは、その著『自由からの逃走』（1951年）で言っている。人間は自らが「自由」であることから生まれる「孤独」と「無力さ」から逃れようとして、自ら進んで自らの「自由」を放棄し明け渡してしまうということがある、と。平凡な我々は、「自由」であることの重み、それがもたらす「孤独」と「無力感」には耐え切れない。ここで、フロムが言う「自由」であるということとは、自分で見聞きし、自分自身でものを感じ、自分自身でものを考え、自分自身の考えを話し、表現し、自分から欲し、その欲するところを、自分の意志と判断で行動に移す、といった生き方と在り方をするこ

とである。しかし、それは、言うは易いが行うは難い。なぜなら、今日の我々の社会では、ナチス・ドイツ社会にあったような露骨で暴力的な権威は存在しないとは言え、強力な「匿名の権威」が支配していて、我々はそうした権威の力に極めて服従し易くなっているからである、という。その「匿名の権威」の名は、「常識」、「科学」、「精神の健康」、「正常性」、「世論」などである、という。さらに考えてみると、我々が持っている「流行に乗り遅れること」、「時代遅れになること」、「世間知らずと見なされること」、「変わり者と見られること」、「仲間外れにされること」などの危険に対する恐怖心が、その「匿名の権威」の権力の増大に拍車をかける。フロムは書いている、「教育のそもそもの発端から、独創的な思考は阻害され、既製品の思想がひとびとの頭にもたらされる。」（同上書、272ページ）と。ここで、「独創的な思考」とは、「ある考えが以前にだれか他人によって考えられなかったということではなく、それがその個人のなかではじまっているということ、すなわちその考えが自分自身の活動の結果であり、その意味でかれの思想であるということを意味する」（同上書、268ページ）。その意味での「独創的な思考」を阻害している事情は多種多様にある。例えば、そのひとつは、「何百というバラバラの無関係な事実が学生の頭につめこまれる。かれらの時間とエネルギーは事実をより多く学ぶためについやされ、ほとんど考える暇はない。」（同上書、272－273ページ）という教育状況である。こうして、「近代人は自分の欲することを知っているというまぼろしのもとに生きているが、実際には欲すると予想されるものを欲しているにすぎない」（同上書、278ページ）。「かれは他人からこう考え、感じ、意志すると予想されると思っている通りのことを、考え、感じ、意志している。」（同上書、279ページ）。

　こうした「自由からの逃走」に対するフロムの批判は、『パパラギ』

の「束になった紙」（新聞のこと）についての一節（103－104ページ）を想起させる。その一部には、こう書かれている。「新聞は、すべての人の頭をひとつにしたがっている。私の頭、私の考えを征服しようとしている。どの人にも新聞の頭、新聞の考えを押しつけようとする。そして、それはうまくいっている。おまえが朝、束になった紙を読めば、パパラギの頭の中に何があり、何を考えているか、お昼にはわかってしまう。／新聞もまた一種の機械である。毎日たくさんの考えを作り出す。ひとつひとつの頭が考え出すより、はるかにたくさんの考えを。しかし、たいていの考えは誇りもなく、弱い。おそらく私たちの頭は、栄養でいっぱいになるだろう。しかし、強くなりはしない。だったら砂で頭をいっぱいにするのと同じではないか。・・・」

§7　我々も「自由」を取り戻そう。我々の「拘束」からの「自由化」を。：「多肢選択方式テスト」を「自由化」する。

　ここで、我々にとってたいへん卑近で日常的な、しかし、それゆえにかえって、我々には、極めて具体的で切実な「自由化」と「拘束化」の問題を考えてみよう。

　大学での筆記試験において、コンピュータの普及も手伝って、近年特に広く用いられるようになった試験問題形式に、「多肢選択方式テスト」（Multiple-choice test）というものがある。俗称「丸チョイ式テスト」などと呼ばれている解答方式のテストである。例えば、短い問題文が提示され、その解答の候補として、「A、B、C、D、E」の5つの選択肢が示され、それぞれの選択肢は互いに異なる解答を代表する。解答者がなすべきことは、それらの選択肢のなかから、定められた数の選択肢を選び、どの選択肢を自らの解答として選んだかを記す、というようなテスト方式である。正解となる選択肢を選んだ解答者には得点が与

えられる、という仕方で採点がなされる。ところで、これと対照的な解答方式に、「論述式」と呼ばれるテスト方式がある。受験者である解答者は、問題にたいして長い論述的な文章をもって解答するという、中国の科挙の試験でも見られたという古くからある方式のテストである。対照的なこれら両者の解答方式それぞれの長所と短所については、テストの専門家の間でも、テストとしての妥当性、得点の信頼性、採点の相互主観性、採点と問題作成の時間労力とそのバランス、・・・などを巡って賛否両論があり、長年にわたって、さまざまな議論がなされてきている。

　さて、ここでは、身近な放送大学の「通信添削指導」における両者のテスト方式を、受講する学生が、自らが「学ぶこと」を最も豊かにするためには、どのように解答したらよいかを改めて考えてみたい。

　課題が「論述式」である場合、学生に委ねられた「自由」は比較的大きいと考えてよいであろう。しかし、学生によっては、自ら考える「自由」を放棄して、印刷教材の部分を選びそのまま丸写しして、解答とする場合などが見受けられる。これは、フロムの言う意味での「独創的思考」つまり「その考えが自分自身の活動の結果であり、その意味でかれの思想であるということ」を放棄してしまったもので、折角の「自由」を自ら「拘束」と化しているものである、とも言えよう。このように、「自由」を放棄し、与えられた自由を「拘束化」することは、このように身近な日常生活においてさえも、十分に可能なのである。

　他方、課題が「多肢選択方式テスト」に解答することである場合はどうか。この与えられた状況下では、表面的に眺めると、「論述式」に解答する場合と比べて、学生の「自由」は極めて限られているようにも見える。すなわち、選ぶことの許されているのは、与えられた選択肢の中からだけであるし、自らの選択の結果を表現するのは「丸」や「バツ」

を解答用紙に記入する、あるいは、マーク・シートにマークすることだけでしかない。その意味では、フロムの言う「独創的思考」が働く余地は殆ど残されていない、「拘束」の極めて大きい状況であるようにも見える。しかし、この状況の下でも、学ぶ立場から、与えられた「拘束」を「自由化」することは、これまた、十分に可能なのである。

そもそも、「多肢選択方式テスト」に対する解答としての選択肢を選ぶには、多種多様なやり方がありうる。可能なやり方を思い浮かぶままに、以下に幾つか挙げてみよう。

1）当てづっぽうに、でたらめに、選択肢を選ぶ。2）サイコロなどを振って、運を天に任せて、選択肢を選ぶ。3）まず、選択肢をよく読み、その中から正答らしいものを選んで、解答とする。4）選択肢の一つひとつを吟味し、不適切と思われるものを除去して行き、最後に残った選択肢を選ぶ。5）選択肢を見る前に、まず、自分で問題に対する解答を試み、その後、自分の解答と最も近いと判断される選択肢を選ぶ。6）与えられた選択肢を見ずに、問題のみをまず見て、考えられる解答の選択肢を可能な限り考え出してみる。そして、その中で、自ら正答と思われるものを幾つか心に決める。その後で、初めて、与えられた選択肢をよく読み吟味する。与えられた選択肢のリストと自分が考え出した選択肢のリストを比較対照してみる。そして、出題者の考え方と自分の考え方の同一と差異を考える。その上で、最終的な解答としての選択肢を決める。7）そもそもテスト問題を受け取る前に、学習する時点で、可能な問題を、常に考え出して、メモしておく。そして、その内の幾つかについては、「6）」のようなやり方で、自らの選択肢も作ってみる。問題を受け取ったら、自分の作った問題と、課題テスト問題を相互に比較検討する。課題に対する解答は、「6）、5）、4）、3）」などの順に試みてもよい。8）テスト問題を先ず論述式テストと見なして、論述式

の解答を試みる。さらに、その解答の核心を簡潔に叙述することに努める。その後で初めて、選択肢を見て、自らの解答に内容的に近い選択肢を選ぶ。9）「印刷教材」を読むなかで、論述式の問題を自ら考え出しては、それに対する解答を自ら試みる。10）こうした、自らの学習と問題作成と、その解答の試行のなかで、自らの作成問題と課題テスト問題、自らの解答と与えられた選択肢、さらには、それらに対する自らの考えと、後日知らされる正解と、そのコメントとを比較対照して、自らのその科目の理解の在り方を省みる。11）以上のような過程を通じて、出題者は何をどのように考えているかを推測して考える。その上で、出題者に見えている、その科目が扱っている物事の世界の見え方に思いを差し向け、それを理解し共感することに努める。いわば、その印刷教材／放送教材の著者／制作者とテスト問題出題者の生きられた世界に、入り込むことを試みる。12）その科目が扱っている物事の世界を、別の仕方で、扱う可能性を考えて見る。その場合の、余裕があれば、テスト問題について考えてもよい。13）もはや、テストというような事柄から離れて、その科目が扱っている物事の世界で、最も大事な「問い」は何であるかを、問題形式などということをも離れて、考えてみて、その考えを深め、自ら文章に表現してみる。あるいは、その考えを、印刷教材あるいは放送教材に表現するとしたら、どのようになるかを考える。そして、ついでに、それに即して、通信添削指導のための問題も、その解答も考えて見る。そして、現実に与えられた通信添削指導問題を、その観点から検討してみる。・・・・・など、など。

　もし、例えば、以上のようなことの幾つか、ことに5）以降のやり方の幾つか、を積極的に試みるならば、たとえ与えられた「多肢選択方式テスト」の通信添削指導の問題の「拘束」が大きくとも、それを契機として、解答する学生の学習の「自由」は、ある限界内ではあるが、幾ら

でも広がってくる、と言えるであろう。「拘束」を「自由化」すること
は、例えばこのようにして、可能となりうるのではなかろうか。

§8 自由に「欲すること・求めるもの」の教育＝共育を通じての変化

　教育＝共育においても、「拘束」は「自由」に気づかせてくれる。そ
して、人間は「拘束」のなかに「自由」を見いだすべく努める。
　「生きられた世界」の変化に伴い、人間が自由に「欲すること／求め
るもの」は活動のなかで変化する。
　本当に「生徒」の幸せのための「共育」であるならば、本来は、「生
徒」が「求めるもの」が得られる「共育」であるべきではないだろう
か。ただ、難しいことは、次のようなことがありうることである。ま
ず、「生徒」が現在自ら「求めるもの」が、将来「求めるであろうもの」
とは異なるかもしれないこと。そして、「生徒」自身、後になって、そ
のことに気づいて、「求めるべきもの」を求めなかったことを後悔する、
ということが起こりうること。そのことを、「先生」は見通しているが、
「生徒」は気がつけないでいること。現在「求めるもの」をうるために
「生徒」が現在歩んでいる道が、少なくとも「先生」が見通す限りでは、
適切ではないこと。「先生」が考えるに、「生徒」が現在「求めている」
ものが、本来「求めるべきこと」とは異なること。それはまた、「先生」
が求めることとも異なること。さらに、「先生」が求めさせたいものと
も異なること。さらに、「生徒」に求めさせることを「先生」が他者か
ら求められているものとも異なること。・・・など。しかし、「学ぶと
いうこと」も「育つということ」も、「生徒」の一生に位置付けられた
意味を獲得することになる。「人間万事塞翁が馬」と言えば、確かにそ
の通りではあるが、しかし、「学んだこと」および「学ばなかったこと」
の「業」（ゴウ）は、良かれ悪しかれ、結局は、「生徒」自身がその生涯

を通じて引き受けることになるのである。

　今日、医療においては、医者が患者の病状とその処置について説明して、その納得を得てから、治療に取り掛かるべきであるとするインフォームド・コンセント（Informed Consent : 医者の十分な説明を受けて納得した上での医療への患者の同意）の必要性が説かれている。

　それと同様に、本来、教育＝共育においても「生徒」の納得と同意が基本的には必要とされている、と考えるべきではないだろうか。

　何よりも、まずは、「生徒」本人が「求めるもの」を得られるようにするところから、始められれば、それが望ましい。とはいえ、本人が「求めるもの」を得るようにすることと、本人が「求めるもの」そのものを、現在のままに放置してそこに留めておくこととは全く別のことである。本人が「求めるもの」を得たとき、さらに進んで、より真なるもの、より善きもの、より美しいもの、より豊かなもの、を「生徒」本人が自ら「求めるもの」として行くように誘い促すことこそが、教育＝共育の次の課題となる。その基本は、「自由」でなければならない。そして、それが、「先生」たるものの最も本質的な仕事なのだ、というべきではないだろうか。

9

目的化と手段化

　「わたしは信ずる——教育とは、青年を人類の最良の遺産に親しませることである。この遺産の大部分は言語で表現されているが、しかし、この言葉が教育者によって実現せられ、社会の実践と構造の中にあらわれてはじめて、人類の遺産はその効果をあらわす。血となり肉となった理念であってこそ、人間に影響をおよぼしうるのであって、言語のみにとどまっている理念は、せいぜい言葉を変えうるだけである。」（エーリッヒ・フロム著、1965年、218ページ）

　「桃李不言下自成蹊」。「急がば廻れ」。

　本章の主題は、「目的化と手段化」である。それはまた、「目的か？」と「手段か？」という問いともなる。

　「自由化と拘束化」とを考えた前章では、主として、社会的な力による拘束化、言い換えれば、他者によって奪われる自由と、その拘束からの自由化とをめぐって、見て来た。

　本章では、そうした他者による拘束に限らず、もう少し視野を広げて、自然的な力による拘束とそれからの自由化、あるいは、自由の喪失としての拘束化などを、我々の生きられた世界の構造に即して考えることとしよう。そして、そうした世界で「求めるもの・欲すること」を実現し獲得する行動における、目的＝手段の組織体系の構造とその意味をめぐって、少しでも、考えを深めて行きたい。

§1　我々の住む世界は可能性・現実性・必然性の下位世界から成る、という

　言うまでもなく、我々の生きる世界は、我々の自由と拘束に関して、等質でも均質でもない。それは、さまざまな拘束、つまり制約、束縛、強制・・・など程度において起伏に富み、我々の自由は与えられたり奪われたりしており、したがって、全てが思いのままになる、ということには到底ならないような世界である。そのような自由の拘束は、前章でみたように、一つには、我々の世界が他者と共に生きる社会的世界であることによる。しかし、そればかりではない。それに更に重なりそれと融合するような仕方で我々の世界の基底を成す自然的世界そのものが、人間の自由を拘束するようなさまざまな条件や障害を備えている。例えば、さまざまな自然科学によっていずれは発見され自然法則として定式化されるような、ある構造的制約条件を備えている。そして、それらが、我々を拘束し、無制限な自由など許さない。我々は、そのように我々の自由を拘束し制約する諸条件に対して、消極的にはそれらに邪魔されないように配慮し、そして、時にはむしろ積極的に、自らの目指す「目的」を実現するために、それらを逆手に取って活用したりさえもして、我々の自由を少しでも拡大しようと努める。我々の「目的」を、つまり「求めるもの」や「欲すること」を、実現するために、さまざまな「手段」を選んだり、考え出したり、創り出したりする。

　我々の生きられた世界で、我々にとっての目的＝手段の関連が生まれ、その組織体系が組み立てられて行くのは、そもそも、我々の生きる世界が、我々の自由を鼓舞したり、許容したり、拘束したり、制約したり、封じ込めて不可能にしたり、・・・などするような具合に、不均等であるために、秩序化され、構造化され、組織化されていることに発し

ている。我々の世界のそのような構造化や秩序化の在り方は、多様な仕方でとらえ叙述することができよう。そして、少なくともそうした記述のひとつとして、以下に紹介する、現実性と可能性と必然性の三つの世界からなる、とするとらえかたを挙げることができよう。

　現象学的心理学者 E. キーンは、精神病理学者 L. ビンスワンガーの所説（次頁注）を一般化し、敷衍して、以下のように述べている。「ビンスワンガーは人間的実存の基本形態を、私達がそもそも人間として存在するための地平を提供する三つの異なった仕方で構造化された世界、あるいは、風景を用いて記述している。その三つの世界とはすなわち、天空の世界、地中の世界、地表の世界である。・・・／天空の世界とは、その中に私達が時には全面的に存在し、部分的にはつねに存在している、明確な形をもった風景である。そこには、もろもろの可能性が充満している。限界は存在しない。時間は走り行き、未来に向かって速やかに飛び去り、ありうることの輝かしいイメージに向かって前へとずずっと進む。理想主義が現実である。地表のもろもろの制約を免れて鳥のように飛ぶ、という身体感覚、浮揚するような、そして無限のエネルギーに満ちた身体感覚が、解き放たれた楽観主義のムード［気分］と、ユートピア的な幻想の認識といっしょになって、世界の中の私達の存在が創造性と生そのものの自発性を伴って天翔る世界を生み出す。／それとは違った世界の中の存在形態の基礎にある地中の世界の構造は、もろもろの必然性の世界である。時間は着々と、止むことなく過ぎ行き、時間の経過から生まれてくるものは、古くなり、生命力が枯渇し、腐敗し、衰え、純然たる物質のみからなる動けないものへと崩壊していくことのみである。人間の自己は重苦しく、まるで生気を欠き、重々しく、びくともしない堅さをもった身体のようである。そのムードは悲観主義の一種である。墓地の暗さ、墓穴のしめっぽさ、地の底にあることの息

の詰まる閉塞—— 場所もなく、空間もなく、自由もなく、運動もない
——がこの世界を特徴づける。私達は捕らわれており、必然性という拘
束からの脱出は不可能である。時間がもたらす唯一の変化は、内部から
の止むことのない崩壊であり、外部からの容赦ない重圧による破壊であ
る。／（中略）／地表に立つことの、あるいは地表を闊歩することの世界
は、実践的な行為の世界である。私達はみんな、可能なるものの領域に
おける想像の飛翔を、必然なるものの領域における人間の有限性のもろ
もろの限界と、何とかして調和させなければならない。地表の世界で
は、私達は可能なるものを取り上げ、それを必然なるもので調節してい
く。また、必然なるものを取り上げ、それを可能なるもので生気づけ
る。世界の中にある人間存在は、この両者をともに変えていく。」（キー
ン、E. 著、1989年、119−121ページ）

（注）　現象学的精神病理学者 L. ビンスワンガーは、その患者エレン・
ウェストという現存在［人間］が生きる世界の下位世界として三つの世
界を記述している。「この現存在が現にあるところの世界とは、地上の
世界、空中の世界、地中地下の世界の三つであり、現存在の運動は地上
においてはあゆみであり、空中においては飛翔であり、地中地下におい
ては爬行［爪をかけて這い行く］である。これら三つの運動には時熟と
空間化とのそれぞれ特殊な形式が対応しており、またそれぞれ特有の物
質的緊密度、特別の明るさと色合いが対応している。そしてこれらはそ
れぞれ特有な帰趨の全体（Bewandtnisganzheit）をあらわしているの
である。第一の世界が実践の意味での帰趨の全体を表しているとすれ
ば、第二の世界は『翼をもった』願望と『最高の理想』の世界をあらわ
し、第三の世界は『地中へひきずりこむような』（ヴァレンシュタイ
ン）、『気を滅入らすような』、煩わしい、重苦しい、『欲望』の世界、換

言すれば、『自然な現存在』のもついろいろな要求によって作られた世界をあらわしている。」（ビンスワンガー、L. 著、1959年、141－142ページ）

§2　我々は，可能性をめざし，必然性をくぐり抜けて，現実性を生み出す

我々は、「地表の世界では、私達は可能なるものを取り上げ、それを必然なるもので調節していく。また、必然なるものを取り上げ、それを可能なるもので生気づける。」

我々は、そのようにして、自らの生きる世界において、「求めるもの」、「欲すること」を実現したり、あるいは、変化させたりして行く。

ある物事を「目的」とし、その物事に到達するために、「手段」や「方法」を考え出したり選んだりするという人間の行為を考えてみよう。すると、この行為は、或るところから出発して、目的として目指すところへと、赴くという行為に、古くからなぞらえてきたことが分かる。しかも、このようになぞらえることが行われるのは、どうも日本だけのことではないようである。改めて国語辞典によるまでもないが、「目的」は「実現し到達しようとめざす物事」で、その類語には、「目当て、目標、ねらい、目途、方向、方針、・・・」などがある。「『目的』が抽象的で質的なものに向かうのに対し、『目標』は具体的で量的な方向を含むことがある。」とされる。「手段」は「目的を達するための方法」で、「方法」は「目的を達するために考えた手順」とある。「『手段』は具体的・部分的であり、『方法』は手段を総合して全体的なものをさす傾向がある」とされる。両者の類語には、「仕方、遣り方、道、行き方、風、手、道具、手続き、方途、筆法・・・」など多数ある。「到」、「達」、「途」、「方」、「向」、「道」、「行」、・・・などの文字に、場

所とそこに到る道という空間的な比喩が隠されていることが読み取れる。

　このことは外国語の場合、例えば英語の場合などは、さらに明瞭である。「方法」にあたるのが"WAY"であり"METHOD"であるとすれば、「道」の比喩は明瞭である。"METHOD"は、ギリシャ語で"meta−"と"hodos"からなり、前者は「間に、共に、後に」の意味、後者は「道」の意味である。「手段」にあたるのが"MEANS"であるとすれば、そこに隠されているのは（MIDDLE）「中間」あるいは「途中」の意味である、と読むことができよう。

　そこで、「目的」に合わせて「手段」あるいは「方法」が「道」として現れてくるさまざまな様相を、目的地とそれへの経路の比喩を用いて、しばらく考えてみることにしよう。

　それはまた、可能性をめざし、必然性をくぐり抜けて、現実性を生み出す営みの比喩ともなる筈である。それはまた、敢えて繰り返すならば、我々が、地表の世界で、「可能なるものを取り上げ、それを必然なるもので調節していく。また、必然なるものを取り上げ、それを可能なるもので生気づける。」ことの比喩ともなるであろう。

§3　目的・目標（目的地）への方法・手段（道）を見いだす：「道」の比喩を借りて

　我々は、ここで、空間的な事態を語りつつ、同時に、「目的」と「手段」の比喩の世界に入る。「目的地（X）に到達すること」が私の「目的」であり、そのことを実現するための道行きがその「手段」であると考える。話を単純化するために、「客観的」な地形について語る。「客観的」な地形とは、具体的な私でも、汝でも、彼でもない、いわば「超越的な視点」からとらえた地形と言ってもよい。それは、地上の人間には

直接に見るという経験ができない地形である。しかし、場合によっては、山頂からの「鳥瞰図」として、あるいは、ヘリコプター機上から鳥瞰した風景として、近似的には、経験することができるものである。そこで、ここで語る「客観的」な地形は、例えば、私がその未開拓地を歩む開拓者である場合は、第三者が上空からヘリコプターで鳥瞰した風景を語ったものとして、あるいは、地上を探索しながら私自身が想像したり空想したりして、思い描いたものとして、理解することとしたい。都会地の場合は、何らかの仕方で作成された、既製の地図を見ながら語っているものと理解していただきたい。いずれにせよ、私自身が、その地形をよく知っている場合と、未知の地形を発見しつつ、初めて道を見いださなければならない場合との、両者を共に視野に入れつつ考えて行くことにしよう。

　さて、第一の場合。いま、私は、見渡す限り平坦な平原のある地点（A）に居るとする。人の歩いた痕跡は何処にもない。そして、遙か彼方に、私の目指す建物のある地点（X）が見える、とする。私とその地点を結ぶ線上には、何の障害物もない平原である。この単純な場合には、私は、地点Aから地点Xに向かって一直線を引いて、その線上を進みXに近づいていくことができる。時の流れとともに、私は、Xに次第に近づき、Aから次第に遠ざかる。私の歩んだ道は、だれかがまた、歩むかも知れぬし歩まぬかも知れぬ。いずれにせよ、何の障害もない平原であってみれば、私の自由を妨げる何物も無く、私は工夫や苦労をして道を発見したわけでもないし、他者にとっても、私の歩んだ道を知っても知らなくても、何ら特別の得失はない。

　第二の場合。同様に、地点（A）から地点（X）を目指す。だが、周辺は山岳地帯であるとする。私は（A）から（X）への道を一直線に歩むことは不可能である。この場合は、障害となっている険しい山に挑む

場合もあろうが、それは最初から止めて、迂回し遠回りしながら、（X）に近づいて行くことを選ぶことが考えられよう。私は、新たな道を見いださなければならない。まず、「（B）地点に行くこと」、次いで「（C）地点に行くこと」、・・・などを経て、ようやく（X）地点に到達する。例えば（A）地点から（B）地点に行くことは一時的には「目的」となるが、それと同時に、そのことは、「（X）地点に行くこと」という「目的」のための「手段」ともなっている。その時々に目に入る風景も、言わばちょうど日本庭園を歩く場合のように、刻々変わる。方向を見定めること、道なき道を切り拓くこと、これには工夫を要し、時間も労力もかかる。後に続く他者が私の見いだした道を知るか知らぬかということは、次の機会には、時間と労力の節約ができるという意味で、得失を生じるかもしれない。

　第三の場合。さらに、周辺の地形が入り組んで居る。（A）から（X）へと導く道を見いだすのは困難を極める。（X）から（A）を遮るように取り囲んで居る険しい山岳が存在する。その場合、一旦は（X）から敢えて遠ざかる方向への道を歩んで、中間地点の（B）や（C）・・・などに到達することを、その時々の「目的」としながら、紆余曲折を経て、次第に（X）に近づいて行く。その時々に、中間地点に向けて歩むことが「さあ、あそこまで行ったら一休みしよう」などと暫定的で一時的な「目的」となる。しかし、それと共に、それぞれは、（X）に向けての「手段」ともなっている。私が見いだした道は、将来更によい道が見いだされるまでは、後に続く他者にとっても、知る価値のある道となりうる。

　第四の場合。今度は、東西南北に縦横にビルの谷間を道路が走る大都会での場合。都市は平坦の地形の上に建設されている。とはいえ、南西部の（A）から北東部の（X）に一直線に近づくことはできない。この

場合、どの道にも特別の障害がないならば、（X）に近づく限り、東西と行って南北と行こうと、東西、南北、東西、南北・・・とジグザグに進もうと、距離には大きな差異を生じない。途中の諸地点に到達することは、それぞれの時点では、私には「目的」として現れるが、それらが順にまた、（X）地点に到達することの「手段」ともなっている。

第五の場合。第四の場合の大都会道路に、第二の場合の地形が、重なりあったような場合。第二の場合と異なるのは、この場合、自由に曲線的な道を切り開いて進むことはできない、という点である。第二の場合と同様の拘束条件を満たしながら、さらに、縦横に走る道路に沿いながら、（X）への道を探して行かなくてはならない。途中では、当然、中間地点の（B）や（C）・・・に到達することが、その時々の「目的」となる。そして、これまでと同様に、それらはまた、（X）に到達することの「手段」ともなる。

第六の場合。第四の場合の大都会道路に、第三の場合の地形が、重なりあったような場合。（X）への道を探すことは、もし、地図がなければ、さらに困難となるであろう。

第七の場合。第六の場合に加えて、さらに、事故により道路が臨時に閉鎖されている場合。これまでの既知の道ではなく、新たな道筋を発見して行かなくてはならない。

第八の場合。（A）から（X）へ通じる可能性のある道が、地震によって、たった一つを除いて全て塞がれてしまった、などという場合。

第九の場合。（A）から（X）へ通じる可能性のある道が、地震によって、全て完全に塞がれてしまっていて、（X）に到達することが全く不可能であるという場合。

第十の場合。（A）から出発するのだが、目的地があるわけではなく、歩くこと自体を楽しんで、ぶらぶらと散歩して、その時々に目に入

る事物や風景に興味を向けて喜ぶ、という場合。この場合は、「歩くということ」自体が、あるいは、「道すがら風景を楽しむということ」などが「目的」となり、「歩くこと」はその「手段」となろうか。いずれ、（A）に戻ることを考えて居て、そのためにそれぞれの時点で、自分の位置を確かめてはいるが、どの道をどう通ったかは全く気にして居ない、などという場合。など・・・。

　こうして見てくると、この比喩は、目的と手段の間の関係を考えるよい手掛かりとなってくれるようである。また、地図というものは、かつて寺田寅彦がその随筆で記して居たように、その地形を探索した先駆者たちの発見を要約して、後に続く我々に、多様な状況で、多種多様な出発点から多種多様な到達点への道を見いだす場合に役立つように、多種多様な道の可能性を知らせてくれているものである、とも考えられることになる。

　さて、出発地点（A）から、その時点での、最終目的地点（X）に近づくに際して、その中間地点（B）、（C）、・・・などは、その時々の目的地となり、その時々の通過地点として道の一部となる、ということは明瞭であろう。同様に、ある時点での目的地（B）に到達することが、次の時点では、その次の目的地（C）に到達することへの手段となり、また、その（C）に到達することは次の目的地（D）に到達することへの手段となる、ということが起こる。こうして、「目的」と「手段」は相互に循環して、他と化する。ある物事が、主体にとって、ある脈絡では「目的」であるが、他の脈絡では「手段」に転化する、ということが起こる。それは、移動する主体である我々が、その物事をどういう脈絡に位置付けて、「目的化」あるいは「手段化」して居るかに依って定まる。ある小さな目的は、そのための手段を従えて居る。その小さ

な目的はさらに大きな主目的に対しては、その手段となる。したがって、全体を実現すべきもろもろの目的の組織として考えることもできるし、その脈絡での一つの目的に向けてのもろもろの手段の組織として考えることもできる。

§4 迷路では，出発点からと，到達点からと，両方から道を探す。

袋小路などを含むいわゆる迷路の解決を求める場合を考えてみよう。この場合、出発点である入口から到達点である出口への道を探すことのために、入口から出口への方向に導く道を探るばかりでなく、逆に、出口から入口への方向に導く道を探るという、巧みな仕方が用いられる場合がある。これは、入口から出発して出口に到達することを「目的」とする一つの全体的課題を、二つの目的をもつ幾つかの手段を見いだすという部分的課題に分割して、その総合として、全体的課題の解決を見いだそうとする仕方であると考えられる。すなわち、入口から到達できるという条件を満たす幾つかの中間地点と、出口から逆行して到達できるという条件を満たす幾つかの中間地点とを、それぞれ探りながら、その両方の条件を共に満たす中間地点（S）を発見するのを、第一課題とする。ついで、入口からその中間地点（S）を通過して、（S）から出口へ向かっては、先程の出口から（S）への逆行を（S）から出口への順行にして辿ることで、全体課題の解決を見いだすものである。ここで、「入口から出口への道を見いだすこと」を「目的」とするなら、その「目的」に対して、「入口から（S）への道を見いだすこと」と「出口から（S）への道を見いだすこと」、したがって、「（S）から出口への道を見いだすこと」は、そのための「手段」と見なすこともできよう。入口から（S）への道あるいは出口から（S）への道を見いだすことが、入口から出口への道を見いだすよりも容易なのは、前二者の射程が短い

こと、最初は（Ｓ）が不確定であること、などの理由による。

　すると、この素朴ではあるが巧みな迷路解決発見の仕方は、(1)全体を視野に入れつつ部分を分析する「総合を介した分析」（Ｓ. Ｌ. ルビンシュテイン）、「総合による分析」（Ｊ. Ｓ. ブルーナー）、にも通じるものである。また、(2)解釈学で言う、「解釈学的循環」［「テキストの全体と部分の間の相互規定」あるいは「あるテキストの全体の意味の先行理解と、その諸部分の解釈との相互規定」（Ｈ. Ｇ. ガダマー）］にも通じる構造をもっていることに気づく。さらにまた、(3)初等幾何学で、仮に解が見いだされたと仮定して、その解の条件を分析して解決に近づこうとする「解析」の方法にも通じている。さらにはまた、(4)解析学における助変数の活用による問題解決法にも通じる。

　以上の(1)、(2)、(3)、(4)の諸例は、「目的化」と「手段化」の循環とともに、迷路の道探しの場合と同様の、「回り道」の知恵をも表している。

§5　生きられた世界には，目的＝手段の網の目が張り巡らされている

　我々は、時間の流れの中で、その時々に、我々が目的をめざして手段をとり、目的に到達する、ということを繰り返し繰り返し行って生きている。そして、その過程で、新しい道を発見したり、あるいは、「先生」に道を教えられたりして、次第に、多種多様な目的に適した多種多様な手段を自ら活用できるように、目的＝手段の知識を蓄積していく。その限りにおいて、我々の生きられた世界には、目的＝手段の網の目が張り巡らされている、と言ってよい。この網の目では、新たな物事が目的として現れて「目的化」したり、あるいは、新たな物事がそのための手段として現れて「手段化」したり、さらには、目的が「手段化」したり、手段が「目的化」したり、という循環と変転が、絶え間無く常に、

起こっている。

　「手段」の「目的化」の例としては、例えば、貨幣は本来あくまで生活のための手段であるはずであろうが、しかし、時には、それ自体が生活の目的そのものと化することがある、ということが挙げられる。モリエールの描く『守銭奴』においては、貨幣は物神化され、もはや手段などではなく、生きる目的そのものとなり固定化してしまっている。

　米国の心理学者 G. W. オールポートは、このように手段が目的化することを、動機の「機能的自律性」（Functional Autonomy）という術語で呼んでいる。「かつてはある目的（an　end）のための手段（a means）であったものが、それ自体目的となってしまう」ことがある、と記している。そのような一例として、「大学で、ある学生が、ある分野の学習を始める。最初は、そのように学習することが予め定められていたからとか、両親が喜ぶからとか、あるいは、都合のよい時間に開講されていたから、などがその理由であったに過ぎないものが、結果として、気づいてみたら、その主題それ自体に、しかも恐らくその生涯にわたって、夢中になっている、などということがよくある。彼はそれなしには幸せでなくなり、もともとの動機は全く失われてしまっている。」という例を、多数の事例の中の一つとして、挙げている ［G. W. Allport,（1937），p. 201.］。

　こうして、この多種多様な目的＝手段の全体組織体系が、変化しつつ、私の生きられた世界の全体を覆っている、と考えることができる。そして、それは、［187頁の（注）で示したビンスワンガーの記述における］「帰趨の全体（Bewandtnisganzheit）」と呼ばれるものである。

　一人の人間であるそれぞれの私は、あらゆる物事に出会うとき、常に、その物事が「何かの為の」物事であるものとして出会う。例えば、有名な例で言えば、一つの道具である金づちは、釘を打つためにあり、

釘を打つことは、例えば、風雨を防ぐためにあり、風雨を防ぐことは、宿るためにある、・・・・・[ハイデガー著、1960年、上巻、143-144ページ]。このように、「・・・の為に」という「・・・の役に立つ」という関係の無数の連鎖が、私から発して言わば放射状に、四方八方に広がっている。そして、私は、その中心にいる。というよりも、私が生きているということは、私から発しているこうした連鎖関係のすべての中心に位置しているようにして、この世界に生きている、ということである。これは、ちょうど、前述の「道」の比喩で言うならば、私は、現在、私の生きて居る世界のど真ん中にいて、私の居るところから出発して、原理的には、宇宙の何処へでも行ける可能性をもっている、そのような私の世界を生きて居る、ということに類似している。身近な道が身近にある道具としての金づちに対応するとすれば、宿るということは、少し離れた、その先の道に対応すると、想像してもよい。そして、身近な道は、それより先の道を「指示」（指し示して）している。ここで、「目的＝手段」という脈絡で、注目すべき点を幾つか挙げておこう。

(1)　目的と手段の網の目は、私から見て、地平構造をなしている。私にとっての、この網の目の構造のすべては、あるとき一遍に見えてくるのではなくて、私から近くの道に比べて、私から遠くの道は、言わば、霧か闇に隠されて居るような具合になっており、或る地点まで行くと、霧が晴れるように、その先の道が次第に見えてくる、というような具合になっている、ということ。

(2)　目的と手段の組織＝体系は、私から見ると、入れ子構造を成している、ということ。つまり、ある状況での目的(a)は、次の状況では次の目的(b)の手段(a)となり、その次の状況では、先の目的(b)は、手段(b)となる、・・・という具合になっている、ということ。これは、目的は手段と化し、手段は目的と化し、相互の循環を成す、とも表現される。

⑶　言葉は、この脈絡では、以上のような指示関係、あるいは「帰趨」関係を「表示」（表し示すこと）をして、そのような関係を見逃し勝ちな我々に、目的＝手段関係を知らせてくれるという役割を果たすということ。「金づち」という言葉は、その言葉で呼ばれる物体が、道具であり、しかも釘をうつ為の道具であることを知らせてくれる。

⑷　手段・道具としての物事は、私にとって、それぞれの在るべき場に在って、適切にスムースにその役割を果たしている間は、私にとっては目立ちにくく、忘れられがちになる、ということ。例えば、「金づち」を、私が自由自在に使いこなしていて、釘を打つという私の目的を容易に実現しつつある場合には、私には、金づちが気にならない、目立たない、ということ。便利な道具は使っていて気にならない道具なのである。それは、目的地が見えて居て、道に何の障害もなければ、我々は道など特に気にしないものであることとか、逆に、目的地が目の前に見えて居るのに、渋滞などで道が邪魔となっている場合に、道が気になり始めること、などと事情がよく似て居る。

⑸　その目立たなさを、目立つようにしてくれたり、あるいは、そもそも、その物事が、私にとって、手段あるいは目的となり得ることを知らせてくれる役割を果たすのが、言葉の一つの働きであること。しかし、また、言葉は、その手段＝目的関係の脈絡を余りに鮮明に教えてくれるために、その言葉が表示し指示して居ない他の関係を、かえって、我々から隠してしまうような働きも、また、果たすことがあるということ。

⑹　目的＝手段関係についての知識の蓄えの構造には、多様な形態が考えられるということ。ここでは、言及するに止める他ないが、現象学的社会学者、A.シュッツは、知識の蓄えの構造と発生、関連性の構造、典型化、言語の役割、もろもろの下位世界との諸関係などを既に詳細に論じている［Schutz, A. 1973, pp. 99−241.　参照］。

ある「業」（わざ：SKILL）に熟達することは、私にとっての目的＝手段関係が安定することを意味する。その意味では、「授業」とは、安定した目的＝手段関係を習得させる場である、とも言える。

(7)　物事の原因＝結果の関係が洞察され確認されると、その結果を「目的」とし、原因を「手段」とするという、「目的化」と「手段化」とがなされる。これは、ある道を行ったら、ある地点に到達したという経験から、その地点に行くには、その道を行くことにする、という事情に類似している。しかし、人間の生にとって、「目的」と「結果」は異なることは、言うまでもない。人間の人生の究極目的は人により多種多様であろうが、生の最終結果はだれでも同じ「死」である。しかし、大多数の人々は、恐らく、「死」を「目的」として生きているわけではないであろう。O. F. ボルノウは、その著『徳の現象学：徳の本質と変遷』（1983年）で、時代・社会・文化により、それぞれで称賛された「徳」が多種多様に変遷して、互いに異なっていることを示している。現在の時代・社会・文化で高く評価される「徳」が永続するとか、永遠であるとか、の保証はどこにもない。人々は、その時々に、それぞれに、それぞれの「生きがい」（神谷美恵子著、1966年、参照）を求め欲している。そして、その為の道を求めている。

(8)　人それぞれの生きられた世界は、それぞれの仕方で構造化されている。構造化とは、混沌に秩序をもたらすということでもある。言葉がその際、大きな役割を果たす。「目的化と手段化」の網の目の発生もそうした構造化のひとつである。この構造化には、比較的安定したところから絶えず変動しているところまで、多様に変化するということが含まれている。例えば、生死にかかわるような緊急の目的が現れると、他のそれほど緊急でない目的は、とりあえず背景へと退いていく。そこには、「優先するものを第一に」という原則が見られる。

例えば、以上のような注目すべき点が直ちに浮かんでくる。

§6　世界への出入りは目的＝手段構造体系への出入りでもある

そこで、新しい「生きられた世界」に入るということは、新しい目的
＝手段体系の世界、新しい機能連関の世界に入るということでもある、
と言える。何を目的とし、何をその為の手段とするかが、「新しい世
界」に住み込むことによって変化する。いや、「新しい世界」に住み込
むということは、そのように新しい目的と手段の組織体系からなる世界
に住み込むということをも、意味するのである。言葉が、目的＝手段の
組織構造を表わす手段でもある、と前述した。言葉は、そのように、人
間の生きられた世界を、目的＝手段構造に秩序づける。そして、目的＝
手段構造を安定化させもし、固定化させもする。その意味で、言葉は人
間の生きられた世界の構造化・秩序化の有力な媒体である、と言ってよ
いであろう。そのために、また、ある言葉による構造化・秩序化を学ぶ
と、その言葉を学ぶ以前の構造化・秩序化の状態に戻ることは困難にな
る、ということが起こる。言葉が、ある目的＝手段関係を露わにすると
同時に他のものを隠す働きがあるとすれば、我々は、時には、言葉に
よって隠された目的＝手段関係に気づくために、ある言葉に支配された
目的＝手段の固定した関連から離れて、その世界から脱出することが必
要となる場合を生じる。これは、安定が柔軟さを失わせる、という「機
能固着」の問題である。

その意味では、新しい外国語の習得は「生きられた世界」の秩序変え
を導く、とも言える。外国語は、新たな構造化・秩序化、柔軟性の獲得
への媒体あるいは手段となりうる。

新たな目的＝手段構造の発見は、新たな世界への住み込みであり、そ
れに伴う、新たな言葉の発見と習得でもある。

そこで、教育＝共育の脈絡の中で、「旧い世界」から「新しい世界」に移り住むということは、子ども、教師、「生徒」、「先生」、それぞれの間で、既に新しい仕方で「目的化と手段化」している人が、その世界へと、未だそのような仕方では「目的化と手段化」していない人を導き入れる、ということでもある。

§7　教育における「目的」と「手段」の逆説：⑴「自己完成する」

　教育＝共育における実践は「地表の世界」で行われる行為である。そこでは、「私達は可能なるものを取り上げ、それを必然なるもので調節していく。また、必然なるものを取り上げ、それを可能なるもので生気づける。」 そこでは、目的とすることを実践の直接の目的としては、その目的に到達することができない、ということがしばしば起こる。別の目的を直接目的としながら、間接に、当の目的に到達することが求められるのである。

　そうした例を幾つか見てみることにしよう。

　例えば「自己完成すること」をめざす場合に、我々が陥りがちな一つの重大な誤りを指摘している文章がある。それは、我々は、よき人間になるには、よき人間になることを直接の目的としてしまい勝ちであるが、それは、誤りである、というのである。そうではなくて、よき人間になるには、よき人間が真心からするようなよいことを自らも真心から成し遂げることを直接の目的とすべきである、ということである。

　「人間の真実の成果は、彼のそとに、つまり彼によってつくりだされた何らかの客体のなかのみならず、彼自身のなかにもたくわえられるものである。すなわち、人間は、何か意義あるものを創造して、自分もまた成長する。人間の創造的な、献身的な事業のなかに、彼の成長のもっとも重要な源泉がある。」（ルビンシュテイン著、1961年、180ページ）

「自己錬磨、つまり自己のなかに一定の性質を形成するのを直接目的
とする仕事は、生活上意義のある課題の解決をめざした労働や活動に、
その一環として参加してはじめて目的を達することができるのである。
意志や性格の特質を形成するための、第一のもっとも重要な基礎は、自
己のなかにそれらの特質を育成することを唯一の直接目標とする訓練や
活動によっては築かれるものではない。・・・（中略）・・・。それらの
特質は、その形成が主体の直接的な故意の目的になっているのではな
く、彼の活動の結果として出てくるような経過をとる活動のなかで、
もっとも確実に養成せられる。自分の仕事や行動の直接目的としての自
己完成に一生懸命になっているひとは、ふつうこの目的を達することが
一番少ない。この点で一ばん効果的なものは、文字通りの無我の労働で
ある。ひとは自己完成に達しなければならない。しかし、彼は何よりも
先ず、個人的に自分を良くすることにではなく、生活のなかで何か客観
的によいことをするように努めるべきである。まさにこのようにしてこ
そ人間は自分にとらわれないで、実際に自己完成せられる。すなわち自
己完成は彼の生活や活動の自然の結果として出てくるのである。」（同上
書、233－234ページ）。我々は、ここで、道元禅師が「典座」（炊事を掌
る職僧）に、「その［炊事を掌る］役割を果す一挙手一投足が、そのま
ま、弁道［仏道修行］である」と『典座教訓』で説いた、「心の理」を
想起させられる［例えば、富山はつ江著、1987年、7－8ページ、を参
照］。

§8　教育における「目的」と「手段」の逆説：(2)「授業で問う」

　授業において「問う」ことにおいても、同様に、子どもに考えさせた
いことを直接に問うことは、必ずしも、その問いの目的を達しない、と
いう逆説的な事態が見られる。目的を達するには、その目的となる「問

い」を直接には問わずに、その「問い」を、授業が抱えているさまざまな条件——例えば、子どもの理解の仕方の特徴、現在の状態、など——に合わせて適切な「発問」からなる系列へと順序よく噛み砕いて組織して行く必要がある。これは、目的が既に「問い」の形を成しているだけに、授業者にとっては、容易には気づかれにくい「目的化」と「手段化」の逆説である、と言ってよい。

　武田常夫は、そのことに気づいた時のことを、こう記している。

　「それまでの授業で、わたしが無意識におちいっていた錯覚は、内容的に重要な課題と思われるもの——たとえば授業案の『展開の核』にあげるような問題—— は、そのまま発問としても重要な働きをすると思いこんでいたところにあった。『おしになった娘』の授業で『もりいは、なぜおしになったか』と問うことは、この作品を読み取る上での中心的な課題ではあっても、しかし、これが、そのまま、子どもへの適切な問いになるとはかぎらない。むしろならないと言いきるほうが正しいのである。それはさながら地図に直線をひいて、その通りに目的地までいこうと考えるのにもにた、現実にはほとんど実現不可能な行為なのである。そのために、問う、という作業が必要になってくるのである。／教えるとは、問うことだとわたしは思う。すくなくとも、問う、という作業を抜きにして教えるという行為は成立しない。では何を問うのか。その具体的ないちいちの創造と選択のなかに、その授業へはせる教師の夢やねがいや具体的な意図が脈打っているのである」［武田常夫著、1971年、133－134ページ、下線は引用者；同著、1964年、45－73、128－129ページも参照。］

§9 教育における「目的」と「手段」の逆説：(3)「よい論文を書く」ということ

　真に「よい論文」というものは、（A）自らに発する物事に対する自由で真正の真摯な問いを、真剣に追究する営みから生まれる、と考えられる。しかし、（B）「良い論文」とされるものを書くために、「よいとされる論文の条件」を洗いだし、それらの条件を満たすような論文を仕上げるための努力をして、言わば研究の邪道に陥る場合が起こりうる。しかし、そのような営みからは、真正に「よい論文」が生まれるはずはない、と考える人々もあろう。言うまでもなく、前者のような営みこそが真正の研究なのであろう。しかし、後者のような営みが、目的化と手段化の矛盾と葛藤のなかで、しばしば生まれやすいことも否めないであろう。そして、それは結果として、表面的には、条件の整った「よい論文」のように見え、世で高く評価されるという場合さえしばしばありうる。しかし、実は、それは「よいとされる論文の条件」を満たす論文を書くという目的に向けた営みに過ぎず、この浅く狭い範囲内でのことに過ぎない。それは、真正の研究の営みとは、その目指すところが、最も大切な基本の点で既に大きくずれてしまっている、と言わなくてはならないであろう。もっとも、目的化と手段化が錯綜する今日の社会では、そのような「よい論文」が大量に生産されるというような悲喜劇が起こる。「よい論文」を書くこと自体を目的とはせず、真正の追究をすることの自ずからなる結果として、真正の「良い論文」が生まれてくる、そのような状況を取り戻し維持し続けるには、どのようにしたらよいであろうか。ここにも、「自己完成する」の場合と基本的に同様な逆説を見ることができよう。

（注）「よい論文の条件」としての「概念水準」が整理されたものに、米国における以下のものがある。ただし、「評価の尺度」が「執筆の目標」に転化すると、「本末転倒」が生まれる恐れも出てくる。

　尺度点は、最低の１点から最高の７点までである。

≪論文執筆の概念的水準を評価するために用いられる尺度点≫

＜尺度点＞　　　　　　　　　　＜記述＞

1　ある問題の一側面のみを提出している。差異点、類似点、段階的差異などを無視している。

2　その問題の一側面が、他の側面よりも詳しく提出され、支持されている。対立する諸見解は、細切れであるとか、否定的なものであるとか見なされている。それらの諸見解の相互諸関係は全く考察されていない。

3　二つ以上の見解が明瞭に弁別されている。それらの間のもろもろの類似点と差異点が、暗黙のうちに示されているか、あるいは、はっきりと提出されている。ある一つの見解が反対されていることはあっても、それは、理解された上でのことである。

4　尺度点３以下に含まれていることを総て含んでいる。が、それとともに、もろもろの見解の間の類似点と差異点を「考察」し始めている。この水準においては、考察は、それぞれの類似点と差異点の制限条件として表現されている（例えば、「類似しているが、しかし…」などというように）。すなわち、互いに交替しうる諸見解が、筆者の思考に、同時的に効果を及ぼしていることが明白になっている。

5　その論文を執筆するに当たって、諸見解の間で認められた類似点と差異点の、互いに交替でき、また、葛藤する、もろもろの理由を、

考察している。

6 その問題の諸側面の間の直接的な類似点と差異点の間の諸関係ばかりでなく、それらの差異点と類似点が何故生まれるかについての交替しうる諸理由の間の、相互的諸関係も考察し始めている。

7 交替しうる諸見解の間のいくつかの関係的なつながりを包含する諸観念が考察されている。そうした諸観念は、互いに葛藤しあう諸構成要素の総てに対して開かれており、また、それらの構成要素を当該問題の、一つのより包括的な「構成」の諸部分として見ようとする諸試行を表現している。

（SCHRODER, DRIVER, AND STREUFERT, による：HUNT, D.E. AND SULLIVAN, E.V. (1974), BETWEEN PSYCHOLOGY AND EDUCATION, THE DRYDEN PRESS, P. 80から再引用）

10

主題化と自明化

「（海岸の砂浜には大小さまざまのビンがうち寄せられている。それを見ているうちに少年は）ハット気がついた。どのビンもふたがキチンとしまっている。ふたのないビンはただの一つもない。これはどうしたことだろう。」（須賀哲夫著、1989年、4ページより）

§1 「主題化と自明化」を主題化する

本章の主題は「主題化と自明化」である。つまり、本章で、我々は「主題化と自明化」を主題化する。では、主題化する以前は、それはどうなっていたのだろうか。それは「自明性」に留まっていたか、あるいは、「自明化」されていたのであろう。「まだ」あるいは「いまさら」、取り上げるまでもない事柄として、「当然のこと」、「当たり前のこと」、「言うまでもないこと」、「自明のこと」、などとして、取り上げられようとはしなかったのであろう。したがって、「主題化と自明化」を主題化するという行いそのものにおいて、我々は既に「主題化と自明化」を、「自明性」の中に生き、「自明化」して生き、そして「主題化」を生きていることになる。そして、いま、そのことを主題化したことになる。

さて、我々の問いは、例によって、「主題か？」と「自明か？」である。ここで、特に注目しておきたいのは、「自明か？」という問いは、そのことが自明では無くなりつつあることを示している、という点であ

る。真に「自明である」ことは、「自明か？」と問われることもなく、全く目立たずに、気づかれもせず、「自明である」ことの中に安らっている。したがって、「自明か？」という問いは、言わば、「自明なこと」をその微睡みから目覚めさせる揺り起こし、「主題化」（Thematization）の働きだ、ということになる。

　「主題」とは「テーマ」（Thema）ということである。何も問題が存在しない、総てが当然で、当たり前の、自明性の世界に、問題として浮かび上がって現れて来る事物（物事、現象、出来事、事柄、・・・）が「主題」である。事物をそのような「主題」としてとらえることが「主題化」である。そして、主題としてとらえられた事物も、また、次第に自明な事物と化して行く、それが「自明化」である。

§2　身近なところでの「主題化と自明化」

　さて、例えば、これまで何の気もなしに見ていたテレビ画面の全体が急に真っ暗になり、その中で、それまでの画面に現れていたけれども、たいして気にも留めていなかった事物Aにスポット・ライトが当てられたとしよう。あるいは、暗くはならずとも、事物Aがクローズ・アップされて、画面に大きく映ったとしよう。すると、我々の世界では、どのような変化が起こるであろうか。それを図らずも眺めていた、私たちの生きられた世界では、何が経験されることになるであろうか。

　恐らく、初めは、何の気もなしに、ただぼんやりと画面全体を見ていたことであろう。そこには、取り立てて問題とするようなことは何も無かった。ただ全く当たり前の世界の普段の世界として見えていた。それは、自明性の世界として経験されていた。そこに、ある事物Aにスポット・ライトが浴びせられたり、それがクローズ・アップされるということが起こった。Aは、ある特定の事物Aとして、浮かび上がってくる。

その物事Aの「主題化」が起こる。その物事への注目が促される。さて、その主題化と注目が起こった後に、以前と同じような画面を、再び全体として眺めたとする。すると、それが同じ画面であるにもかかわらず、その全体の、私にとっての見え方は、以前と比べて、もはや必ずしも「全く同じ」ではなくなってくるということに気づく。一度注目し、主題化した物事Aは、確かに、以前と同じように画面の中に位置づいており、全体の中に埋もれているかもしれない。にもかかわらず、たった今注目したことのある物事Aとしてもまた意識されるということが始まっている。それは、既に、以前とは異なった仕方で意識されるようになっていて、そのようにして、今の全体の中に位置づけられるようになっている。さらに、その事物Aとは別の、ある事物Bへの注目が新たに生まれて来れば、先程の事物Aを主題化する意識は、時とともに次第に薄れて行くかもしれない。あるいは、さらに、その事物Aが、ますます意識され、注目されるようになるかもしれない。そのいずれであるにせよ、以前の、その事物Aに注目し主題化するという経験が一度もなかった頃とは異なった仕方で、その事物Aが埋め込まれ既に自明化しつつあるそのような全体として、画面全体が経験されている。その変化は、あのたった一度の主題化、あるいは、たった一度の注目の経験の言わば「沈殿」として残っていることになる。

§3　自明性の世界からの「主題化と自明化」

　私たちは、日常的には、ある「自明性の世界」を生きている。その日常的な自明性の世界における漠とした経験、取り立てて何事も問題とされていない日常的経験の慣れ親しんだ世界のなかから、ある物事を取り上げて主題化するということが起こるとする。すると、その一つの物事が意識あるいは心の中心を占めることになる。しかし、人間の心は、そ

の一つの物事に全く同じような仕方で留まり続けるということは稀である。自ずから、その物事のさまざまな側面、要素、契機、次元・・・などを探索的に主題化し始める。しかし、そのようにしてある時間を経ると、その状況のもとで、その物事のそのような主題化を更に進めることが、その主体にとってもはや新たな興味や関心を惹かなくなる程に十分に探索が行われてしまったと感じられるような段階がやってくる。探索に飽きが起こってくる。そして、別の事物を主題化することへと向かうことになる。あるいは、その事物の探索が行われている最中に、その時点で、その事物Aよりもさらに強く注意や、関心、興味などを引き付けるような別の新たな事物Bが現れると、前の事物Aの探索はそこでいったん一時中断されたり放棄されたりして、その新たな事物が、また新たな仕方で注目され主題化されることになる。そして、かつて主題化された事物は次第に自明化され、当然のこととなって、忘れ去られてしまうこともある。さらには、時には、一旦は自明化された物事が、その探索がかつて一時中断されたり放置されたりした物事として、改めて再び取り上げられ、新たに主題化されたりもする。・・・・・などなど。

　こうして、時の流れの中で、さまざまな物事が、幾つもの仕方で主題化されつつ、次第に、主題化された物事の間の関係もまた主題化されるようになる。こうして、経験する世界の構造化が起こってくる。さらには、そのように構造化された構造そのものも主題化されうる。さらには、別の構造が主題化される。あるいはその構造が別の仕方で構造化される、など、など、・・・というように、次第に、主題化される事物現象も次第に多面的、多層的、多次元的・・・となっていく。そのようにして、時を経るにつれて、主題化と主題化された物事との「生きられた歴史」が形成されていく。すると、もちろん、その「生きられた歴史」そのものも主題化されうるようになる。さらには、そのようにして

「生きられた歴史」を主題化するその主題化そのものもまた主題化されうる。また、そのような「もろもろの主題化の生きられた歴史」を生きている、その歴史も、そのように主題化する私のありようもまた、それぞれの時点で自覚され、主題化されうる。その歴史は、物事一般の歴史と同様に、時の流れと共に、続いて行く。そして、そのような重なり合いの縺れあった生きられた歴史全体もまた、また改めて主題化されうる。そして、また、・・・・・・。こうして、その人の世界の歴史が多面的に重層的に、練り直し、編み直しされて形成されていき、その人の世界が次第に豊かに形成されて行く。その形成の流れは時の流れとともに、生きている限り、留まるところなく続いていく。こうして、我々、一人ひとりの生きている世界は、果てしなく、更に一層、豊かになって行く。

　「当たり前として受け入れられている物事は［生活世界の諸領域のうちで］親近なるものの領域［下位世界］である。この領域［下位世界］は、私の以前のもろもろの経験や行為に生じたもろもろの問題へのもろもろの解決を表している。私の知識の蓄えは、もろもろの問題へのそのようなもろもろの解決から成り立っている」（Schutz, A. and Luckmann, T. (1973), p. 9 .）。

　主題化とは「脱自明化」、自明化とは「脱主題化」である。

　発生認識論者 J. ピアジェは「中心化」と「脱中心化」という言葉を用いていた。脈絡は多少異なるが、主体が注目する物事に対する在り方としての意味では、前者が無意識的で強制的な「主題化」と後者がその「脱主題化」を指している、と理解してもよいであろう。

　自明化されていた世界から、ある事物が選ばれて主題化されること。主題化された事物が次第に自明化していくこと。この二つの流れ、「自明化」と「主題化」は、時の流れとともに、互いに他に転じつつ、循環

して流れて行く。

§4 「幸福」と「悲惨」はどう「主題化」できるか

　「主題化」とは、平たく言えば、「目のつけどころ」あるいは「着眼点」にかかわる心の働きである。他者による鋭い「主題化」は、自明性の世界に微睡んでいる者たちに，大切なことへの注意を促し、そのことへの、私たち自身による「主題化」を促してくれる。

　例えば、人間誰でもが欲し求める「幸福」と誰でもがそこから逃れ避けようとする「悲惨」について、世間の辛酸を嘗め、一人の人間として生きる人生の智恵に溢れんばかりだった英国の作家チャールス・ディッケンズは、次の言葉を登場人物の一人ミッコウバーに言わせている。

"My other piece of advice, Copperfield," said Mr.Micawber, " you know. Annual income twenty pounds, annual expenditure nineteen nineteen six, result happiness. Annual income twenty pounds, annual expenditure twenty pounds ought and six, result misery." (Dickens, Charles, （1952/1849), p.176.)

　「幸福」と「悲惨」という大問題を、具体的で小さな小さな問題に帰着させている。しかし、それは、真実の核心を衝いており、「幸福」と「悲惨」の問題を、鋭い仕方で主題化している。人間の「幸福」と「悲惨」の総てを語ろうとしたら、恐らく、万巻の書をもってしても語り切れないであろう。また，総てを語れば、恐らく、何も語らなかったのと同じになってしまうであろう。それは、あたかも、余りに明るすぎて何も見えないのは、余りに暗すぎて何も見えないとの、何も見えないという点においては、ほぼ等しいこととなるのと似ている。岐路となる最も大事で決定的なことを主題化し、他を背景に退け、それだけを浮かび上がらせる。すると、それが鮮明に見えるようになる。背景もまた、暗黙

のうちに見えているようになる。そして、そのような経験をすると、その事柄だけをそのように見ることだけではなく、そのように物事を主題化して見ることを、そしてさらには、どんな時にでも、その時々に、最も大事なことを、そのように浮かび上がらせ主題化して見るという大切なことさえをも、同時に学ぶことができる。例えば、俳句や「コトワザ」を学ぶことの一つの意味はそういうことにも見いだせよう。

§5　日常生活世界の自明性について

　多くの平凡な我々は、日常生活の世界を、自明性の世界として生きている。ところが、例えば、哲学者たちは、そうした自明性を言わば「先入観」として採り上げ、疑わしいもの、あるいは、問題として、主題化し、思索し、解き明かす。それが、哲学者の仕事である。そのような仕事は、自明性に全く安らっている人には理解されにくい。暇人の戯言とさえ受け取られる。例えば、デカルトの「我思う故に我あり」も、「我あり」を全く疑うことのない我々の自明性の世界では、そもそも主題化されようがない。ところが、そのような自明性を問う哲学の営みの意味について、ウスラーはその著『世界としての夢：夢の存在論と現象学』で、次のような興味深いコメントを加えている。すなわち、「人間は全体としての世界について問うことができるからこそ、人間のみが世界の根拠について問うことができるのである。しかし、ひとまとまりの全体としての世界について問うことができる者は、まずもっては、夢見ることと目覚めることのできる本質をもった存在者である。この存在者にとっては、自分が目覚めるたびごとに、そのひとまとまりの全体としての世界つまり夢見られた世界が疑わしくなるからである。」（同前書、39ページ）。つまり、平凡な我々でも、夢見て目覚めるという経験はしており、そのたびに「ああ、今のは夢だったか」と、さっきまで現実とし

て経験されていた夢の世界全体を、少なくとも現実としては、疑わしい
世界として、とらえるという言わばささやかな「哲学的営み」を行って
いる、というのである。そこで、「通常の目覚めが夢の世界からの目覚
めであるのに対して、超越論的観念論は、より高次の目覚め、すなわち
覚醒状態の世界からの目覚めなのである」と、ウスラーは言う。我々
も、現実の日常生活において、余りに思いもかけないことが起こると、
「これは夢ではないだろうか」と頬をつねったりする。痛みが現実であ
ることを確認させてくれると信じているからであろう。しかし、平凡な
我々は、我々が日常生活を生きている自明性の世界から「目覚める」こ
とをせずに、この自明性の世界に安らっている。それは、我々の現実の
世界を唯一の世界として受け入れて、多様な「世界の可能性」について
問わないでいることを意味する。我々が、日常的に、我々の現実の世界
を疑わしいと思うことを強いられる場合の一つに、例えば、我々の現実
の世界とは異なる世界を現実として生きている他者との出会いがある。
名作「ドン・キホーテ」には、そうした挿話が無数に描かれている。異
文化との交流にもそうした意味がある。

　哲学者のように自覚的自律的に自明性を問うのではなく、病によっ
て、自明性を問わざるを得なくなってしまった精神分裂病患者アンネの
記録は、こうした、脈絡で読むと、示唆に富んでいる。「《あたりま
え》（Selbstverständlichkeit）ということが彼女にはわからなくなっ
た。《ほかの人たちも同じだ》ということが感じられなくなった。」（ブ
ラッケンブルク、W．著、1978年、65ページ）。彼女は「自然な自明性
の喪失についての訴え」として、たとえば、こう述べている。「私は、
いつもたくさんの疑問が、とてもたくさんの疑問があるから、理解でき
ないという気持なんです。・・・なにもかも答えがでないままで、疑問
が私を苦しめぬくのです。私はなにひとつとして、単純に、あるがまま

の姿で受けとれません。」（82ページ）。健康で平凡な我々は、アンネが疑問に思わないではいられないような事柄を、疑問にも思わず、自明性として受け入れている。

　こう見てくると、逆に、我々が当然としている自明性も、それほど絶対に確かなものではなく、かえって、かなり怪しいものなのではないか、という思いも生まれてくる。そして、我々の自明性が、実は、我々の教育・文化・社会・歴史の状況のなかで形成されて来ているのであって、決して永遠に、普遍的に、絶対的などでは決してないのだということも見えてくる。そして、そのような自明性の根拠を、世界の可能性として問うことで、解き明かして行こうとする哲学者たちの仕事の意義も、ようやく、我々にも理解できるようになってくる。我々の世界の可能性も更に拡大し、自由も拡大し、我々は解放されて行く。

§6　教育における「主題化」のための「問い」

　教育において「主題化」はどのようにして行われ、それにはどのような意味があるのであろうか。「生徒」の生きられた世界において自明とされている物事にスポット・ライトを当て、問題として考えることを促し、「生徒」に考えさせるには、「先生」は何を為すべきであろうか。

　それは、「問う」ことである。「生徒」に問題を提起することである。

　「生徒」が、自明としていたところに、新たな問題を見いだし、それを問題として「主題化」し、問うことなのである。

　米国最大の心理学者ウイリアム・ジェームズは、「教師への処方」として、次のように記している。「主題（the subject）が自ずから新しい局面を示すようにしなければなりません。新しい問いを促すように。一言でいえば、変化するように。変化しない主題からは、注意が、さ迷い去って行くことは避け難いのです。このことは、感覚的な注意の最も

簡単な場合で、試すことができます。紙か壁の表面上の小さな斑にじっと注意を向け続けることを試みてご覧なさい。間もなく、次の二つのうちのどちらかが起こることに気がつくでしょう。つまり、第一には、視覚野がぼやけるということです。その場合は、何もはっきりとは見えなくなってしまいます。あるいは、第二には、いつの間にか、知らないうちに、その該当する斑を見ることを止めてしまっていて、何か別のものを見つめて居ることになる、ということです。しかし、もし、その斑について、次々と自ら問いを発してみたとしましょう。例えば、その斑は、どの位大きいのかなとか、どれ位遠いかなとか、どんな形をしているかなとか、どんな色合いをしているかな、とかです。言い換えれば、それをひっくりかえして、それについて、さまざまな仕方で考え、その途中で、それと連想するものを考えることにするならば、比較的長い間、あなたの心をそれに向けておくことができます。これこそが、天才がやることです。彼の手にかかると、トピックが、きらめき、そして、育つのです。このことこそが、すべての教師があらゆるトピックについて為さねばならないことなのです。」(James, W.(1958), pp.79−80。)

「問い」は、新たな事物、物事、現象、出来事、事柄などを主題化する。優れた「先生」は、「問い」により、「生徒」の世界を豊かにする。

§7 『走れメロス』の授業（武田常夫）での「問い」による「主題化」

武田常夫も書いていた、「教えるとは、問うことだ」と。そして、私たちにとっても、「学問」とは「学ぶことを問うこと」であり「問うことを学ぶこと」であった。9章で、武田常夫が、子どもに考えさせたいことを考えさせるためには、その考えさせたいことをそのまま直接に問うのではなくて、子どもに適切な問いとして、問わなくてはならない、と記していたことを、想起しよう。

武田が、教師として、言わば最も円熟した時期に、国語教材としての文学作品太宰治『走れメロス』の一節について、その作品の全理解を深めるとともに露わにもする「問い」の系列を、苦闘の末生み出している。その貴重な記録が、それらの「問い」と共に、＜武田常夫著、1964年、『文学の授業』、明治図書＞に遺されている。その実際の「問い」の系列をたどり、「主題化」と「自明化」という観点から、それぞれの問いがもっている意味を考えよう。

　太宰治作『走れメロス』の概略を、拙くも、述べておこう。

　単純素朴な善人である牧人メロスは、正義感から、シラクスの王城に忍び込み、総ての人を疑う暴君デオニスの殺害を企てたかどで、捕らわれ、処刑されることになる。メロスは、王に嘆願し、竹馬の友セリヌンティウスを人質に残し、三日後の日没までに帰らねば、友が処刑されるという条件で、釈放される。メロスは里に帰り、妹の結婚式を済ませた後、人質の友の命を救い、自らが殺されるために、再び、王のもとに急ぐ。しかし、その帰途、思わぬ数々の困難が試練として待ち受けている。メロスは疲労困憊、血だらけとなっても、日没の処刑に何としてでも間に合わせようと、刑場に向けてひた走る。

　『走れメロス』の一節を、小学5年生の教材として収録されている形のままに、以下に収める。表記は原作とは異なっているところがある。

　「『ああ、メロスさま。』うめくような声が風とともにきこえた。／『だれだ。』メロスははしりながらたずねた。『フィロストラトスでございます。あなたのお友だちセリヌンティウスさまの弟子でございます。』その若い石工も、メロスのあとについてはしりながら叫んだ。『もう、だめでございます。はしるのは、やめてください。もうあの方をお助けになることはできません。』／『いや、陽はまだしずまぬ。』／

『ちょうどいま、あの方が死刑になるところです。ああ、あなたはおそかった。おうらみ申します。ほんのすこし、もうちょっとでも、早かったなら！』／『いや、まだ陽はしずまぬ。』メロスは胸のはりさけるおもいで、赤く大きい夕陽ばかりをみつめていた。はしるよりほかはない。／『やめてください。はしるのは、やめてください。いまはごじぶんのお命がだいじです。あの方は、あなたを信じておりました。刑場に引きだされても、へいきでいました。王さまが、さんざんあの方をからかっても、メロスはきます。とだけこたえ、つよい信念をもちつづけているようすでございました。』／『それだから、走るのだ。信じられているからはしるのだ。間にあう、間にあわぬは、もんだいではないのだ。ひとの命ももんだいではないのだ。わたしは、なんだか、もっとおそろしくおおきいもののためにはしっているのだ。ついてこい！　フィロストラトス。』」（同前書，123－124ページ）

　作品のクライマックスとも言うべきこの文章の理解を助けるために、武田は子どもたちに、以下の問いを用意する。そうすることで、物事、出来事、現象のさまざまな側面、契機を次々に主題化して行く。

『走れメロス』の問いの系列

朗読『「ああメロスさま」うめくような声が風とともにきこえた。』
1／うめくような声でいったのはだれですか？
2／フィロストラトスはどうしてこんなところへ立っていたんだろう。
3／フィロストラトスはなにをみていたろう。
4／メロスを待ちながらフィロストラトスは何を考えていたろう。
5／メロスが姿をあらわす一分一秒前のかれの気持は？
6／メロスはどんなかっこうで走ってきた？

7／このすさまじいメロスのようすをみたフィロストラトスはなんと
　　いったろう。

8／何故うめくような声で、「ああ、メロスさま」とだけいったのか？

9／メロスは「ひとの命ももんだいではないのだ」といったね。
　　このことばの意味を考えよう。

10／メロスは以前こんなこといったことがあるだろうか。

11／「ひとの命」というのはなにをさしているのですか？

12／メロスはいま自分の命がもんだいなのですか。
　　セリヌンティウスのいのちですか。
　　二人のいのちですか。

13／メロスは何のためにはしっているの？

14／「わたしはもっとおそろしく大きなもののためにはしっているの
　　だ」とメロスはいった。だけどそれがどういうものかメロスにわ
　　かっていたのだろうか？

15／メロスはいつからそんな考えになったの？

16／「もっとおそろしく大きなもの」というメロスのことばをひきだし
　　たのはだれ？

17／このフィロストラトスのことばのどこが、なにがメロスの心をうっ
　　たのだろう。

18／フィロストラトスはいろいろなこといっているね。
　　どういうこといっているのだろう。

19／「それだからはしるのだ」とメロスはいった。これはいうまでもな
　　くフィロストラトスのことばをうけたことばだ。「それだから」と
　　いうのはなにをさしているのだろう。

20／「王様がさんざんあの方をからかっても」といったね。

21／セリヌンティウスの服装のことなどからかったの？

219

10

主題化と自明化

それとも、顔のことかな？．．．

22／王はどこにいる？

23／王にからかわれているセリヌンティウスはなんとこたえた？

24／群衆の面前で王にからかわれている友を思ったとき、メロスの心に
　　　は、どんな思いが浮かんだろうか？

25／「私は、なんだか、もっとおそろしく大きなもののためにはしって
　　　いるのだ」というメロスのことばの意味は？

　　以上の「問い」の系列から、授業において「問う」ことについて、ま
た「問い」によってなされる主題化について、学んで行くことにしよう。

　　まず、この「問い」の全体的性格。これらの「問い」は、その総てを
残らず、子どもたちに向けて発すべきものとして、用意されている訳で
はない。武田は書いている。「どの問いをとり、どの問いを捨てるか、
また、どんな新たな問いが創造できるか、それは子どもに対面してみな
ければわからないが、すくなくとも、この問いを順序正しくみんな口に
してしまうようだったら、その授業はだめだということだけはたしかだ
ろう。わたしは最後の問いで子どもたちを噴出させたい。この計画には
書けないなにかを、わたしに予想もできないなにかを、そこで生みだし
たい。」（同前書、138ページ）と。これらの「問い」は、もし、子ども
たちが自力で、これらの問いによって考えることが求められていること
を考え、その考えを出してきたとするならば、問われることなく、捨て
られるべきもの、として考えられているのである。いや、それだけでは
ない。もし、問わなくて済むならば、問わない方がよい、と考えられて
いるのである。なぜなら、「問い」は、子どもたちがある事柄を主題化
して考え、その理解を深めていくためのものであるからして、問わずし
て、子どもたちが自ら考えるなら、教師に問われて考えるよりも、さら

に望ましい、と考えられているからである。問いは、子どもが自ら主題化して考えることを促すためのものであるから、いわゆる手掛かりとなる教師から与える「ヒント」は出来る限り少なくしてある。しかし、一つの主題についての幾つかの問いは、子ども自身による焦点化を促すために、系列の後の方の問いは、前の方の問よりも、次第に焦点を鋭く絞って問うという性格を強くしている。

　「1／うめくような声でいったのはだれですか？」これは文章からすぐ読み取れる、容易な問いである。

　「2／フィロストラトスはどうしてこんなところへ立っていたんだろう」。この問いの狙いは二つある、と武田は言う。「一つは、こんなところという場所を明確にさせる意味」。「すぐまえの＜はるかむこうに小さく、シラクスの市の塔楼がみえる＞という文章から、「ここ」が、市のはずれであることを確認するのは容易だ」とした上で、「しかし、『どうしてここに立っていたのか』という問いに答えるのはそれほど容易ではない」と。フィロストラトスがここに立っているということの意味は、フィロストラトスが、その師セリヌンティウスの死刑の時間が迫ってくるなかで、家にはいたたまれず、メロスがやって来る方角に向かって歩きはじめ、ついに、市のはずれまでやって来てしまったのであろう。そのようなことを、この問いから子どもたちが考えればよし、もしそうした考えが子どもたちから出てこなければ、次の問いが問われる。

　「3／フィロストラトスはなにをみていたろう」。この問いは、たいへん巧みな問いである。フィロストラトスが見ていたものは、フィロストラトスにとっての意味をもつものである。それは、処刑の時間を告げる「夕陽」であり、「メロスのくる方」であり、そして、「両方」である。それらは、師セリヌンティウスの死を意味するからである。フィロストラトスはぼんやり居眠りして、こんなところに居たわけではない。

苦悩、焦燥、懐疑、そうした情念が、彼が見て居るもののなかに、その意味として込められているのである。そこには、人の心の内面は、その人が見ているもの、そして、その見ているものがその人にもっている意味を知ることで、知られる、という現象学的とも言うべき洞察が、巧まずして生かされている。さて、もし子どもたちがフィロストラトスの内的世界へと自ら考えを及ぼすことをしなかったなら、次の「問い4」が問われる。「4／メロスを待ちながらフィロストラトスは何を考えていたろう」。この問いは、したがって、問い2や問い3で、この問いによって考えられるべきことが考えられていれば、捨てられるべき問いとして用意されている。そして、「5／メロスが姿をあらわす一分一秒前のかれの気持は？」という問いも、同様である。「問い5」では、焦点化は一層鋭くなっている。時間は一瞬に鋭く限定され、フィロストラトスが「考えていたこと」が鮮明に主題化される。それは、恐らく、メロスへの信頼と不信の間の激しい動揺であったろう。メロスさまはきっと帰って来てくださるに違いない。いや、結局は、もう帰っては来ないのではないか。この二つの考えの間の動揺の内的生活史が、この問いに促されて、あらわにされる。そこでフィロストラトスの考えていたことは、彼の人物の大きさも示す。それは、メロスを信じ切って従容として処刑の時を待つセリヌンティウスの人物の大きさには及ばない。

　「6／メロスはどんなかっこうで走ってきた？」。この問いは、メロスを外から見た姿を問うている。視点は、フィロストラトスの視点であろう。作品では先の引用部分の直前はこうなっている。『いそげメロス。おくれてはならぬ。愛と誠の力を、いまこそしらせてやるがよい。ふうていなんかは、どうでもいい。メロスは、いまは、ほとんどまっぱだかであった。呼吸もできず、二度、三度、口から血がふきでた。見える。はるかむこうに小さく、シラクスの市の塔楼が見える。塔楼は、夕

陽をうけてきらきらひかっている。』（同前書、136ページ）。

「7／このすさまじいメロスのようすをみたフィロストラトスはなんといったろう」。これも、言葉そのものとしては、子どもたちは、容易に答えるであろう。「ああ、メロスさま！」とうめくような声で言った、と。しかし、武田はこう書いている。「わたしはこの発問に重要な意味をこめている。メロスへの不信の念、罪もない師がはりつけに処せられなければならない苦悩、そうしたおのれのくるしみをかけてかれはメロスを見たのだ。しかし、いま自分の眼前を血と汗にまみれて通過していくメロスの姿をみたとき、さきほどの不信の念はふきとんだ。・・・。渾身の力をふりしぼって走るメロスの痛ましい努力もいまはむなしい」（同前書、137ページ）。その言葉に込められたフィロストラトスの思いに子どもの考えが及んで行かなければ、次の問いが用意されている。

「8／何故うめくような声で、『ああ、メロスさま』とだけいったのか？」。この問いは、極めて巧みな問いである、と私は考える。この問いにおいて重要な言葉は、「だけ」という言葉である。この言葉は、フィロストラトスがそれだけしか言わなかったという事実を主題化するとともに、それ以外の言葉を言い得る可能性にも子どもたちの注意を向けさせる力をもっている。そして、そうした、さまざまな可能性を思い描くなかで、次第に、「ああ、メロスさま」と「だけ」言ったことの意味が浮かび上がってくるのである。やや、抽象的な言い方をすれば、「現実性を可能性のなかに位置づけて、現実性の意味を明らかにする。可能性としてありうる多様な姿を背景として、あるいは地平として、現実性をそれらに対比することで、現実性の意味を明らかにする」、そういう性格の問いに、この問いはなっている。「ああ、メロスさま」という言葉が、思わず発せられた言葉であり、巧まれた言葉ではなく、生きられた言葉であることも重要である。「ああ、メロスさま」とは異なる

言葉の可能性として、例えば、「おや、今日は、メロスさん」、「メロスさん、頑張れ」、「メロス、何をしていたんだ」など、全く日常的なあいさつや励ましの言葉などが、この情況にいかに不似合いであるかが分かって来れば、うめくような声での言葉「ああ、メロスさま」に秘められた思いとその意味の理解もまた、また、次第に深まってくる。

　次の問い「9／メロスは『ひとの命ももんだいではないのだ』といったね。このことばの意味を考えよう」は、教師から子どもたちへの呼びかけの言葉である。そして、再び、重要な問いがなされる。「10／メロスは以前こんなこといったことがあるだろうか」。この問いは、「問い5」や「問い8」と同様に、現実性を可能性の地平と背景に位置づけて、現実性の意味を考えさせる性格の問いである。メロスは、「ひとの命ももんだいではないのだ」と、以前には、言ったことがあろうはずはない。そして、そのことが、この言葉を吐いたメロスの現在の情況の意味を浮き彫りにする。武田は書いている、「この問いには手ごたえがあると思う」。友であるセリヌンティウスの命、おのれの命、それを絶えず問題にしていたメロスが、「なぜ『いま』ひとの命ももんだいではない」といったのか。その言葉の意味を追究するとともに、その言葉を吐いたメロスの内面世界に迫る。次の問い、「11／『ひとの命』というのはなにをさしているのですか？」、そして、「12／メロスはいま自分の命がもんだいなのですか。／　セリヌンティウスのいのちですか。／　二人のいのちですか」と、子どもたちに武田は迫る。「いまのメロスは、ただ、友のいのちを助けたい、というそれだけのことで走っているのではない、・・・・人間の生命そのものの存在すらも、いまは問題ではないのだといっているとわたしは考えたい」、と武田は述べている。そして、さらに問う、「13／メロスは何のためにはしっているの？」と。そして、「もっと大きいもののために・・・」という言葉の意味を追究す

224

る作業に入る。だが、武田は、次にこう問うている。「14／『わたしは
もっとおそろしく大きなもののためにはしっているのだ』とメロスは
いった。だけどそれがどういうものかメロスにわかっていたのだろう
か？」。これも、私は素晴らしい問いであると考える。それは、「人間
は、自分に意識されたことだけで、行動しているわけではない」という
基本的で重要な洞察を基盤にした問いだからである。そして、この言葉
を、「明確に自覚された言葉ではなくて、思わず飛び出した言葉」とし
て理解し、この言葉を、「絶対絶命の状況のなかからメロスの精神と肉
体が、その苦闘のはてにようやくつかみとった深い自覚ではなかったろ
うか」と武田は記す（同前書、147ページ）。再び、問う「15／メロスは
いつからそんな考えになったの？」。これまた、現在という時を、メロ
スの苦闘の時の流れに位置づけ、メロスが生きて来た内面の闘い、絶望
と虚無との屈折の歴史を主題化し、浮かび上がらせることを促す問いと
なっている。

　「16／『もっとおそろしく大きなもの』というメロスのことばをひき
だしたのはだれ？」、そして、「17／このフィロストラトスのことばのど
こが、なにがメロスの心をうったのだろう」と、メロスがうたれた言葉
を探るという迂回路を経て、メロスの内面に迫る。メロスの心をうった
ものに焦点化し、それを主題化することで、メロスの心の構造とその地
平に迫っていく。そこで、フィロストラトスの言葉を具体的に詳細に見
て行くことになる。「18／フィロストラトスはいろいろなこといってい
るね。どういうこといっているのだろう。」　これは、本文に書かれて
いる。「（1）やめてください。いまはごじぶんのお命がだいじです。
（2）あの方は、あなたを信じていました。（3）刑場にひきだされても
平気でした。（4）王様にからかわれても、メロスを信じていました」。
「19／『それだからはしるのだ』とメロスはいった。これはいうまでも

なくフィロストラトスのことばをうけたことばだ。『それだから』というのはなにをさしているのだろう」。武田は書いている、「人間の信実をまもりきるといういとなみは、これほどまでに苦しい行為をくぐりぬけなければならなかったのだ！・・・それは、・・・単純な、しかし、少年のように純粋で健康な精神が、さまざまな困難をくぐりぬけたはてにつかみとった認識であった。」と（同前書、155ページ）。そして、問う。「20／「王様がさんざんあの方をからかっても」といったね」、そして、さらに問う、「21／セリヌンティウスの服装のことなどからかったの？」、「それとも、顔のことかな？．．．」と。「子どもたちはおそらく終わりまでわたしのことばを聞いてはいないだろう。『ちがう、ちがう、そんなことじゃない』とかならずくる」（同前書、156ページ）。これは、「異化」による問いと言ってもよいであろう。黙って聞いては居られない位、違和感を抱かせることをわざと言って、直ちに反対する子どもに、「では、どうなのだ」と、自分で考えることを促している。子どもが、自分から、否定することには、積極的な意味がある。不協和音が奏でられることで違和感が生まれ、却って、問題が焦点化、主題化されるのである。「からかっている王、からかわれているセリヌンティウス」、その息詰まる対決。そして、「22／王はどこにいる？」と問う。高い王座から、友セリヌンティウスを見下してからかう王の皮肉な笑み。さらに、問う、「23／王にからかわれているセリヌンティウスはなんとこたえた？」と。セリヌンティウスは「メロスはきます」とだけこたえてあとはなにもいわない。なにもいう必要がないからだ。そのような友の姿をメロスは思う。そこで、問う「24／群衆の面前で王にからかわれている友を思ったとき、メロスの心には、どんな思いが浮かんだろうか？」と。「メロスの心は怒りにふるえた」。しかし、その怒りは、三日前の単純素朴なメロスが抱いたかもしれぬ怒りとは本質的に異なって

いる。「この切迫した状況のなかで、自分がいまはたさねばならない使命をはっきりと自覚したのだ。自分の行為には、信実というものの存在がかかっているのだ、という自覚である」（同前書、162ページ）。そして、この時間の最後の問いが用意されて居る。「25／『私は、なんだか、もっとおそろしく大きなもののためにはしっているのだ』というメロスのことばの意味は？」と。子どもたちは、「信実だ」（信実＝打算を離れた誠実な心）と応じるであろう。この答えは、以上のような問いの系列との格闘を経ずとも、子どもたちには最初から出せた答えであったかもしれない。しかし、この格闘を経た後の、子どもたちのその答えの内実は全くことなる意味と広さを備えるに至っている。それは、ちょうど、メロスのあの三日前の「怒り」と、あの三日間の格闘を経たメロスが、王様にからかわれる友の姿を思って抱く「怒り」とが、全くその内実を異にするのと、同様である。

　ここで、ヘーゲルの次の言葉が想起される。「同じ格言でも、青年がこれを口にするばあいには、――――かれがそれをまったく正しく理解しているとしても――――生活経験をつんだ大人の心のうちでそれがもっているほどの意味と広さを持たない」

　時の流れに沿った、「主題化」と「自明化」の循環の積み重ねは、ここで言われている、「生活経験をつんだ大人の心」を作って行く営みである、と言うこともできよう。授業実践者・武田常夫による、『走れメロス』を読み解く問いの系列は、子どもたちが答える「信実」という言葉に込める意味に、広がりと重さをもたらす。

　教育＝共育においては、「主題化」は、自他による「問い」によって促される。そして、「主題化」と「自明化」の循環の一つを経た我々の生きられた世界は、それ以前と比べて、さらに豊かになって行く。

同一化と差異化

「すべては流れる」、「日の下に、新しきものなし」、「覆水盆に還らず」

　「あなた方はある準男爵のもっていた一足の絹の靴下が何年かにわたってつくろっているうちに毛のものに変ってしまったという話を御存じだろうと思う。（中略）つくろってゆく過程の終りのときの靴下はその過程の始まりのときのものと同じものだったかどうかとあなた方に尋ねるなら、あなた方の最初の答えは否定的だろうと思う。あなた方は絹から毛への変化を強く感じているからである。しかしそれでも、もしもわれわれがその準男爵に尋ねたとしたら、彼はたんすの引き出しへいってその靴下を出して見せることができるだろう。そして、靴下がある意味で同じものでなかったとしたら、彼にはそんなことはやれなかったはずである。」（ダンハム、B．著、1959年、p. 179.）

§1　「同じか？」と「異なるか？」

　以下の図をよくみていただきたい。

この図を見て，皆さんは何をお考えになるであろうか。

この図を見ての、我々の問いは、「同一化　と　差異化」であり、また、例によって、「同一か？」と「差異か？」であろう。

　さて、どうであろうか。ここで、極めて大事なことがある。それは、この答えを、自分で考えて、あなた自身の答えをだすということである。言い換えれば、この「問い」の答えを、本書のどこかに直ちに求めることを、あなたが自らに絶対的に禁じる、ということである。それから、もちろん、だれか、自分以外の人に聞いて教えてもらおう、とすることも禁じる、ということである。

　あなたが、自分で考え、自らの力で、自らの答えを出すこと、このことが非常に大切な事なのである。

　もちろん、このテキストには、どこかに、ある答えらしきものも与えられる。だが、(1)自分で考えぬいたあとで、その答えを見るのと、(2)自分で考えないうちにその答えを見てしまうのと、これら(1)と(2)との間では、そのあなた自身にとっての意味に、比喩的に言えば、「雲泥の差」が生まれるのである。そして、あなたが(1)と(2)のどちらの道を選ぶかは、このテキストに対面しているあなた以外には誰も知ることがないかもしれない。したがって、(1)と(2)のいずれの道を選んだかについて、後で、他人には、事実と違うことを、ごまかして言うことさえも可能であるかもしれない。しかし、もしそうしたとすると、そのごまかしの行為そのものの中に、実は、あなた自身の、「学ぶということ」への基本的態度が露わになることになる。その差異は、あなた自身が知ることになる。そして、あなたは、あなた自身を知る機会をここで与えられたことになる。それほど、このことは大事なことなのである。もしごまかしたとすれば、そのごまかしは、「天知る、地知る、汝知る、我知る。」のうちの、「汝知る」だけが無いに過ぎないであろう。また、たとえ、ごまかして嘘を他人に言うことはしないとしても、そして、たとえば、「ど

うせ、こんなこと、たいしたことはない」と独り言して、自分で考える
ことを省いて、答えをさっさと見てしまったとしよう。そこで起こる
「あなた自身が学ぶこと」の「雲泥の差」には、あなた自身が責任があ
るのだし、また、その差異は、全くのごまかしようもなく、結果として
現れてくるのである。

　さあ、ここまで言った。あとは、あなたの決断である。

「腹をじっくりと据えて、ご自分のお考えをお決めください。」

　あなたのお答えは？「異なる」であろうか。一つは、丸であり、もう
一つは三角、残りは四角で、それらは互いに明らかに異なる。
　よろしい、では、私の答えは「同じ」である。
　その理由は、幾つも考えられる。
　まず、（□と□）、（△と△）、（○と○）は同一である。これは、存在
するすべての物事が有するとされる「自同性」（Selbigkeit）と呼ば
れる同一性である（ハイデガー、M. 著、1961年、8ページ）。「A は A
である」、「各々のAはそれら自ら同じである」、「それ自らと各々のA自
らは、同じである」、「各々の存在するものそのものには同一性が即ちそ
れ自らとの統一が属している」。それゆえに、「同一だ」ということも出
来よう。
　ここで、以上の記述を読んで、しかし、(1)以上のことは考えていな
かったとして、「なーんだ、そんなことか」などと言って、笑って済ま
せてしまおうという人は、少なくとも、ここでめざしている「学ぶ」と
いうことの実践も理解もまだ、できていない、ということを、その笑い
において示してしまったことになる。また、(2)そうではなくて、驚い
て、「なるほど、そうか」と、改めて、考え直す人は、すでに、ここで

の「学び」の世界に入っていることになる。そして、⑶「そうだ、その通りだ」という人は、この「学び」の世界に、あるいは、そのように「問いかつ学ぶ」世界に、なじんでいる人であることになる。

　⑴、⑵、⑶のいずれであるかに、あなたが、どのような学びをして来られたか、また、いま、しようとしておられるか、ということが露わになるのである。

　「同一だ」と言うことにわけは、それだけでは、もちろんない。そのほかに、多くのさまざまな意味で、そう言うことが出来るのである。

　「同じ」とする理由／三つの図形は、いずれも：

　幾何図形である。名前をもった代表的図形である。左右対称な図形である。平面上に描かれている。同一平面上に描かれている。同一紙面に描かれている。同じ立体の側面からの見え（射影）でありうる。恐らく、ほとんど同時に（同じ時期に）描かれている。その意味で、同じ時間と歴史を経て来ている。恐らく、同じ場所で描かれている。恐らく、同一人物によって描かれている。今、同じテレビ画面に映っている。今、同じスタジオに位置している。今、同じカメラで映されている。今、同じテレビの前の人物（あなた）によって見られている。今、同一人物（講師）によって選ばれている。今、同一人物（講師）によって主題とされている・・・・・。

　そして、この「同じだ」とする理由は、原理的には、無限であり、決して尽くすことはできないのである。なぜなら、だれかが、「これで総てだ」と言ったとき、少なくとも、もう一つ、それまで出されなかった理由を考えることが不可能であることは、証明されえないからである。さらにまた、それまで挙げられた理由の幾つかを組み合わせて、新しい理由とすることが、不可能である、と証明することも不可能だからである。さて、では、私のこの「同じだ」という見解に納得して同意してい

ただけたであろうか。

　もし同意していただけたとするなら、今度は、私の考えは変わる。

　私の考えは「異なる」である。その理由は、また、幾つも考えられる。『異なる』とする理由：三つの図形のうち、一つは丸で、もう一つは三角、残りは四角である。三つの図形は、異なる時間に描かれている。つまり、一方が先に、他はその後に描かれている。異なる空間に描かれている。つまり、紙面の異なる部分に描かれている。一つは右に、他は中央に、残りは左に描かれている。一つは円満な感じを与え、他は角がたった感じを与える。一つには角がないが、他には角がある。二つには直線部分があるが、他にはない。一つには曲線部分があるが、他にはない。二つは「日の丸」に用いられているが、他は用いられていない。それぞれが囲んでいる面積が異なる。図形を構成している線の長さが異なる。図形を構成している線が覆っている面積が異なる。用いられた絵の具の量が異なる・・・・・・。

　この理由も、「同じ」とする理由と同様に、原理的には、無限であり、決して尽くすことはできない。

　さあ、では、あなたは、今度は「同じ」と「異なる」のどちらの考えを、「あなた自身の考えとして」お採りになるであろうか。

　こうしてみると、これらの図形は「同じ」であるとも「異なる」とも言えるということが分かる。そして、我々は、その時々に、多種多様な異なる視点から、あるいは同じ視点から、それぞれをとらえ、時には互いを比較して、「同じ」であるとしたり、「異なる」としたりして、「同一化」したり「差異化」したりしていることに、気づく。

　そして、さらに、「同一化」したり「差異化」したりすることで、それぞれの図形のそれぞれの隠された特徴が現れてくる。そればかりでなく、それまで、我々自身にさえ気づかれないような仕方で、隠されてい

た多種多様な視点そのものが、私たちにとって、次第に露わになってく
る、ということがわかる。

　さらに、付け加えるならば、これらの三つの図形は、いずれも、ある
一つの禅画に描かれている図形と「同じ」であるという共通性も備えて
いる、という意味でも、「同一」なのである。

　その禅画とは、東京丸の内にある出光美術館に所蔵の仙厓（せんが
い）禅師の禅画である。

　古田紹欽氏は、その著『仙厓』（SENGAI）（出光美術館、1985年）
で、この禅画が、人々によって、さまざまに解釈されてきたことを説い
ておられる。

　ここで、こんな問いを発することも出来よう。先程の（□△○）の図
と、あの禅画の（□△○）は、「同一か」、「差異か」と。

　それは、我々が採る視点によって、どちらでもある。いまや、それ
が、我々の答えでなくてはならないであろう。

§2　「心の理」としての同一化と差異化

　我々の視点が変わるということは、我々にとって、事物・物事の間の
同一と差異が変わるということである、と言ってよい。物事が新しい光
りに照らされて我々に見えてくる、ということでもある。視点が変化す
るということは、我々の世界に、新しい秩序がもたらされ、新しい構造
化がもたらされるということである。つまり、これまでの旧い構造が崩
壊し、これまでの構造から脱構造化され、その混沌の中から、新しい構
造が生み出されることを意味する。物事は、視点の採り方によって、同
一とも差異とも見ることができることが分かる。そして、差異は同一を
前提とし、同一は差異を前提とすることも分かる。その意味で、同一と
差異は、互いに他の地平となっているのである。

§3　「経験の空間」と「期待の地平」（Koselleck, R.（1989））

　「歴史学的概念の歴史家にして意味論学者」（P. リクール著、1990年、432ページ）R. コセレックの著作『過ぎ去った未来』（Vergangene Zukunft）（1989）で解明された「経験の空間」と「期待の地平」という歴史学的カテゴリーは、個人の生きられる時間について考える上でも示唆的である。書名『過ぎ去った未来』に表現されたのは、現在における過去が、かつては、期待され、未来として生きられていたこと、現在において期待されている未来も、いずれは、過去として経験されるに至ること、こうした人間の生きる歴史的時間の構造である。「未来」と「過去」と同様に、「経験の空間」と「期待の地平」は、非対称的な関係にある。「経験の空間」から「期待の地平」が開かれるのだし、「期待の地平」の性格によって、活性化される「経験の空間」の性格も限定されるのだ。人間は「経験の空間」と「期待の地平」の間の緊張関係の中で現在を生きている。例えば、空想的ユートピアへの夢想的期待に生きる時、過去は無視され、現在を支える「経験の空間」は貧困化する。懐古趣味への耽溺に生きる時、未来は萎縮し、「期待の地平」は貧困化し、過去は肥大化する。

　実現可能な現実的理想をめざして堅実に現在を生きる時、「期待の地平」の凝視は遠くにも近くにも及ぶ。たった一歩の踏み出しにも、広大な「経験の空間」が活性化され、その総てがその一歩に生かされる。

　一挙手一投足に「経験の空間」と「期待の地平」はその姿を現す。

　現在における、一つひとつの学びの経験も、活性化された「経験の空間」と「期待の地平」との緊張関係において生起する。堅実な「学び」は、関連する豊かな経験の総体がその一点に集中して生かされるとともに、関連する期待がその集中を引き起きこし、時々刻々の学びが期待を充実化し、経験を豊かにしていく。「経験」と「期待」に「関連する」

かどうかの鍵となるのは、「同一か差異か」という一点なのである。

§4 「差異化」による「世界X」の豊饒化

　「同一化」と「差異化」ということでは、次の哲学者のまとめは、短い文章であるが、急所を鋭く衝いていて、学ぶところが多い。

　「・・・生物学的<環境>と対比して、人間に特有の<世界>とは、何であろうか。／・・・一般に動物は、多少の幅はあるにしても狭い現在を生きることしかできず、したがって現に与えられている環境に閉じこめられることになる。そこには過去も未来もないのである。・・・ところが、・・・人間は、記憶や予期の働きによって、過去や未来という次元を開くことができる。もっと正確に言えば、現在のうちに、あるズレ、差異化（デリダの言う<差延（デイフェランス）>）が起こり、そこに過去とか未来と呼ばれる次元が開かれてくる。そうした次元へ関わる関わり方が記憶とか予期とか呼ばれるのである。そうすることによって人間は、現に与えられている環境構造のうちに生きながらも、そこにかつて与えられたことのある環境構造や、与えられうる可能な環境構造を重ね合わせ、それらをたがいに切り換え、相互表出の関係におき、そうすることによって、それらさまざまな環境構造のすべてをおのれの局面としてもちながらも、けっしてそのどれ一つにも還元されることのないような参照項Xを構成して、現に与えられている環境構造をそのXのもちうる可能な一つの局面として受けとることができるようになる。／こうして人間は、動物のように自分の生きている環境構造をそれしかないものとして受けとるのではなく、他にもありうる環境構造の可能な一つとして捉え、いわばそこから少し身を引き離すことができるようになる。その参照項Xが<世界>と呼ばれるのである。したがって、<世界>とは、さまざまな環境構造を相互に関連させることによって構成される高

次の＜構造＞だと言えよう。」（木田元著、1993年、85－86ページ）

　こうして、同一化と差異化による、人間の生きられた世界の豊饒化は、現在を豊かにするのみでなく、これまで生きて来た過去を豊かにし、そして、これから生きる未来をも豊かにすることになるのである。「差異化」とは、そのような世界の豊饒化の働きである、とも言えよう。

§5　同一化と差異化の織り成す「反復」「繰り返し」

　ここで、「反復」ということを、取り上げて考えよう。「反復」とは「繰り返すこと」、「繰り返し」とは、常識的には、「同じ事を何回も続けて行うこと」を意味する。しかし、反復とは、本当に「全く同じ事を何回も続けて行うこと」でありうるだろうか。同一化と差異化について見て来たことからして、反復には、同一化と差異化が、共に働いていることが分かるであろう。なぜなら、もし、「反復」が全く「同一」なことであるならば、それは、「反復」ではなくて、「同一」であるに違いない。しかし、また、「反復」が全くの「差異」であるならば、それは、「反復」ではなくなり、単なる「差異」であるに違いないからである。

　そもそも、初めて「ある事」を行い、ついで、それと「同じ事」を行うときは、既に、ある一定の時間が経っている。それはまた、もはや第一回目ではなく、第二回目である。それ以前に、既に、第一回目の経験がある。つまり、そこには、第一回目には見られなかった、「第二回目である」とか「初めてではない」、という意識が我々の心に生じて来ている。もし仮に、そのような意識が全く無かったとしたら、それが「反復」だとは本人にも気づかれないであろう。また、それと同時に、初めてのときにはあった、「第一回目である」とか「初めてだ」という意識はもう失われているはずである。場合によっては、第一回目にはあった、不安や恐れや驚きなどが、第二回目には、やや薄れたり失われたり

しているかもしれない。それ以降の、第三回目、・・・・などにおいて
も、そうした事情は同じであると同時に、異なってもいる。そして、そ
れが「反復」ということなのではないだろうか。

　「同じ事」の「繰り返し」とは言っても、それが「繰り返し」である
ということそのもののなかに、既に、その物事それ自体ではないという
こと、したがって、完全に「同じ事」ではありえないということが密か
に忍び込んできているのである。もちろん、逆に、もし「同じ事」では
全くないということになれば、それは「反復」でもなくなる。その意味
では、「反復」から「同じ事」であるということを完全に取り除くこと
は出来ないのである。こうして、「反復」には、「同一化」と「差異化」
とが共に織り込まれているのである。

　そして、そのような変化、「同一化」と「差異化」の織物を、徐々に
しかし、確実に生み出していく人間の営みが「反復」であるらしい。
「反復」は、同一化と差異化とから微妙に織り成されるのである。例え
ば、成功を繰り返し反復することは人の望むところであろう。そして、
失敗を繰り返し反復することは人は避けようとするものである。実際に
避けることができるかどうか。あるいは、失敗を成功の基とすることが
できるかどうか。それは、一つの失敗の経験の後に、次に同じような失
敗が迫って来た場合に、最初の失敗の経験を生かして「差異化」を起こ
し、少なくとも、最初の失敗と全く同じ失敗を犯さないように努めるこ
とであろう。それが、失敗の繰り返しや反復にならない、という事なの
ではないであろうか。

　我々は、教育＝共育において、旧い世界から導き出し新しい世界に導
き入れるという場合に、旧世界での「同一」と「差異」と新世界での
「同一」と「差異」の間には、「同一」と「差異」がある、という事態
を想像することができよう。そして、教育＝共育とは、「同一」と「差

異」に「同一」と「差異」を齎すことである、とも言えよう。言い換えれば、旧世界で同じとされていた物事が、新世界では異なるとされ、旧世界で異なるとされていた物事が、新世界では同じだとされる、それが、教育＝共育である、とも言えるであろう。

　教育によって、あるいは、ある経験によって、世界がガラリと変わって見えるようになるということが起こることがある。そのような経験としては、私には、1945年８月15日の敗戦の経験がある。そして、また、教育経験あるいは学習経験としては、例えば、「Ｓ＝Ｔ⁻¹Ｓ’Ｔ」を学んだ経験があった。そのような経験の幾つかを以下で語り、皆さんを、その意味を共に考えることにお誘いしたい。

§6　繰り返し「笊で水を汲む」

　さて、私がまだ若くして、大学入試の受験勉強に励んでいたころ、つまり四十年以上も昔（1952年頃）のことである。『岩波英和辞典』の共著者の一人で、『英語広文典』（白水社）の著者である、英語学者の田中菊雄　山形大学教授（当時）のお書きになった短いお言葉を、どこで手に入れたか、小さなパンフレットで読んだことがあった。今ではパンフレットは無くしてしまい、正確な引用はできない。が、大要はこうだった。「学問を学ぶということは、笊で水を汲んで桶に溜めるようなものだ。最初は、汲んだと思った水の大部分は笊の目から漏れてしまう。だが、笊にはしずくがつく。そのついたしずくをたらして桶に水を移すことはできる。それを忍耐強く繰り返して行くと、しずくでも、水は桶の底に次第に溜まってくる。それだけではない。繰り返し汲むお陰で、笊の目に次第に水垢が詰まるのだ。すると、目が詰まったお陰で、徐々に水がよく汲めるようになる。このようにして、水垢で詰まった笊で水が汲めるようになると、学問がよく分かるようになるのだ」と。

だいぶ後になって、私は、田中先生のご生涯を描き紹介した文章を読むことになった（紀田順一郎著、1982年、78－99ページ）。そして、少年時代に、田中先生の短いご文章に、心から励まされたことを懐かしく思い出さずにはいられなかった。そして、「繰り返し」ということの意味を、「しずくを溜める」ことと同時に、それとは意識せずに「水垢で笊の目を詰める」ことの二つとして、説いておられることに感動したのである。これは、笊で汲みながらバケツで汲んでいる積もりになり「傲慢になることへの戒め」と、笊で汲んでも汲んでも思うように水が溜まらないことへの失望落胆や幻滅に陥る「性急さへの戒め」と、笊で汲むことであると悟って、腹を据え、繰り返し、絶え間無く、「努力することへの励まし」を込めた、含蓄の深い言葉だと、初めてその言葉に出会ってから既に四十年以上も経た今日、私は改めて思うのである。「繰り返し」が同じであるはずがない。わずかであろうとも、滴（しずく）は溜まる、そして、次第に、笊の目も詰まってくるのだ。

　『ロダンの言葉』にも同様の言葉があったことも想起される。

§7　挿話「千五百回の練習」の思い出

　ここで、私が小学生のとき（正確に言えば、国民学校六年生のとき、つまり、1946年のある日）出会い、それから50年近くを経た現在も、未だに強い印象が残っている、一つの挿話を紹介しておきたい。それは、『千五百回の練習』と題する、以下のようなものであった［以下の文章は、現代仮名遣いに改めてある］。

　「瑞西（スイス）の有名なピアノの大家シギスモンド・タルベルグは、彼が第一流の大家として欧州の楽壇にその名を謳われるようになって後も、尚不断の練習を怠らなかった。／或る時、大音楽会が催されるので、タルベルグのところへも出演を求めに来た。／『で、その会の催

しは何日ですか。』／『来月の一日からですが・・・、まだ十二日ほど
間があります。』／『十二日・・・じゃお断り致します、私はとてもそ
れまでに練習が出来ません。』／『何ですって！　あなたが練習をなさ
るんですって？』／『今度は是非新作を弾奏してみたいと思っています
から』・・・／『でも三日もあれば練習はお出来でしょう・・・、私は
今まで幾百人かの音楽家に会っていますが、四日以上練習に費やした人
はありません。それに先生は一流の大家ですもの、練習の必要はありま
すまい。』その時タルベルグは形を正して厳として云った。／『人は人
です。私は新作の発表会に少なくても千五百回の練習を終わらせねば公
演せぬことにしています。一日に五十回宛練習すれば１ヶ月で終わりま
す。それまで待って下されば出演することに致しましょうが、十二日と
いう短時日では、ご希望に沿うことは断じて出来ません。』というのが
彼の挨拶であった。／此の努力！　彼が第一流の音楽家となったのも偶
然ではない。」（野間清治編集、1928年、150－151ページ）（注）

　初めて、この挿話を読んだとき、「千五百回」という練習の回数に、
しかも既に「第一流の大家として欧州の楽壇にその名を謳われるように
なって」後のその回数だ、ということに、私は、子どもながらに、驚き
と畏れを覚えたことを鮮明に記憶している。しかし、その後、年を重ね
世俗にまみれるに従って、これは、もしかすると、いわゆる、「美談」
として作られた挿話だったかもしれないと邪推したり、あるいは、いや
少なくとも、そのような「作られた美談」の可能性がないとは言い切れ
ないなどとも、感じるようになった。それでいて、そのように感じるこ
とを我ながら残念にも思ったりした。「千五百回」という数の練習が、
「大家」において、現実にありうるのかどうか、また、そのような練習
の数は、その「大家」にとって、どのような意味があるのか、そのこと
が疑問として生まれ、爾来、ずっと気掛かりとなっていた。（次頁注１）

　（注）『西洋人物レファレンス事典Ⅱ　近世編　中』（日外アソシエーツ、1984）には、
以下のような記載がある。「タールベルク　Thalberg, Sigismond 1812.1.8.-71.4.
27. オーストリアのピアノ奏者、作曲家。1830年にヨーロッパ各国に演奏旅行をし
て成功をおさめ、1834年オーストリア皇帝付ピアニストに任命される」。また、
Webster's New Biographical Dictionary. A Merriam-Webster. 1983 には、
以下の記載があった。「Thalberg, Sigismund Fortuné François 1812-1871.
German or Austrian Pianist and composer. Said to be natural son of Prin-
ce von Dietrichstein ; one of greatest piano virtuosos of his day ; composer
of a concerto, a sonata, études, fantasies, and variation on opera themes.」
いずれにせよ、当時の欧州で、最も偉大なピアノ名演奏家として知られていた人物
であるらしい。ただ、本文の記載にある、「瑞西（スイス）」とあるのは、「オース
トリア」が正しく、「Sigismond」は「Sigismund」が正しいらしい。

§8　京都、妙心寺衡梅院、加瀬藤圃画「十六羅漢一堂図」（注２）

　ところが、それから、現代の日本画の世界で、まさしくそのような膨大な数の「練習」を積み重ねて、「下絵」を描く努力を惜しまなかった、ひとりの画家が現実に存在することを、不確かな「美談」としてではなく、確かな事実として、信頼する畏友広瀬保雄氏（清雅堂）を通じて、私は知ることとなった。その画家とは、この慌ただしい現代社会を超越して、いわば、超然たる在り方をしておられた画家、加瀬藤圃氏（1900-1986)であり、その「反復」「練習」の過程から生まれた作品は、「十六羅漢一堂図」（京都、妙心寺衡梅院所蔵襖絵）として現存する。では、そのような膨大な数の「練習」が、作品に対する、芸術に対する、人生に対する、どのような心によって支えられており、また、作品の制作過程において、そのような「練習」の一つ一つは、どのような意味をもっているのであろうか。それは、単なる機械的な「繰り返し」や「反復」でありえないだろう。が、そうでないのだとしたら、では、一つ一つの「練習」、「下絵」の描画は、それを描く画家にとって、その時その時に、どのような意味をもつのであろうか。こうした疑問が次々と沸いてきた。例えば、数百枚の下絵の「練習」の次に、もう一枚の下絵を描こうとするまさにその時、それまで描いて来た数々の下絵、そして、それを描いてきた経験、それらは、次の下絵を描くという経験に対して、どのような意味をもつのであろうか。そして、さらにまた、次の下絵、それから、そのまた次の下絵・・・・・。この経験の過程は、どのように理解され得るのであろうか。

　百年以上も昔の、欧州の名演奏家タールベルクの「美談」で触発された幼い私の抱いた疑問は、今日の加瀬藤圃画伯の「十六羅漢一堂図」との出会いで再び甦ったのである。そして、その答えを求めて、私は、そ

（注１）「反復」あるいは「繰り返し」ということでは、ロシアの文豪レフ・トルストイの推敲に推敲を重ねる仕事振りを，私は想起しないではいられない。［ルビンシュテイン著、1986年、95ページの図版］
（注２）「十六羅漢」とは「仏語。仏の命を受けて、ながくこの世にとどまって、正法を守護するという、十六人の阿羅漢。」であり、「賓度羅跋惰闍（ひんどらばっらだじゃ）、迦諾迦跋蹉（かだくかばさ）、迦諾迦鼈跋惰闍（かだくかばりだじゃ）、蘇頻陀（そびんだ）、諾距羅（なくら）、跋陀羅（ばだら）、迦理迦（かりか）、伐闍羅弗多羅（ばしゃらふったら）、戍博迦（じゅはか）、半託迦（はんだか）、羅怙羅（らごら）、那伽犀那（なかさいな）、因掲陀（いんかだ）、伐那婆斯（ばなばし）、阿氏多（あした）、注茶半託迦（ちゅだはんだか）、の十六人の尊者の総称」であるという。また、「阿羅漢」とは、「小乗仏教の最高の悟りに達した聖者。羅漢。もはや学ぶべきものがないので〔無学〕ともいう。阿羅漢向（こう）と阿羅漢果（か）とがある。」と説明されている。（小学館、1981年、『国語大辞典』による。）

の世界へと引き込まれて行く。

　ここで、私は、日常的な世界から、恐らく多くの皆さんにとって、非日常的な世界への旅に、共に旅するお供をしたいと思う。そして、この旅を、「同一化」と「差異化」の織り成す「反復」の意味を考える一つ貴重な機会としたいと願う。

　その日常世界から新しい世界への旅とは、少なくとも以下のような意味をもつ。我々「生徒」を導く「先生」（広瀬保雄氏）がいらっしゃる。そして、その旅で、導き出される世界と導き入れられる世界は、それぞれ、1）「喧噪の日常世界」から、「静寂の別世界」（京都　妙心寺　衡梅院の世界）へ。2）「西洋画の光と色の世界」から、「水墨画の線の世界」へ。3）「俗の世界」から「聖の世界」（十六羅漢一堂図の世界）へ。4）「我々一人ひとりの世界」から、「ある一人の芸術家の世界」（加瀬藤圃画伯の世界）へ。5）そして、「同一化」、「差異化」、「反

羅怙羅（らごら）尊者(左)、
阿氏多（あした）尊者
加瀬藤圃画伯筆「十六羅漢
一堂図」
京都　妙心寺　衡梅院　所蔵

復」の意味を思索する世界へ。

　では、放送教材で、新たな世界への旅に共に参りましょう。

§9　ピアノ演奏と水墨画揮毫における「反復」の意味：その差異と同一

　タールベルクのピアノ演奏練習にしても、加瀬藤圃氏の下絵の反復練習にしても、それらは、たった一つの仕上がりを目指して行われている。前者においては、演奏会での本番の演奏であり、後者においては、完成画である。その仕上がりが、やや俗な表現をあえて用いれば、両者共に「一発勝負」であるところに共通点がある。演奏会での本番のピアノ演奏が、ただの一回限りのことであることは言うまでもないであろう。一か所でも失敗があれば、それは、演奏の傷となることは避け難いのである。そして、そのような傷を皆無にすることは至難の業である。その至難の業を実現するために、タールベルクは「千五百回の練習」を必要としたのではなかったか。ところが、一見、ピアノ演奏の世界とは全く異なるように見える加瀬藤圃画伯の日本画の世界も、実は、全く同様であることがわかる。日本画の場合、油絵などの洋画の場合とは異なり、一旦描いた後に、その絵の上に絵の具を重ねるなどして修正することは許されない。それは不可能なのである。線をなぞれば、線は「死ぬ」。線を生きた筆勢で描き出す筆は、始まれば終わりまで、たったの一回限りで総てを仕上げなくてはならないのである。多数の複雑な線からなる図を、一回きりで仕上げるにいたるのは、その意味では、演奏会本番で一回きりの演奏を完璧に演奏することと全く同じことなのである。「千数百枚の下絵」という数が、タールベルクの「千五百回の練習」に、図らずも近かったのは、単なる偶然とばかりは言えない、以上のような事情が背景にあったからなのではないだろうか。

　そして、その繰り返しの「反復練習」の中で、同じ事の繰り返しとし

ての同一化とともに、常に新たな発見としての差異化があったものと思われる。

　教育＝共育における「同一化と差異化」の問題は、自ずから、「反復」の構造と意味の問題へと導き、我々に、「同一か差異か」と問うことを促す。そして、そのように促された我々は、そのような意味と構造をもつ無数の「反復」経験を経て、多種多様な光に照らした「同じ」と「違い」が深く分かるようになった「先生」に導かれて、それが分からない「生徒」として、旧世界から新世界へと、導き入れられることが、教育の一つの意味であるということを悟るのである。

12

近接化と類似化

§1　近接化と類似化

　前章では、「同一化と差異化」そして「反復」の教育＝共育における意味を考えた。

　本章の主題は「近接化と類似化」である。問いは「近接か？」と「類似か？」である。これら二つの問いは、ある二つ以上の物事が、私たちの心の中で、どのように互いに関係づくか、という問いであり、言い換えれば、私たちの世界に現れる二つ以上の物事は、互いに、どのように関係づけられるのが、私たちの「心の理」（こころ　の　ことわり）か、という問いでもある。

§2　「心の理」としての「類似化と近接化」：「類似、共存、継続」

　そのような「心の理」を考えた人々がいる。例えば、「ロシア生理学の父」と呼ばれ、心理学者でもある、И. М. セチェノフ（1829－1905）がその一人である。

　1878年に発表され、1903年に改訂版が出された、その主著『思考の要素』には、こう記されている。まず、印象の記憶への記録とその再生について、「どのような印象も、それが類似性と近接性によって記憶のなかに記録された、それと同じ主要な方向において、再生される：すなわち、類似性、および空間と時間における近接性、に従って」（Sechenov. I. p. 316. セチェノフ著　1964年、71ページ）と。言い換えれば、「す

べての外的事物や現象は、つぎの三つの主要な方向において、記憶の中に固定され、意識の中で再生される。すなわち、或る空間的グループの一成員として、或る系列的連鎖の一成員として、そして、或る類似的連鎖の一成員として」（同上書、p. 328. 88ページ）。表に示すような事例が挙げられている。

1軒の家の窓	教会の窓、宮殿の窓、小屋の窓は、	暴風雨に開けられ 粉々になった窓
空間グループの成員	可変的グループの一類似的成員	時間的グループの成員

セチェノフ（1903）による

「一軒の家の、動くことのない一事物としての窓は、一つの空間的グループの一成員である。／或る教会の窓、宮殿の窓、あるいは小屋の窓は、可変的なグループの一類似的成員である。／或る暴風雨の突風によって押し開けられ粉々に壊れてしまった、或る窓は、その暴風雨の連鎖の（偶然的な、［しかし］不可欠ではない）一成員である」（同前所）。さらに思考についても、「もろもろの事物の間の諸関係は、つぎの三つの主要な形態においてのみ、考えられ得る。すなわち、一つの類似性として、一つの空間的あるいは地形的な結合［性］として、そして、一つの［時間的］継続［性］として。」（同前、p. 330／同前、90ページ、下線は引用者による。）と。

こうして、「印象の記録」あるいは「記憶」、「再生」、「思考の対象相互の比較対照」における 3 つの主要な方向として、「類似、共存、継続」あるいは、「類似的連鎖、空間的グループ、系列的連鎖」、「類似性、空間と時間における近接性」、が定式化されている。物事が心のなかで関係するのは、「類似化と近接化」による、平易に言えば、「似てい

る」あるいは「一緒にある」ということによる、ということが「心の理」として定式化されている、と言ってもよいであろう。

「印象の記録」、「記憶」、「再生」、「思考の対象相互の比較対照」における３つの主要な方向；「心の理」		
「類似」	「共存」	「継続」
「類似的連鎖」	「空間的グループ」	「系列的連鎖」
「類似性」	「空間と時間における近接性」	
「類似化」	「近接化」	
＜似ている＞	＜一緒にある＞	
		セチェノフ（1903）による

§3 「心の理」としての「類似化と近接化」：「メタファー（隠喩）」と「メトニミー（換喩）」

同様の定式化をしている有名な研究者が、他にも存在している。例えば、ローマン・ジェイコブソンである。かれは、その著名な「言語と失語症障害の二様相」と題する論文（Jacobson, R. 1956. pp. 53-82.）のなかで、ソシュールの思想を引き継いで、(1)「メタファー（隠喩）」と(2)「メトニミー（換喩）」とが、言語に関する異なる二つのタイプの基本的な精神作用に対応するという考えを提出した。

（1）「メタファー（隠喩）」	（2）「メトニミー（換喩）」
選択し代用する能力、	組み合わせる能力
「類似性 (Similarity)に関わる能力」	「近接性 (Contiguity)に関わる能力」
	ジェイコブソン（1956）による
例えば、　「鳩で平和を」表す	「煙でパイプを」表す

一方では、(1)適切な言語要素を選択する能力、代用可能な言語要素から選択する能力、つまり、ある言語要素を、それとはある点では同一で

ある点では差異であるような言語要素で代用する能力、「類似性（Similarity）に関わる能力」がある。選択と代用は、同一の操作の二側面だと言う（同上書、p. 60, 下線は引用者）。

　他方では、(2)さまざまなレベルでの言語要素を結合する能力、部分から全体をつくり全体の中に部分を位置付ける能力、言語的単位の階層を維持する能力、組み合わせたり脈絡づけたりする能力、言い換えれば、「近接性（Contiguity）に関わる能力」「組み合わせ（Combination）能力」を想定したのである。

　「ある脈絡の構成要素を結合するのは、近接性という外的関係であり、代用の構えの基礎にあるのは、類似性という内的関係である。」（同前書、pp. 68−69.）とある。

2種類の失語症の症状	
「類似性障害」	「近接性障害」
類似性に関する能力に障害	近接性に関する能力に障害
具体的状況から離れて言えない	
独り言が言えない	
孤立させて単語を言えない	文の単語の順序が混乱
"bread-knife" for "knife"	
「電報文」「決まり文句」「一語文」	
「言語について語る言語」「メタ言語」の喪失	
空間的近接性によって分類	
「パイプ」を「煙」で比喩する	「顕微鏡」を「小望遠鏡」で比喩する
「メトニミー（換喩）」は用いる	「疑似隠喩（疑似メタファー）」は用いる
	ジェイコブソン（1956）による

　そしてこれら二つの能力のうちの主としてどちらか一方の障害が起こると、それぞれが2種類の失語症の症状として現れる、と考えた。(1)類似性に関する能力に障害か起こると、例えば、物事を孤立させてとらえ

ることが出来なくなる。いつも、ある脈絡の中においてとらえないでは
居られなくなるのである。で、"knife" と言うように言われても、こ
の言葉を孤立させて言うことができず、"pencil-sharpner"、"apple-
parer"、"bread-knife"、"knife-and-fork" などとしか言えない失語
症として現れるという（同上書、p. 65）。これはまた、「言語について
語る言語」すなわち「メタ言語」の喪失としても現れる（p. 67）、と言
う。また、そのような失語症患者は、ある語を与えられて、その類語、
婉曲な言い方、同綴異音異義語、外国語での等価な表現、などに変換す
ることができない、とも言う（p. 68）。また、ある患者さんは、与えら
れた品物を、色、形、大きさで分けて並べるように言われても、家庭用
品、事務所用品などというように、空間的近接性によって分類すること
しかできなかった、とも言う（p. 69）。比喩的表現では、「メタファー
（隠喩）」を使うことが出来ず、「メトニミー（換喩）」は広く用いる、
と言う。例えば、ナイフを表すのにフォークで代用し、そして、ランプ
をテーブルで、パイプを煙で、食べるをトースターで、代用するという
ようなことをする、というのである。窓をガラスで代用する、と言う
（pp.69－70）。以上は、「類似性障害」（Similarity disorder）と呼ば
れる。

これに対して、(2)近接性に関する能力に障害「近接性障害」（Conti-
guity disorder）が起こると、どうなるであろうか。より単純なレベ
ルの言語要素、例えば単語、をより複雑なレベルの言語要素、例えば文
章、へと文法に従って組み合わせていく能力が失われる、と言う（p.
71.）。単語の順序が混乱してしまうのである。接続詞、前置詞、代名
詞、冠詞など、純粋に文法的な機能を与えられた語が、最初に失われ、
「電報」のような文章になる（p. 71）。決まり文句が残る。さらに、こ

の病が重くなると、「一語文」、一語だけから成る文章、になってしまう、と言う。「あるものが何であるかを言うことは、それが何に似ているかを言うこと」（p. 72）になる。類似性は損なわれていないので、「疑似的隠喩」は用いることが出来る。例えば、「ガスライト」を「火」で、「顕微鏡」を「小さい望遠鏡」で代用したりする。しかし、近接性を基礎とする「メトニミー（換喩）」は使えない。名詞や動詞の文法的活用ができなくなり、動詞の過去形が不定形で代用される。辞書の見出し語のような原形の単語だけが残り、それ以下のレベルの音の要素の組み変えが出来ない、という場合がある、という。そして、ついには、単語の差異化の力は保持されても、意味化の力は失われてしまう、と言う。さらに、失語症ではない正常な場合でも、人が話をする際に、その人の背景となる文化的型、人格、言語スタイル、個人的習慣、流行、などによって、「メタファー（隠喩）」から「メトニミー（換喩）」への両極の間の、どちらか一方に傾く好みや偏向が見られる、ことが指摘されている。刺激語に対する反応語にも、子供によって、差異が認められる、と言う（pp. 76−77）。

　ジエイコブソンは、この対比をさらに他の領域にも及ぼして考察している。

　まず、言語芸術においても、好みの違いが見られる、とする。例えば、詩には、一方に「メタファー（隠喩）」が優勢なロマン主義や象徴主義があり、他方に「メトニミー（換喩）」は、両者の中間期に現れる現実主義（リアリズム）的傾向において、優勢だと言う（p. 78）。例えば、トルストイの『戦争と平和』では、「あらわな両肩」が女性人物を表すのに用いられた、のはそのような「メトニミー」の例である（p. 78）。絵画では、立体派（キュウービズム）では「メトニミー（換喩）」が優勢であるのに対し、超現実主義派（シュールリアリズム）では、

「メタファー（隠喩）」が優勢である。映画では、チャップリンの映画で、「モンタージュ」として、新しい「メタファー（隠喩）」が多く使われているのに対し、グリフィスの映画では、「クローズ・アップ」など「メトニミー（換喩）」に相当する手法が多く用いられている。夢の構造の研究においても、象徴や時間系列が(1)近接性に基づく場合（フロイドの「置き換え」や「圧縮」）、(2)類似性に基づく場合（フロイドの「同一化」や「象徴」）とがある。

　終わりに、ジェイコブソンは、「メタファー（隠喩）」の研究の豊富さに比べて、「メトニミー（換喩）」の研究は相対的に貧困である、と指摘して、この両者が構成する両極への注意を喚起しているのである。

　短い論文ではあるが、私には、たいへん刺激的な論文である。

　比喩の問題は、巨大な問題である。そのことは、例えば、この問題の研究文献を収集し、その内容の簡潔なノートを付した英語文献、

詩	
「メタファー（隠喩）」が優勢	「メトニミー（換喩）」が優勢
ロマン主義や象徴主義	現実主義（リアリズム）

絵　画	
超現実主義派（シュールリアリズム）	立体派（キュウービズム）
（ダリ、マグリットなど）	（ピカソ、ブラックなど）

映　画	
モンタージュ	クローズ・アップ、セット・アップ
チャップリンの映画	グリフィスの映画

夢構造の研究

類似性に基づく場合	近接性に基づく場合
（フロイドの「同一化」「象徴主義」）	（フロイドの「置き換え」「圧縮」）

ジェイコブソン（1956）による

　（注）　エイゼンシュティンの映画における「モンタージュ」とモンタージュ論が有名である。ただし、三浦つとむ氏による、「モンタアジュ論は逆立ち論であった」（1970年）との批判に耳を傾けることが大切である。

Shibles, Warren A.（1971）を一瞥するだけで、その研究の膨大さを十分に納得することができる。

　バルト、R．は「記号学の原理」（1971年）の中で、「統合」（シンタグム）と「連合」の対比を紹介している。そして、この両極を表す、もろもろの研究者たちの用語を以下のように整理している（159ページ）。

ヤコブソン：	「近接」（隣接）	と「類似」
ソシュール：	「統合」（シンタグム）	と「連合」（アソシエーション）
バルト：	「統合」（シンタグム）	と「体系」（システム）
イェルムレウ：	「関係」（relation）	と「相関」（correlation）
マルチネ：	「対比」（コントラスト）	「対立」（オポジション）

R.バルト（1953/1971）による

　これらが、先の「類似」と「近接」に対応することは、今や、明らかであろう。そして、如何に多くの研究者たちが、この二つの対比に注目しているか、も明らかになったと思われる。そして、読者の皆さんも、この対比に十分に親しまれるように、期待したい。

　ところで、ここで、皆さんに、幾つかの大事な問いを提出しよう。

　このような「類似化」と「近接化」の間の対比を考えるのは、「類似化」であろうか、あるいは、「近接化」であろうか？

　「類似化」と「近接化」の不連続と連続、あるいは、同一と差異はどうであろうか？

　私たちの世界に現れる二つ以上の物事は、互いに、どのように関係づけられるのが、私たちの「心の理」（こころ　の　ことわり）か、という問いに、「類似化」と「近接化」だけで総てが尽くされている、と言えるであろうか？

　そもそも、何事かについて、総てが尽くされている、と言うことは、どのようにして可能となるであろうか。また、そもそも、そのような事を言うことは、果たして可能であろうか。

「それは、皆さん自分で考えてください」。

以下では、「教育の心理」の理解を求める私たちは、この対比に表現された「心の理」が、教育において、どのような意味をもち得るかを、考えよう。

§4　記憶術のこと

学生のころ、沢山の物事を学び、それらを短期間で覚えなければならない状況の下で、何か効率のよい記憶の方法はないものか、と望んだり悩んだりしたことが一度もない人は少ないであろう。著名なロシアの心理学者ルリア、A. R. は、その著『偉大な記憶力の物語：ある記憶術者の精神生活』（1983年：Luria, A. R.（1968））で、膨大な記憶力をもった一人の記憶術者――「シィー」と呼ばれる、―― について詳細に述べている。

彼を悩ますのは、覚えることの困難ではなくて、忘れることの困難である、という程、記憶力が豊かなのである（同前書、76－82ページ）。彼の記憶の方法の一端を示すエピソードがある(同前書､56－58ページ)。

1934年の末、シィーに、人工的で、意味のない、しかも極めて複雑な公式を与えて、記憶し再生することを求めた。彼は、その公式をじっと見て、目に近づけたり、目を閉じたり、記憶を点検したりした後、7分後に、正確に公式を再生した、という。さて、彼はどのような方法を用いたのであろうか。さらに、彼は、この公式をそのように、直後に正確に再生したばかりではなく、後で思い出してもらうという予告さえもなかったのに、「十五年後（一九四九年）にも、それと同じ正確な再生が得られた」（同前書、58ページ）という。かれの記憶のやり方は、どうも、以下のようなことであるらしい。つまり、まず、公式の記号や文字などを、意味のある具体的な事物や人物に、言わば翻訳して、順に置き

換えながら、それらの事物や人物によって物語を作っていくのである。そして、再生を求められた時には、先程の置き換えと逆に、物語を想起しながら、物語のなかに現れる事物や人物を、先の翻訳とは言わば逆に翻訳しながら、元の公式を再生し再構成していくというやり方である。では、このやり方は、「類似化」による、と言うべきであろうか、「近接化」による、というべきであろうか。

　このエピソードを読んだとき、私は、既に紹介したことのある、アシュビー先生による、以下の公式（吉田章宏著、1991年、216ページ）を思い出さずにはいられなかった。

$$S = T^{-1}S'T$$

　これは、表現、代表、モデル、模型、シンボル、象徴、メタファー、アナロジー、類比、システム、類似化、同型性と準同型性、モンタージュ、回り道、迂回、代用、・・・などの本質的構造を示す式である。

　シィーのエピソードに即して言えば、彼は、無意味で複雑な公式（Ｓ）を記憶し再生することを求められて、その公式をそのまま丸暗記するのではなく、例えば、（Ｔ）という変換、翻訳を行い、（Ｓ′）という物語を作り、その物語を記憶する。この記憶は、シィーの場合、イメージがたいへん鮮明で豊かであったらしい。そして、公式の再生に当たっては、その豊かなイメージに支えられた物語（Ｓ′）を再生し、その物語を（Ｔ⁻¹）という逆変換、あるいは逆翻訳、を行い、元のあの無意味で複雑なだけの公式（Ｓ）を、驚くほどの正確さをもって、再生する、ということであった、と理解される。イメージを伴った物語（Ｓ′）を、言わば確かな拠点として、変換（Ｔ）と逆変換（Ｔ⁻¹）を

活用して、彼にとって、確かな回り道を経て、再生していたことになる。少なくとも、直接的に公式（S）を記憶再生しようとはしなかったということが、たいへん興味深い点である。

　シィーは、「類似化」と「近接化」の両方を使い分けていたように解釈される。すなわち、彼は、あの無意味な公式を、そのまま無意味な記号の集まりとして「近接化」して記憶したのではなくて、まず、それぞれの記号や数字を「類似化」によって言わば翻訳し、同時に、翻訳された有意味な事物を「近接化」により「物語化」している。そして、その物語を翻訳された記号とともに心像化している。そして、再生にあたっては、再び、物語から、先の「類似化」を逆に辿って、逆翻訳して、与えられた元の公式の記号に戻し、元の公式を再現している。これは、恐らく、公式を無意味なまま「近接化」によって、記憶再生するよりも、「類似化」によって翻訳し、「近接化」によって記憶し、その記憶を再生して、その記憶を逆方向の「類似化」によって翻訳する、回り道の方が、少なくとも、シィーにとっては、与えられた課題の要求に応え易かった、ということであろう。シィーの記憶術は、「類似化」と「近接化」を組み合わせ重ね合わせて生かした、言わば「回り道」による記憶である、とも考えられる。

　そしてまた、次の文章も思い出す。動物とは異なって、「人間は現に与えられている環境構造のうちに生きながらも、そこにかつて与えられたことのある環境構造や、与えられうる可能な環境構造を重ね合わせ、それらをたがいに切り換え、相互表出の関係におき」、「自分の生きている環境構造をそれしかないものとして受けとるのではなく、他にもありうる環境構造の可能な一つとして捉え、いわばそこから少し身を引き離すことができるようになる」（木田元著、1993年、85−86ページ）。この「引き離し」が「超越」である。シィーに事例について言えば、シィー

は、現実の記号を含む世界と、記号から「類似化」と「近接化」によって想像された物語の世界を、相互表出の関係において、記憶し、後に再生した、と言うこともできよう。

　それにしても、無意味で複雑な公式を、十五年後に予告もなく求められて、即座に誤りなく再生するとは！

　これは、実は、古来ギリシャの雄弁術に見られる『記憶術』の一般的方法でもある（フランセス・A・イエイツ著、1993年、参照）。これについての紹介は、紙幅の制約から、断念するほかない。

§5　近接化による世界の豊饒化

　「近接化」による、我々の世界の豊饒化の例を二つ挙げよう。

　第一は、「円錐体断面の理論」の例である。

　アルンハイムによれば、「今日、われわれが同じ幾何学的家族の成員として取り扱うことのできるいろいろな形は、もとはそのような結びつきをもたなかった。それらが非常に簡潔で、自足的構造をもっているので、円、楕円、抛物線などはまったく違った構成原理をもった、独立の実体であると考えられた。」と言う。「これに対し、もしも、円錐体の断面を平行に保ちながら、あるいは方向を変えながら、うすく切ってゆくならば、その作業中に経過する円、楕円などの見どころはほとんど気づかれない。滑らかに移動するので、質的変化が感じられない。仮りに、円錐体の軸に平行して、断面が切られるとすれば、断面は、抛物線曲線となり、だんだん大きく、かつ尖ったものとなり、しまいには直角に交わる［(引用者注) 英文では "meeting at an angle" とあるので、「ある角度で交わる」とすべきところかと思われる］二本の直線になる。抛物線と角は連続する系列の部分であるが、性質が違う。同様に、断面を上から下へ垂直に下げるとすれば、断面は円錐体の頂点から出発

して、円になり、その大きさは大きくなるが、形は変わらない。断面の角度が変わり、傾斜するときは、状況は、変わる。この場合はまるい断面が伸びはじめ、楕円となり、長く長くなり、しまいには円錐体の輪郭と平行になり、その一辺から開いて、抛物線として展開する。ここでも、円、楕円、抛物線は連続した系列の位相ではあるが、質的に異なった図形である。」（アルンハイム．R. 著、1974年、230ページ：Arnheim, R.（1969）、p. 185.）。こうして、「楕円を歪んだ円として、直線を抛物線の極限の場合として、あらわにした」（同上所）。この発見は、「ポンスレの言葉でいえば、『観念を拡げ、連鎖によって、相互に離れているように見えた真理をつなげ、唯一つの定理のうちにたくさんの個別的真理を包摂できるようにする』。」（同上所）。ここで述べられている「円錐体断面の理論」は、今日の数学では既に常識となっており、例えば、標準的な解析幾何学の初歩的教科書（河田敬義・田村二郎・岩堀長慶著、1951年、83-85ページ）にも、詳しく説明されている。初め、ばらばらで関係があるとは見えなかった幾つもの幾何学的曲線と直線が、「近接化」によってまとめ上げられることにより、「円錐体断面」として取らえ直される。すると、例えば、交わる2直線が抛物線の極限と見なされ得るようになる。こうして、ばらばらなものが関係づけられ統合化されるのである。これは、「近接化」による見事な統合化の一事例である、と言えるであろう。

　第二は、最近関心がもたれるようになった「立体視」の例である。我々は、左目の世界と右目の世界を重ね合わせ、統合することによって、立体感と現実感のある世界を生み出している。そこで、そのように統合することのできるような左目像と右目像とをそれぞれに左目と右目で見るようにしたら、どうなるか。これは、空間的「近接化」によって、通常の立体視に似てはいるが異なっている人工的な立体化と現実化

を実現する、ということである。今日、にわかに注目され始めた「疑似現実」（Virtual Reality）もその一つの実現である。さらに、本書の第5章中の『共に育ちましょう』の写真を想起していただきたい。あそこでは、ちょうど左右の目の距離（約6.5から7センチ）だけ離れた2点から写した2枚の写真を用いていた。「この左右二つのレンズの間隔を基線長＝ステレオベースという」（赤瀬川原平著、1993年、34ページ）。仮に、「基線長＝ステレオベース」を、ある意味をもつ時間的あるいは空間的距離にしてみたらどうなるであろうか。カメラは一台、レンズは一つ、それで「飛行機で飛びながらチョンとシャッターを切り、しばらく飛んでからまたチョンとシャッターを切る。飛行機は速いから、その間に1キロ、2キロと飛んでいる。するとそれだけのステレオベースのステレオ写真が撮れる」（同前書、35ページ）。例えば、ステレオベースを極端に長くした、高い山のステレオ写真では、山の高低差が拡大されて、棒のように高い山のステレオ写真となる。高速道路を撮った航空写真では、高速道路が立体的に見える。それだけでなく、路面を走っている自動車が、ある時間を隔てた2点で写っており、「路面から浮き上がって見えるのがあり、路面にめり込んでいるように見えるものもある。何だろうと考えて、これは凄いと思った。・・・・・そのとき飛行機と逆方向に走っている車はズレ幅がさらに大きくなるので道路よりも上に飛び出す。また飛行機と同じ方向に走っている車はズレ幅がむしろ減るので路面より下にめり込む」。こうして、「一つ目を時差で二つ目にして見る立体も不思議なものが見えてくる」という（同前所）。川面を流れるゴミを時差撮影のステレオで撮るとどうなるか（同前書、36ページ）。流星の立体写真を1キロ離れた二つのカメラで撮ったらどうなるか（同前書、40ページ）。興味深い数々の発見が報告されている。以上は、空間あるいは時間の距離を縮めて、「近接化」して、しかも、

それを統合化して、立体視することにより、それまで見えていなかった現実の見方を実現している、とも解釈できるであろう。「近接化」により、我々の世界は、豊饒化する。

§6　類似化による世界の豊饒化

　前述したように、「メタファー」についての研究は、あまりにも膨大である。三十年も昔、私が最初に接した研究は、英文で読んだマックス・ブラックの比喩論であった。今日では、例えば、リクール、P．による『生きた隠喩』（1984年、岩波書店）のような名著も出版されていて、多様な学問による、メタファーについての理解を知ることができるだけでなく、さらに、それらを統合的にとらえる視点が示されている。さらに、リクールは、「比喩」（メタファ）と「物語」を、「意味の革新」、「意味論的革新」すなわち「新しい意味の発生」という点から、統合されるべきものとして、論じている。（リクール、P．著、1987年、I．）我々の脈絡から言えば、「メタファー」は、「物語」と並んで、新しい意味を生み出し、我々の世界を豊饒化する働きである、ということになる。それは、また、「類似化」による世界の豊饒化の一部なのである。一言付言すれば、言葉の意味は比喩から生まれ、辞書的意味は、実は、「死んだ比喩」なのである、ということも、かつての私にとっては、新鮮な発見であった。第1章で考えた、「教育」という言葉の語源的意味を想起して頂きたい。

§7　「新しい科学」の誕生：類似化による科学

　学問を分類する試みが、古くからさまざまに行われてきた。研究対象の性質によって、物質の階層的構造に対応する分類もある。また、自然科学、人文科学、社会科学などの分類もある。あるいは、自然科学も、

物理科学、生物科学、数理科学などに分類されたりする。こうした、科学の分類は、教育という観点から見てもたいへん重要である。新しい学問の発生ということは、新しいものの見方の発生を意味するし、したがって、人間によって発見された、したがって、他の人間によって学ばれる価値があるかもしれない、新しい世界観の誕生を意味するからである。また、教えたり学んだりする場合に、その内容をどのように類別し構造化するかという問題に、学問の分類は直接にかかわるからである。

　さて、ア・イ・ウエモフ（1962）は、これまでの分類では分類しきれない新しい科学が生まれていることを指摘して、次のような分類を提示していた。すなわち、「諸科学の三つのグループ」として、(1)　諸対象を、その諸性質のあらゆる多様性において研究する科学、その例としては、地球の表面についてのすべてを知ろうとする地理学。(2)　主として一定の諸対象における諸性質と諸関係の一定の複合を研究する諸科学、その例としては、科学の大多数。物理学、化学、生物学、・・・・などなど。そして、新しい科学として、(3)　個々の性質や関係を、その担い手の特殊性をまったく捨象して、研究する科学、その例として、サイバネティックス、情報科学、一般システム論、・・・など、である。

　新しい科学は、「システム」とか「構造」とかを中心概念として、さまざまな対象について、言わば、類似化を行い、当の対象にあるシステムあるいは構造を見いだし、その対象に対処する方法を見いだす科学である、とも言えよう。現代の花形旗手、システム・エンジニアーたちは、そうした新しい科学の発想と方法によって、極めて多様な対象や対象領域のシステム化に挑んでいる。数学が巨大な隠喩であるとするなら、ウエモフの言う新しい科学とは、「類似化」を最も意識的に用いた科学である、とも言える。そして、人間には、世界の豊饒化の方法として、新しい科学の誕生を促すほど、「類似化」は重要な働きを担ってい

ることを知るのである。

§8　アナロジー教育の実践：サイネクテックスの授業

そうした「類似化」の一種としての、「アナロジー」を生かした教育実践がある。これは、アメリカの例である。企業での新製品開発に有効な方法として生まれた、「サイネクテックス」（Synectics）という方法を、学校教育の場に取り入れたものである。サイネクテックスでは、隠喩的教育活動（Metaphoric Activity）として、3種を考える。すなわち、(1)個人的アナロジーPersonal Analogy：例えば、「君のお気に入りの本になったつもりで、自分のことをお話してご覧。君の3つの願いは何？」といった質問からアナロジー化に誘う活動である。(2)直接的アナロジーDirect Analogy：例えば、「学校はどのようにサラダに似ていますか？」とか、「あなたのご両親はどのように冷凍ヨーグルトに似ていますか？」といった質問から、アナロジー化に誘う。(3)圧縮された葛藤Compressed Conflict：例えば、「コンピュータはどのように内気で攻撃的ですか？」と聞いて、そこから、対象の性質の新しい見方を発

疎遠なものを親近にするための文法

（1）導　入：先生が新しいトピックについて情報を与える
（2）直接的アナロジー：
　　　　　先生が直接的アナロジーを示唆し、生徒にアナロジーの記述を求める
（3）個人的アナロジー：生徒に直接的アナロジーに「成らせる」
（4）アナロジーを比較する：
　　　　　生徒は、新しい資料と直接的アナロジーとの類似性を同定し説明する
（5）差異を説明する：生徒がアナロジーが何処で成り立たないか説明する
（6）探索：生徒は、自分の言葉で、もとのトピックを探索する
（7）アナロジーを生成する：
　　　　　生徒は自分自身で直接的アナロジーを与え、その類似性と差異性を探索する

見していくアナロジー化の方法である。このようなアナロジーを用いて
行う授業のために、前頁の表に示すような「文法」が提示されている。
（Joyce, B. and Weil, M.（1980）、pp. 165−186）

　もちろん、現実の授業は、「文法」通りに運ぶとは限らないであろう
が、教育において「心の理」としての「類似化」を生かした大胆な試み
として、興味深い。

§9　「コトワザ」教育の実践：庄司和晃氏の授業実践

　日本には、「コトワザ」教育の優れた実践がある。庄司和晃氏による
授業実践である。「コトワザ」教育の体系化をめざす庄司氏は、「コトワ
ザ教育の目途は、大衆の『論理学』の摂取です。そして、その活用で
す。」とし、ねらいは、「感性的論理を身につける」ことだ、と書いてい
る。そのためには、大きく分けて、三つの活動がある。第一に、「伝承
コトワザとの縁結びをはかっていくこと（伝承コトワザとは昔から伝
わってきているコトワザのこと）」。第二に、「コトワザまじり文作りが
できるようになること（あるいはコトワザをまぜたお話ができるこ
と）」。第三に、「コトワザ作りが一応できるようになること（こうして
できたものを創作コトワザと呼んでおくことにします）」。そして、「そ
うしたプロセスにおいて、大衆の知的産物を軽蔑しないこと・真理や道
理は誰でもが相応に見つけ得ること・経験を結晶させることが大切であ
ること、等の思想形成に留意しつつ、その意識化にも心をとどめて行く
ことにします」とあり、「言葉への自覚度」を高めることを目標にして
いる、という（庄司和晃著、1987年、64−65ページ）。その実践の内容
はたいへん興味深く示唆に富むものである。ここでは、「身に覚えがな
いとか、やっても無駄だとか、ないしは方法が間違っているとか、の意
味を持つ一群」のコトワザで、伝承コトワザと小学生の創作コトワザと

を、それぞれ5つ合計10のコトワザを挙げる。そのうち小学生の創作は
どれか当てて見よ、というのが、庄司氏の読者への挑戦である。その10
のコトワザとは、「①卵にえさをやる。②わった茶碗をついでみる。③
手が手をかむ。④くらやみでかげを見る。⑤すりこぎでいもをもる。⑥
卵のからで海をわたる。⑦みみずの手をにぎる。⑧くわぬ飯がひげにつ
く。⑨山でつりをする。⑩ひょうたんでなまずをおさえる。」(正解は、
本章末尾に引用する)。さて、以上のうち、どれが小学生の創作であろ
うか。迷うとすれば、そして、全解者がほとんどいないとすれば、「伝
承コトワザと、小学生のコトワザとの近似です。それはつまり、大衆の
発想と子どもの発想との近似です」(同前書、92ページ)としている。

　コトワザは、我々の脈絡に位置付けて見れば、「類似化」の働きの表
現である。伝承コトワザの学習は、名も知らぬ昔の人が行った「類似
化」を、今、自ら再活性化して、蘇らせることであり、さらにそれを活
用して、そのような「類似化」によって物事を見ることを学ぶことであ
る。また、創作コトワザの学習は、伝承コトワザで学んだ物事の見方
を、自ら試みて、新たに自ら「類似化」を行い、それをコトワザとして
表現することである。こうした教育実践によって、子どもの生きられた
世界は次第に豊饒化していく。

§10　詩人　宮沢賢治（1896-1933）の授業

　詩人　宮沢賢治による、60数年前の、授業が、畑山博氏により、発掘さ
れ、記録され、紹介されている。その授業を受けた「紅顔の生徒達もも
う八十」(畑山　博著、1992年、230ページ)である。80歳の人々が、60
数年前の授業を鮮明に記憶していて、その詳細を聞き取りすることによ
り、文章化することができたのである。その一事だけでも、感動的な出
来事である、と私は思う。詳しくは、畑山氏の読みがいのある著作をご

自分でお読み頂くほかない。詩人である賢治は、思想を豊かに含む巧みな比喩を、授業でしばしば用いていたらしい。そのひとつを挙げよう。「人間というのはだから、細胞が集まってやっているお祭りなんですね」（同前書、77ページ）。この言葉に触発されて、私の心に、こんな言葉が、どこからともなく浮かんで来た。

　「教育というのはだから、人間が集まってやっているお祭りなんですね」。

　釈迦の教えにも、キリストの教えにも、比喩が多く用いられていることはよく知られている。教育者としてのキルケゴールや作家カフカの深い意味を秘めた巧みな比喩なども、よく知られているところである。

おわりに

　時間的、空間的近接化により新しい統合形象化［物語化］をしている人の世界へ、そうでない人の世界からの誕生、類似化により新しい統合形象化［比喩化］をしている人の世界へ、そうでない人の世界からの誕生、新しい世界へ、旧い世界からの誕生、この導き出しと導き入れという誕生、それが教育＝共育である、とも言えよう。言い換えれば、未だ「近接化と類似化」によって豊饒化していない貧しい世界から導き出され、豊饒化している豊かな世界へと導き入れられる、その導き出しと導き入れにより、さらに一層豊かな世界が二つの世界に現れる、それが、教育＝共育の営みなのである。

　（正解は、①③④⑦⑨だとのことである。庄司和晃著、1987年、116ページ参照）

13

具象化と抽象化

「数学は想像できる限りでもっとも巨大な隠喩」N. Wiener
具体につけ具体につけと念じ来てようやくに私に一つの確信　斎藤喜博

§1　具象化、あるいは具体化、と抽象化

　初めに、言葉の常識的理解から出発しよう。岩波国語辞典の説明には、「抽象」とは「多くの物や事柄や具体的な概念から、それらの範囲の全部に共通な属性を抜き出し、これを一般的な概念としてとらえること。」とある。関連する「捨象」は「（概念を抽象する作用の反面として）現象の特性・共通性以外を問題とせず、考えのうちから捨て去ること」とある。この二つの説明では、「共通な属性」、「特性」、「共通性」が「象」として表されているらしい、と読める。他方、「具象」は「物が実際に備えている形。多くは、美術で、『抽象』に対して言う。」とあり、「具体」には「（そのものが単に考えられるというだけでなく）形・姿を備えること。具象。」とあり、「抽象」と「対義語」であることが示されている。以上は、一般常識を私たちに代わって言い表してくれている、と言ってよい。「具体」ではなく「具象」をここで採るのは、両者がほぼ同義であると理解した上で、「心の理」として「・・・化する」のは、より広くは、「具体」へ向けてであるよりも「具象」に向けてではないかと考え、また、「抽象」と対称的な対語は「具体」よりも「具象」ではないかと考え、さらに、「心の理」を求める立場からは、「具象」に留めておくことがより適切ではないかと考えるからである。「象」は「ショウ」あるいは「かたち」であり、「目に見える姿。あらわれた物のかたち」で、「形象、万象、対象、印象、現象・・」などの

「象」である。そこで、「抽象化」は、より具象的な事物現象や概念から「抽象する」ことであり、「具象化」とは、より抽象的な事物現象や概念から「具象する」ことである、と理解することにしよう。後にも見るように、「具象」というも「抽象」いうも、互いに相対的な区別であることがわかる。ある物事や概念それ自体が絶対的固定的に「具象」であったり「抽象」であったりするのではなく、ある「抽象的」あるいは「具象的」な物事や概念を「抽象化」したり「具象化」したりして、相対的に、「抽象」として、あるいは、「具象」として、我々が理解したり経験したりするのである、と私は考える。そこで、我々によって「生きられる世界」としての「具象の世界」と「抽象の世界」も考えられることになる。我々は、それぞれの世界から導き出され、それぞれの世界に導き入れられることができる。そして、それぞれの世界で、学ぶことも、働くことも、遊ぶこともできる。教育＝共育とは、以上のようなもろもろの世界の間を、共に育つことを通じて、行き来することにより、両者を統合し、それぞれの生きられた世界を、さらに一層豊かにして行くことである、とおおよそ理解しておくことがでる。（注）

§2　具象から抽象への道の構造（1）

　「抽象」と「具象」あるいは「具体」との相互関係は、どう考えられるであろうか。

　かつて、S. I. ハヤカワ（1951年）は、その有名な「抽象のハシゴ」で、無限でまた常に変化しつつある諸特性をもつ「1．過程のレベル」から、「2．経験の対象」、「3．ベッシー」（眼前の特定の牝牛の名前）、「4．牝牛」、「5．家畜」、「6．農場資産」、「7．資産」、「8．富」というように「ハシゴ」を下から上へとのぼる「抽象の過程」で、次第に

（注）　心理学における「概念形成」の研究には、長い歴史がある。Pikas, A.(1964)は、ほぼ60年ほどの研究の歴史を検討し総括し、「概念形成」の定義に二つの系統があることを指摘していた。すなわち、「概念形成」を、一方の系列は、「特殊的なものを無視し、共通特徴を抽出すること」（"disregarding the particulars, and extracting the common features."）とし、他方の系列は、「相互に似ていない刺激に対する共通の反応」（"common response to dissimilar stimuli"）とする（Pikas, A. 1964. pp.231-232.）。前者は、第3章で述べた「一人称の心理学」あるいは「二人称の心理学」の視点からの定義であり、後者は、「三人称の心理学」の視点からの定義であることを、読者は、直ちに看破されるであろう。後者における "common" とする視点も "dissimilar" とする視点も、共に「三人称の心理学」の視点である。「概念形成」あるいは「抽象化」の当事者にとっては、"dissimilar" な刺激が "similar" と変化することこそが「抽象化」なのである。（さらにご関心をおもちの読者は、詳しくは、吉田章宏著、1978年、137-198ページ：Yoshida, Akihiro（1989）などもご参照下さい。）

「諸特性を落す」ことの必要を説き、より抽象の高いレベルへと上がっていく様子を図解していた（ハヤカワ、S. I. 著、1951年、151-153ページ）。「諸特性を落す」ことが抽象化である、とするこの理解によると、概念が、抽象のレベルを上へ上へと登るにつれて、内容の豊かさは次第に失われて行く、ということになる。確かに、そのような抽象化がある。だが、すべての抽象化がそうであるとか、このような抽象化で総てが尽くされるとか、言えるだろうか。「それは、皆さん自分で考えて見て下さい」。

§3　具象から抽象への発達の道（1）

　では、認知発達の道があるとしたら、それはどのようであろうか。つまり、人間の認識はどのような道を経て発達するのであろうか。このことに関しては、主として米仏における20数人の心理学者たちによる（1928年から）ほぼ40年にわたる発達研究を要約したオースベル（1984）によれば、「子どもの年齢に伴う認知的変化の側面」として、例えば、「より一般的・抽象的・範疇的な見方になり、実際的で、時間にしばられた、特定文脈による見方は少なくなる」、「抽象的な言語的シンボルや関係を理解して操作する能力や、抽象的な分類上の枠組を使える能力が次第に増すこと」、「ある概念や命題について、直接的な実際経験や具体的なイメージ、特定例を数多く体験することなどの手助けなしで、概念的関係を理解する能力が増すこと」、「より包括的でより高次の抽象化のストック［蓄え］をさらに多く獲得すること」などが挙げられている。そして、オースベルは、「実際の教育に関する限り、知的発達における諸変化のうちでもっとも重要なのは、認知機能が具体的から抽象的へと次第に移行することである」（オースベル、1984年、246ページ）としている。

§4 具象から抽象への道の構造（2）

　ただ「諸特性を落す」ことに尽きる過程としてなら、「具象」から「抽象」への道は、素朴には、一直線につながっているようなイメージも描かれうるであろう。

　しかし、ある一つの具象物から出発して抽象する「抽象化」の道は、決して一つではありえない。このことは容易にわかる。例えば、私の目の前にある「これ」、この「赤いリンゴ」は、抽象化されて、例えば、「赤いもの」としてとらえられるばかりではない。それは、「果実」、「果物」、「有機物」、「国産品」あるいは「輸入品」、「商品」、「静物」、「物体」、「存在物」・・・でもありうる。また、ある一つの抽象物から出発して具象する「具象化」の道も、決して一つではありえない。例えば、「存在物」は極めて抽象的な概念である。それは、具象化されて、ただ「物体」としてとらえられるばかりではない。さらに、「事物」や「人間」として、「家屋」、「家具」として、・・・、そして、「リンゴ」として、「このリンゴ」、「この本」として、・・・「これ」として、・・・具象化されることが可能である。こうして、具象としてとらえられた一つの物から抽象概念への抽象化の道も、抽象としてとらえた一つの概念から事物への具象化への道も、どちらも共に「一から多へ」の道でありえて、「一から一へ」の単純な道では決してないことがわかる。それに、のちに見るように、もし、それが「一から一へ」の道であったとしたなら、実は「抽象化」の必要もないことになるし、その働きが失われもするのである。

§5 我々は「何故、抽象化するのか」そして「何故、具象化するのか」

　我々は、何故、具象に留まらないで、抽象化するのであろうか。ま

た、何故、抽象に留まらないで、具象化するのであろうか。一つの理解として、次のようにも考えられる。まず、仮に、「抽象化」と「具象化」する人にとっては、必ず、その人がそのようにする「何故」という理由がある場合のみに、「抽象化」と「具象化」するのだとしよう。すると、その「何故」という理由が無いような場合が有り得るだろうか、ということが問題となる。そして、もし、その人にとってはその理由が全く存在しない場合があるとするならば、その場合には、その人は、「抽象化」や「具象化」をしない、ということになるであろう。そして、そのようなことが果たして有り得るであろうか。

　そこで、こんな可能性も、考えられる。そもそも、我々が「抽象化」や「具象化」をするのは、初めから、何らかの理由があって積極的に敢えてするのではない。そもそもの最初は、少なくとも、「抽象化」や「具象化」が、我々において起こってしまうのだ、という可能性である。

　以上のような可能性が大いにあるらしいことを、以下のローレンツの文章は指摘している。すなわち、「特定のはたらきに仕えるために発達してきたある装置が、思いがけなくまったく別種の機能を果たしうることが判る場合があるが、これは器官の発達においてばかりでなく、機械の技術的発展においてすらもそんなに珍しい現象ではない。かつて複利計算のために組みたてられた計算機が、積分や微分までも行なうという能力を示してその考案者自身をびっくりさせたことがある。同じようなことが知覚の恒常性作用に関しても起こる。われわれが知っているように、このはたらきのすべては物体の恒常性に仕えるために発達してきたものであるが、このことをひき起こす淘汰圧は、環境世界のある対象を信頼しうるかたちで再認するという必要性から生じたのだ。われわれにそのような能力を与えるその同じ生理的メカニズムが、驚くべきことに

は、一つの物体だけでなくむしろ一定の種類の諸物体の特徴をなすコンスタントな特性を取りだす、つまり抽象することもできるのである。これらのメカニズムは、種類にとっての恒常の要素でなくただ個々体にとっての特色をなすにすぎない特性は度外視することができる。いいかえれば、これらの個々の標識は、この種類のすべての個々の代表者に共通していて彼らすべてにとってのコンスタントな形態特徴を目だたせるだけの偶然的背景としてとり扱われる。そしてこの形態特質こそがその種類の特性として直接に知覚される。」（K．ローレンツ著、1974年、217-218ページ、下線は引用者による）

　つまり、我々が6章で見たように、一つの物をその物の見えが、その側面、位置、方向、我々の視点、互いの距離などの変化により多様に変化しても、それがその物であると再認できることは、我々が生きて行くうえで、どうしても必要な能力である。抽象的に言えば、それは、多様な差異性のなかに同一性を見るという能力である。そして、我々は、幸いにして、その能力を備えている。もし、備えていなかったら、生きていなかったであろう。生きていることが、そのまま、その能力を備えていることの、言わば「証し」なのである。ところが、その能力が、「驚くべきことには、」そのままで、「一定の種類の諸物体の特徴をなすコンスタントな特性を取りだす、つまり抽象すること」に役立ってしまう、というのが、ローレンツの指摘であろう。ことに「コンスタントな形態特徴」の「抽象化」や「具象化」は、人間において起こる必然性がある、というのである。

　私は、以上の指摘から、さらに次のように考える。抽象化の働きの基礎となった「知覚の恒常性作用」は、後になって「ある物事」の多様に変化するもろもろの「見え」であった、とわかるような、そのもろもろの「見え」から、それらのもろもろの「見え」がそこから発している源

泉とも言うべき「その事物」を、「その事物」として認めることである。この働きの背景に、我々は、「変化の中の不変」を求める「心の理」を見ることができる。この働きは、もろもろの「見え」が「その事物」に発する「見え」であるということがそもそもの最初から確かめられていて、働き始めるのではない。そうではなくて、この働きは、むしろ、働きながら、多様な「見え」を「ある事物」に発する「見え」であるというようにまとめあげて行く、というような具合にして、それらもろもろの「見え」をそれらを発する源泉である「その事物」から発した「見え」として、「その事物」に向けて、言わばまとめあげて行くのである。このようにして、「物体の知覚の恒常性作用」が成り立っているのである。してみると、この働きから進んで、今度は、まず、多様な「見え」から発して、その「見え」の背後に「同一なるもの」あるいは「不変なるもの」を見いだそうとして、それら多様な「見え」を、その「同一なるもの」、「不変なるもの」を源泉として発している「見え」としてとらえるに至るのは、ほんのもう一歩に過ぎないということが、見えてくる。こうして、「抽象化」は、例えば、時空の変化に伴って、多様に変化する事物現象の「見え」から発して、その背後に、「同一なる物」「不変なるもの」を見ることに向かったり、あるいは、「象」（かたち）、「構造」、「関係」などの多様な変化の「見え」から発して、その背後に、それらの変化を透かして見えてくるさらなる不変の「象」（かたち）を見ることに向かったりするようになる。

　そもそも、「学問する」という人間の営みは、「変化するもの」の中に「不変なもの」を求め、「不変なもの」の中に「変化するもの」を求める営みである、とも言えよう。さらに、そうした営みのもろもろの変化の中に、「不変なもの」を「人間の心の理」として求めるのが、「教育の心理」を「学問する」ことであるということとなる。抽象化と具象化は、

この営みにおける相補的な二つの中心的な働きである。

　ところで、「抽象化」が必然的に自然発生するという指摘は、言うまでもなく、「抽象化」や「具象化」により、我々の世界が豊かになるということを否定するものではない。

　我々が「抽象化」や「具象化」が自然に起こるに任せていた段階から、我々の世界におけるそれらの積極的な意味に、そして恐らく後には、その消極的な意味にも、気づき、それをはっきりと認めて、今度は、自発的、能動的、意図的、意識的に、敢えて「抽象化」や「具象化」を自律的に求めるようになる段階へ移行する、ということが起こる。この段階に立ったとき、その意図性や意識性の程度に応じて、「何故、抽象化するのか」、「何故、具象化するのか」との問いには、それぞれの抽象化と具象化に即して、明確に答えられるようになるであろう。

§6　「抽象化」と「具象化」による「生きられた世界」の変化

　ここでは、問いの方向を変えてみて、「抽象化する」そして「具象化する」ことによって、仮にそれをしなかった場合と比べて、我々の世界にどのような変化がもたらされるか、と問うてみよう。すると、「抽象化する」ことによって、我々にとっての世界は、絶え間無く、時々刻々、変化し、混沌の中にある世界から、ある安定した秩序ある世界が生まれてくるであろう、ということに気づく。そもそも「混沌」にしても「秩序」にしても、「抽象化」によって生まれた概念であるが、それはさて置こう。さて、そして、そのように安定した秩序ある世界においては、それまでの世界での経験が、多様な種類の「同一性」と「差異性」に基づいて、活かされる可能性が生まれる。つまり、以前経験したのと「同一」の物事に対しては、その「差異」にも配慮した上でなら、以前経験したということにより学ばれ蓄えられた経験の知恵を適用して

活かす可能性が生まれるのである。そして、そのようにして経験から生まれて蓄えられた知恵は、その経験を生きた本人ばかりでなく、その経験から抽象化された概念として他人に伝えられることにより、その他人においても活かされる可能性が生まれてくる。それは、最初の人の経験から生まれた知恵を、次の人は、言葉などを通じて、概念として、つまり物事の「差異性」の中の「同一性」として、そして、「反復」として、受け取って、それを自らが生きている自らの状況の中で「具体化」することにより、他人の経験を、言わばその果実として、活かすことが可能となったのである。こう考えると、「抽象化」も「具象化」も、ある経験を次の経験に生かすという必要からすれば、どちらも共に欠かすことができないことは明らかであろう。それは、「同一化」と「差異化」が経験において必然的で不可欠であることと直接に対応している。

§7 「抽象」と「具象」の「往復」の必要性

　そして、「抽象の世界」と「具象の世界」の往復の必要性がしばしば説かれることの理由も、以上のことから容易に理解されよう。もし、そのような往復がなく、一方の世界のみに生きるならば、「不変」のみを見て「変化」を見ず、「同一性」のみを見て「差異性」を見ず、あるいは、「変化」のみを見て「不変」を見ず、「差異性」のみを見て「同一性」を見ない、ということになるからである。

　たとえば、ハヤカワは、ある人々が「大なり小なりいつまでも或るレベルの抽象段階にこだわっている」、「立ち止まりレベルの抽象」と呼ばれる、言語的現象を紹介している。それは、（1）低いレベルの抽象にこだわり、より高い抽象に上がれない人々、それとは対照的に、（2）高いレベルの抽象にいつまでもしがみつき、より低いレベルの抽象についてはほとんど触れようとしない人々、などとして現れる。そして、こう書いている。（3）「面白い著作家、有益な話し手、正確な思想家、そ

して正しく適合する個人というものは、あらゆるレベルの抽象のハシゴを操作し、素早くなめらかにそして秩序あるしかたでより高いレベルからより低いレベルに、低いレベルから高いレベルに動ける人－－－その心はしなやかに巧みに美しく、まるで木の上のサルのような人である。」と（ハヤカワ、S.I. 著、1951年、165ページ、）。

　ここで、説かれている「面白い著作家、・・・」は、「抽象の世界」と「具象の世界」を自由自在に行き来することのできる「生きられた世界」の主、ということになろう。そして、そのような在り方をしていてこそ、初めて、自らの生きた経験を確かに次の経験に生かすことができる人であるのみならず、さらに、その経験を他人の次の経験に生かすべく、他人に伝えることができる人であり、他人から伝えられた他人の経験を自らの次の経験に生かすことができる人なのである。それだからこそ、「面白い著作家、有益な話し手、正確な思想家、そして正しく適合する個人」でありうるのであろう。

　「タトエバ」、庄司和晃氏は、この「抽象化」の道を「ツマリ」という言葉によって促される動きとして、そして、「具体化」の道を「タトエバ」という言葉によって促される動きとして、とらえておられる（庄司和晃著、1994年、206ページ）。これは、「ツマリ」、抽象化と具象化の往復の必要性を、簡にして要を得た言葉による表現で子ども達に促しておられるものであろう。そのような促しを、お説教や理屈としてではなくて、「言葉遊び」として、おこなっているのが、例えば、みなさんもおなじみの「言葉遊び」、「いろはに　こんぺいとう、こんぺいとうは　あまい、あまいは　さとう、さとうは　しろい、しろいは　ゆき、ゆきは　きえる、きえるは　でんき、でんきは　ひかる、ひかるは　おやじのはげあたま」である。この言葉遊びは、巧まずして、抽象と具象の間の道は、一から一への道ではなくて、一から多への道であることを、易し

くしかも力をもって、教えてくれている。

　名著『論文の書き方』（清水幾太郎著、1959年）の「経験と抽象との間を往復しよう」という一章に、1950年代の日本で大学教師をしているある若い友人の話として書かれた、長く私の記憶に残っている印象深いエピソードがある。その友人は、一年から四年までの全ての大学生にリポートを提出させるのだが、全体としてみれば、「大変に大きな溝がある」二つのグループに分かれる、「一、二年生のリポートは、主として学生自身の経験を綿々と或いはダラダラと記述しているものが多い。・・・これと反対に、三、四年生になると、自分の経験の具体的な記述が急速に減ってしまい、その代りに、抽象的用語の使用が目立って殖えてくる。その多くは学術的用語であるが、経験との結びつきが全く欠けた、或いは、結びつきが甚だ曖昧な抽象的用語が盛に使用され始める。むしろ、濫用され始める、と言うべきであろう。抽象的用語を用いる必要がないと思われる個所でも、学生は好んでこれを用いる。・・・・どういう気持で、ひとりびとりの学生が一つの世界からもう一つの世界へ飛び移って行くのか、・・・・、飛び移って行くのは、一般には優れた学生の方であって、そうでない学生は、抽象的用語の世界へ入って行くことが出来ず、といって、自分の経験ばかりを書いているわけにも行かず、それきり、文章が書けなくなってしまうようである。」（同上書、150-151ページ）。

　このエピソードが今日の大学にも当てはまるかどうか、それはここでは問わないことにしよう。ただ、普遍性のある問題として、「飛び移り」の存在の指摘と、「抽象（的用語）の世界」に生きるようになる人々の存在、そこに移ることが出来ず、「経験」あるいは「具象」の世界に留まり、ついには、「文章が書けなくなってしまう」人々の存在の指摘がある。ちょうど、この若い友人は、この「飛び移り」に立ち会うことに

なった、ということであろう。そして、この先行きを考えて見ると、次のような可能性が考えられるであろう。

（1）　具象世界から抽象世界への「飛び移り」をついにしない人々。

（2）　具象世界から抽象世界への「飛び移り」の後、そこに留まってしまう人々。

（3）　具象世界から抽象世界への「飛び移り」の後、両世界の往復が自由になる人々。

　こうしてみると、これらは、ハヤカワの紹介に提起されていた「立ち止まりレベルの抽象」の現実化であり、それぞれハヤカワの（1）（2）（3）が上の（1）（2）（3）に、そのまま、対応していることは、これまた容易に見て取れよう。

　私の恩師東京大学名誉教授の東洋（あずま　ひろし）先生は、かつて、若い大学生が余りに抽象的な議論を弄していると、ゆったりとした口調で、「たとえば？」と不意に問いかけて、絶句させることがよくあった。先生は、学生に「タトエバ」と考える具象化の道を少しでも太くすべきことに気づかせようと、努めておられたようである。

§8　具象から抽象への発達の道（2）：「抽象・具象化」の「化」＝「操作」への注目

　「抽象の世界」と「具象の世界」の差異といえば、一方に「抽象概念」、他方に「具象概念」というそれぞれの世界の内容の差異に尽きるかのようにも響く。しかし、それは違うであろう。一人の人間が生きている世界における両世界の間の差異が、そのような概念の種類の差異だけに終わっている場合は、実は、まだ、両世界を往復することの真の必要性も生じない。抽象の世界の力も発揮されない。むしろ、「抽象の世界」からは「不毛な抽象論議」しか生まれない。

「抽象化」では「具象化」とは異なる種類の「・・化」が見られる。それが、両世界の基本的差異というべきであろう。その差異は、それぞれの世界で用いられる概念を生み出し相互に関係づける「・・化」の差異である。著名なジャン・ピアジェ（J. Piaget）の発生認識論で「操作」と呼ぶのはこの「・・・化」であるとも考えられる。膨大な理論的研究と多種多様な実証的実験的研究に裏付けられた発達段階に関するその研究では、子どもの認識は加齢にしたがって、順に、「感覚運動的段階」から、「前操作的思考の段階」、「具体的操作の段階」、「形式的操作の段階」へと発達するとされている。具体から抽象へという発達を、そこで主として用いられている「・・・化」としての「操作」に着目した段階論である、とも理解される。具象的なものに束縛されて、それから解放されていない操作しか可能でない段階、具象的なものの束縛から次第に解放されて抽象的なものの操作が現れ始める段階、そして、抽象的なものを抽象的なものとして操作し始める段階、として区別される。ここでは、その詳細を紹介する余裕はない。が、我々の文脈において、次のことだけは述べておこう。「具体的操作の段階」においては、抽象的なもの、可能的なものは、現実的なものを手掛かりとしながら言わば手探りで操作されるに過ぎないが、「形式的操作の段階」では、仮説演繹的思考、「このように前提すると、帰結はこうなる」「仮にこのように仮定してみよう、すると、結果はどうなるだろうか」とか、「もしもこうだったとしたら、その結果はどうなるか」とか、組織的かつ体系的に、可能的なものを操作することができるようになり、初めて、現実性を可能性のなかの一つとして抽象的にとらえることができるようになる。こうして、真の抽象概念には、それを生み出す力をもったもろもろの操作がその基礎にある、そのもろもろの操作が可能になって行くのがこの「形式的操作の段階」なのだ、といってよい（注）。

（注）（この研究への関心を触発された読者は、ピアジェ著、1967年、など多数の邦訳書：また、その研究を概観した、Flavell, John H.（1963）などをご参照頂きたい。）

§9 具象から抽象への道の構造（3）：多様な抽象化と具象化

先に見たように、最も具象的な「この赤いリンゴ」の諸属性に関して
でさえ、具象から抽象への道は「一から多へ」の道であり、また最も抽
象的な「存在物」という概念に関しても、抽象から具象への道は「一か
ら多へ」の道であった。

そこで、我々は問うことができる。「では、抽象概念とは、基本的に
は一種類なのであろうか。」と。そして、「抽象化とは、一種類の操作な
のであろうか。」と。

これは、そうではないことが、私には確信できる。しかし、では、ど
のように多様であるかについて、その膨大で多様な可能性の総体のあり
ようを、簡潔に説明することは、現在の私の力では極めて困難で、でき
ない。そのことを読者に申し訳無いと思う。そこで、仮に、以下のよう
に説明するに留めて、先に進むことをお許しいただきたい。

「抽象化」とは、相対的に具象的なもろもろ事物現象、相対的に具象
的なもろもろの経験、あるいは相対的に具象的なもろもろ概念、などを
越えて、変化のなかに不変な同一性を「見る」ことを求める働きであ
る。そして、そのような「同一性を見る」働きは多様であり、その多様
さに対応して「抽象化」も多様である。我々は、もろもろの「先生」
が、多様な「抽象化」によって「見た」「同一性」を、「反復」として、
そうした「先生」による多様な「抽象概念」を学ぶことにより、「先
生」と同じように「見る」ことを学ぶのである。これが教育＝共育の一
つの側面である。それはまた、「抽象概念」による「可視化」、あるい
は、「抽象概念」の「可視化」による、我々の「能視化」（我々が「視
る」こと「能う」（あたう）ように「化する」こと）である。より広く
言えば、「可覚化」とそれによる「能覚化」（我々が「感覚・知覚する」
こと「能う」ように「化する」こと）と言ってもよいであろう。（注）

（注）　教育における「可視化」と「能視化」の意味については、吉田章宏、1991年、
　　　112-113ページ、に述べておいた。

では、多種多様な「抽象化」は互いにどのような関係にあり、全体としてどのような組織体系を成しているであろうか。そのことを明らかにすること自体、極めて多様で強力な「抽象化」を必要とすることは、明らかであろう。

　そのような組織体系の詳細を一つひとつていねいに明らかにする試みのひとつと見ることも出来る著作として、例えば、フッサール、E．著1975年『経験と判断』、あるいは、それにつながる一連の労作を挙げることができよう。フッサールによる精緻を極めた解明は、多種多様な「抽象化」が存在することを確信させてくれるに十分である。それと共に、余りに素朴な「抽象化」についての余りに素朴なイメージ、具象・抽象観、の不適切性をも確信させてくれる。しかし、繰り返せば、その複雑な全容の詳細を「簡潔に説明することは、現在の私の力では極めて困難」である。

　数学に、ことに代数学に、多少とも通じておられる方々のために、さらに一言しておこう。集合論という数学理論がある。集合（set）とは、要素（element）の集まりである。そして、集合論は、ある一つの解釈によれば、「古い集合から新しい集合を作る」ことの理論である。そこで、ある要素の集合が、母集合として与えられると、集合論によって、その要素を基底として作られる可能な「新しい集合」、言わばその母集合から生まれうる家族の成員、のすべてが理論的に見通せることになる。そして、概念を、ある仕方で、集合に対応させるなら、集合論は、具体概念と抽象概念の可能なものすべてを、理論的に視野に収めることができる。「新しい集合」には、「部分集合」、「合併」、「共通部分集合」、「補集合」、「積集合」、「射影」、「切断」、「冪集合」、そして、それらの「部分集合」、「積集合」、「冪集合」など、そして、・・・・・。そのことから確信できるのは、「抽象化」は多種多様だということであ

り、また、無限とも言うべき多種多様な「抽象概念」が可能だということである。その詳細は、吉田章宏著、1978年、Yoshida, Akihiro (1989) などに譲るほかない。ここでは、「抽象化」と「抽象概念」の無限性と多様性を組織的に直接に示すことは諦めて、ただ、その一端をかいま見ることのみを以下で試みて見よう。

§10 「□△○」の空想的小宇宙での抽象化と具象化

古田紹欽著『仙厓』によれば、鈴木大拙禅師は、仙厓禅師のあの「□△○」の禅画を「ユニバース」（宇宙）と解釈されたという。この解釈自体についても、多様な解釈が可能であろう。ここでは、「抽象化」や「概念形成」などに関する心理学実験でしばしば用いられる材料に関係づけて、「□△○」の空想的小宇宙での抽象化の多様性と無限性を見てみよう。

仮に、一つの荒唐無稽な小宇宙を空想してみる。その小宇宙には、（四角、三角、円）、（赤、青、黄）、（大、中、小）のいずれかの属性をもつ図形27枚だけしか存在しないとする。その空想的な小宇宙に生まれた人間、あるいはその宇宙に住んでいる人間には、「抽象化」によって、少なくとも、次のような「抽象概念」を形づくることが可能であることを示すことができる。すなわち、まず、（「赤く四角い大」、「青く四角い中」、「黄の四角い小」、・・・）などの経験から、ある抽象化により、それらの同一性、あるいは反復、として抽象概念「四角」が現われてくる。・・・・。さらに、（「四角形」、「三角形」、「円形」）から「形」、（「赤色」、「青色」、「黄色」）から「色」、（「大」、「中」、「小」）から「大きさ」が現われてくる。そして、（「形」）、「色」、「大きさ」）から抽象概念「属性」が現われてくる。さらに、{（「大」、「中」）、（「中」、「小」）、（「大」、「小」）} から、「大小関係」なども。さらに、「対関係」、

「部分」と「全体」なども。そして、「関係」なども。そして、「1」、「2」、「3」、・・・なども。「同一」と「差異」、「反復」なども。・・・。そして、「全存在物」、「世界」、「宇宙」なども。「存在」、「不在」さえも。「知覚」、「記憶」、「予期」、「想像」なども。そして、時には「時間」や「歴史」さえも。「概念」、「抽象」、「抽象化」、「具象」、「具象化」なども。そして、さらに抽象概念「私」なども、長い間には現われうるかもしれない。こうして見ると、この空想的小宇宙が、最初見た目ほどには、決して貧しくないことがわかる。では、それぞれの抽象概念はどのような「抽象化」によって生まれるであろうか。「それは、皆さん自分で考えてみて下さい」。

　大拙の言葉にそのような意味がありえたと解釈するのは、やや牽強付会（こじつけ）に過ぎようか。だが、もしさらに、「□△○」が、紹介されているように、例えば、「地、火、水」、「釈迦、孔子、老子」、あるは、「天台、真言、禅」を表しているとしたら？

§11　多種多様で「抽象化」と「具象化」の豊かさ

　一見単純で内容の貧しいあの「□△○」の空想的小宇宙にさえ、上記のような豊かさがありうるとしたら、我々の現実の宇宙の豊かさには、ただ目のくらむ思いがする。

　「抽象化」について「視覚的思考」という統合のもとに、豊かで生きた考察を展開しているR．アルンハイムは、多少の解釈を交えて紹介すれば、人が物を見る態度には三つある、とおおよそ次のように述べている（アルンハイム、R．1974年、66-69ページ：R. Arnheim 1969. pp.43-45. を参照）。第一は、その物の置かれている脈絡の貢献をその物自体の属性として知覚してしまう「還元的」態度である。これは、緑の光の下のレタスの色も、見えるがままの緑色だと見る態度である。こ

のような態度によれば、脈絡が変われば、その物の属性、例えばレタスの色、も変わると知覚されることになる。第二は、その物の置かれている脈絡の効果を物の特性から差し引いて、その物自体の性質をとらえようとする、日常生活の「実際的」態度であり、これはまた、現象それ自体の性質を確立しようとする「科学者的」態度でもある。緑の光の下のレタスを、それ自体の色を見極めようと、そして、それが見かけほど色よくないのでは、と疑い深く見ようとする主婦の態度がこれである。あるいは、レタスそれ自体の色を確立しようとする研究者の態度でもある。これに対して、第三は、物が場面から場面へと移り行くにつれて蒙る、無限でしばしば奥深くめまいを覚えさせる程のもろもろの変化の豊かさを、味わい楽しむ「審美的」態度である。この態度においては、物の「同一性」は、無限に多様な見えの中で繰り広げられることになる。このような態度によって見て取られる「同一性」としての「抽象概念」は、具体的・具象的な経験や事物現象から遊離しない。これに対して、第二の態度による「抽象概念」は、常に同一で、定義、分類、学習とその利用を容易にするが、具体的経験の支えを与えてくれないため、抽象世界と具象世界との往復を困難とする場合がある、とも言えよう。それに対して、第三の態度による抽象化においては、そこで現れる抽象概念の背景あるいは基礎には、無数の多種多様な具象物あるいは具象概念か控えていることになるので、たとえば抽象概念のみで論じていても、「タトエバ」と尋ねられれば、直ちに、多種多様な具体例が挙げられることが可能となる。それは、豊かな具象を背後に率いた豊かな抽象化なのである。このことは、先に述べたローレンツの見解にもつながっている。言ってみれば、第三の態度による「抽象概念」は、ヘーゲルの言った「経験を積んだ大人にとっての格言」のようなものであり、第二の態度によるそれは、「タトエバ？」と尋ねられて、狼狽する大学生の若者

にとっての「格言」や「抽象理論」のようなものなのである。

　すべての学問において、「抽象概念」が現れる。それは、その学問を形成した先人たちが、その対象とする事物現象における「同一なもの」「不変なもの」を新たに見ることを学び、その見方を確かな見方として確定し、保存し、他者にも伝達し、学問として伝承しようとしたころから生まれたものであろう。例えば、学ぶのが困難とされている、マルクスの「価値」概念も、ある特別の「抽象化」によって、ある意味では、第2章でみた「顔の広い人」という概念と同様の「抽象化」によって、作られた概念であることがわかる。

　また、例えば、R．アルンハイムは、「入れ物」概念と「型」概念の区別を提唱している。「型」概念は、マックス・ウエーバーの有名な「理念型」のようなものである。また、例えば、「数」、「夢」、「嘘」と「誤り」、「心」、「魂」、「精神」、「教育」、「授業」などの概念は、どんな「抽象化」で得られるであろうか。

　「それは、皆さん自分で考えて見て下さい」。

　「抽象化」が多種多様であることに対応して「抽象概念」もまた多種多様である。

　互いに照らし合い、補い合い、重なり合う抽象世界と具象世界が、「一から多」と「多から一」への、多種多様な「抽象化」と「具象化」により多様化され統合化されて、我々の生きられた世界は、ますます豊かになって行く。教育＝共育は、そのような多様化と統合化により、我々の世界の豊饒化を可能にしてくれる。

現実化と虚構化

露とおき露と消えぬる我身かな　難波のことは夢のまた夢　豊太閤
「飢えて死ぬ子供の前で文学は有効か？」
旅に病で夢は枯野をかけ廻(めぐ)る　芭蕉「笈日記」

　本章では、教育における「現実化と虚構化」を主題化とする。それ
は、教育において「現実か？」とか「虚構か？」とか問うことでもあ
る。
　すでに、我々は、5章で、我々一人ひとりの「生きられた世界」は、
多元的な世界であって、「至高の現実」から発する多種多様なもろもろ
の下位世界から成っている世界である、ということを見て来た。「虚構
の世界」は、そのような下位世界の内でも、特別の重要性をもつ下位世
界である。「虚構化」はその「虚構の世界」を生み出す心の働きであ
る。人間の世界は「現実の世界」と「虚構の世界」から成る、とさえも
言える。両者は、相互に循環し浸透し補完し合って、人間の生きられた
世界をさらに豊饒化している。

§1　「現実の世界」と「虚構の世界」

　「虚構」とは、岩波国語辞典によれば、「実際にはない、作り上げた
こと。作り事を仕組むこと。フィクション。」とある。「作り事」とは、
「ないことをあるようにいいなした事柄。事実をまげた事柄。」とあ
る。さらに「フィクション」は、「①想像によって架空の筋や事柄をつ

くること。仮構。虚構。②創作。小説」と説明されている。

　こうした説明から受ける「虚構」についての印象は、あまり良いものではないように思われる。「ないことをあるようにいいなす」などは、「嘘をつく」にも等しく、「事実をまげる」に至っては、許しがたい不道徳的行為とも映る。小説もその類いの営みとすれば、人間の真実を追求する営みにとって、邪魔にこそなれ、貢献をするような働きは、期待できないのではないか。そんな風にも考えられよう。「虚構」に対して、好意的になるか非好意的になるか、それは、しばらく置くことにして、「虚構」とは何か、「虚構化」とは何か、そして、「虚構の世界」とは何であり、人間の生きる世界において、どのような意味があるのか、などの複雑で多様な問題群の一端を覗いてみることにしたい。

　（Ａ）「虚構の世界」も、人間の現実である。
　（Ｂ）「虚構の世界」は、人間の現実ではない。
　あなたは、（Ａ）と（Ｂ）のいずれを、ご自分の考えとしてもっておられるであろうか。どちらが、「正しい」とお考えであろうか。

　表面的には、（Ａ）と（Ｂ）は互いに矛盾しており、どちらか一方が正しければ他方は間違っている、ということになりそうである。そして、それぞれを支持する議論も考えることができよう。

　しかし、仮に、両方が正しいとしたらどうか。そして、両方が正しいのである。ただし、それは、それぞれが「人間の現実」を異なる仕方でとらえているのであるし、それに伴って、「虚構の世界」もまた、異なる仕方でとらえている、とした場合である。

　このことを、「数」（Number）の場合を用いて、比喩的に説明してみたい。あなたは、（ａ）と（ｂ）のそれぞれにおいて、いずれを、ご自分の考えとしてもっておられるであろうか。どちらが、「正しい」と

お考えであろうか。

　（ａ）「マイナスの数」も、数である。

　（ｂ）「マイナスの数」は、数ではない。

　これらは、互いに矛盾していて両立しない。しかし、それぞれが正しい。そして、両方とも、正しいのである。

　例えば、人類の数の歴史の中では、まず、自然数が知られるようになり、偶数と奇数、素数、小数、分数、無理数、有理数、・・などが知られるようになったが、しかし、さらに後の時代に知られるようになる「マイナスの数」（負数）は未だ知られていないという時代があったであろう。その時代の人間の世界においては、（ｂ）「マイナスの数」などというものは、「数ではない」のである。なぜなら、当時の人々にとって、ある数はそれよりも大きな数からしか引けないからであり、小さな数から大きな数を引くなどということは、不可能だったからである。ところが、今日では、中学一年の５月には数学では、「プラスの数とマイナスの数」（「正数と負数」）が導入される。そして、その後では、それを習得した生徒たちの世界においてさえ、当然のことながら、＜（ａ）「マイナスの数」も、数である＞、とされるであろう。そして、自然数は、「整数」の一部として、「正の整数」として、とらえ直されることになる。こうして、人間の「数」の世界が広がるのである。

　では、次の（ａ′）と（ｂ′）については、どうであろうか。

　（ａ′）「虚数」も、数である。

　（ｂ′）「虚数」は、数ではない。

　これらも、やはり、互いに矛盾していて両立しない。しかし、それぞれが正しく、そして、両方とも正しいのである。ただし、いうまでもなく、それぞれにおいて考えられている、「虚数」、「数」が異なるからである。事情は、「マイナスの数」（負数）の場合と同様である。

ブルバキの『数学史』にある。代数学の歴史においては、「一方で
は、抽象的法則の表現に適した代数記号の体系が、発展させられなけれ
ばならず、また一方では《数》の概念が拡張されて、いろいろな特殊の
場合の観察から、一般的な理解へと高められなければならなかった」と
あり、零の場合を例外として、「・・・この数の拡張に共通する性格
は、（少なくとも最初は）純粋に《形式的》である。というのは、新し
い《数》は、厳密な定義からすれば何の意味ももたない条件の下で、演
算をしてしまった結果として、まず現れる（たとえば a ＜ b のときの自
然数の差 a － b）。そこから《うその》、《架空の》、《不合理な》、《不可
能な》、《想像上の》あるいは《虚》などといった名前が、それに与えら
れる。・・・、新参者はこうして数学における市民権を獲得する」（ブ
ルバキ著、1970年、69－70ページ、下線は引用者による。）と。

さて、では、以上を心に留めながら、我々の最初の問題に戻ろう。

（Ａ）「虚構の世界」も、人間の現実である。

（Ｂ）「虚構の世界」は、人間の現実ではない。

　これも、上に述べた、「マイナスの数」あるいは「虚数」の場合と同
じ構造をしている問題であることが、見えてくるであろう。「現実と虚
構」の「実と虚」は、図らずも、「実数と虚数」の「実と虚」であるこ
とは、興味深いではないか。（Ａ）と（Ｂ）とでは、考えられている
「人間の現実」の豊かさが異なるのである。ちょうど「実数の世界」は
「虚数の世界」と互いに補いあって、より豊かな「複素数の世界」を構
成するように。（Ａ）で考えられている「人間の現実」は、「現実の世
界」と「虚構の世界」とが互いに補いあい、意味付け合い、浸透しあっ
て、より豊かになっているのである。

§2 「現実的」と「現実性」の概念は、反省以前には、存在しない

　人間の世界における「虚構」あるいは「仮構」については、次のような事情が、現象学の始祖フッサールによって、指摘されている。

　「自然的立場においては、さしあたり（反省以前には）「現実的」という述語や「現実性」という類概念は存在しない。われわれが空想し、空想上の生活の（したがって、あらゆる様相の疑似経験の）立場から、あたえられた現実に移行するとき、そしてそのさい、偶然の個別的空想や空想物をこえて、それらを可能な空想一般ないし仮構物一般の見本とみなすとき、はじめて、仮構物（ないし空想）という概念が生じ、他方には『可能な経験一般』とか『現実性』といった概念が生ずる。

　そのさい仮構物とは、経験とその土台を出発点とする空想経験によって定立された対象であり、まさに空想という様相で意識される志向的対象である。空想世界にいきる空想者（『夢想者』）については、かれは仮構物を仮構物として定立している、ということはできない。かれは変様された現実を、かのようにの現実をもつのである。かのようにという性格があらわれるのは、自我が経験的自我であり、変様されない第一次の行為を遂行し、そうした行為のもとで、内的意識において、変様された性格をもつ対象を空想する、という事態とつねにむすびついている。経験のなかに生きつつ、そこから空想の世界に『はいりこみ』、空想対象と経験対象を比較対照するとき、はじめてひとは仮構および現実という概念を手にいれることができる。といっても、むろんわれわれは、あらゆる概念的把握以前に対照が存在するといわねばならない。第一次段階で経験される現実と、そのなかで構成される高次の現実とは、必然的な現実連関を形成するが、その連関から発生してくる空想物はすべて、それ自身としてはまさしく連関のそとにあり、世界の仮構的部分として経験世界と『対照』される。そこに現実的なものと変様されたものとの独

得の関係が基礎づけられる（中略）。／ふたつを対立させてみると、そこに一般的な本質的共通性があらわれてくる。こちらの『対象』もあちらの『対象』もそれぞれに個別であり、時間のうえにひろがり——要するにすべて述語化可能である。だが空想『対象』は端的な対象世界の内部にある『仮象』である。それが空想対象として存在するのは、自我や、自我の端的な対象および体験と関係する、行為の相関者であるからにすぎない。したがって引用符つきの対象も空想のなかで変様され、二重の引用符をつけられることになる。」（フッサール、Ｅ．著、1975年、285-286ページ、原著傍点は下線で代用）。

　詳細で正確な表現であるが、少し、難解かもしれない。前半の部分を、大ざっぱに、平たく言い直せば、こんなことになろうか。

　常識的で日常的、まだ哲学的に反省をする以前の立場にたっている人は、自分がそのような立場にたっているということも自覚されてはいないのであるが、「現実的」とか「現実性」という言葉を使ったとしても、本当にその概念がつかめているわけではない。たまたまある物事を空想したり、空想に耽ったりして、いわば空想世界に遊んだのちに、ふと、我に返って、現実世界に立ち戻るとき、それまで空想していたその特定の物事や、空想した世界を、ただ、その特定の空想物とか特定の空想世界としてしかとらえないからである。そうではなくて、それらが、有り得るいろいろな空想物や空想世界のうちの、言わば見本の一例であったのだ、というように見ることができるようになったとき、初めて、「虚構」、「虚構の世界」、「空想」などという概念をつかむことができたのであり、それと対応して、「現実性」とか「ありうる経験というもの」という概念もつかめるようになるのだ、と。

　以下は、フッサールの厳密な本文に即して、同様の仕方で、ご自分で、読み解くことを試みていただきたい。

ここで、「空想世界にいきる空想者（『夢想者』）については、かれは
仮構物を仮構物として定立している、ということはできない。かれは変
様された現実を、かのようにの現実をもつのである。」という箇所が、
ことに興味深い。この言葉は、次の、有名な「胡蝶の夢」を連想させる
からである。

　「胡蝶の夢」：「いつか荘周（わたし）は夢のなかで胡蝶（こちょう）
になっていた。そのとき私は喜々として胡蝶そのものであった。ただ楽
しいばかりで、心ゆくままに飛びまわっていた。そして、自分が胡蝶で
あることに気づかなかった。／ところが、突然目がさめてみると、まぎ
れもなく荘周そのものであった。／いったい荘周が胡蝶の夢を見ていた
のか、それとも胡蝶が荘周の夢を見ていたのか、私にはわからない。／
けれども荘周と胡蝶とでは、確かに区別があるはずである。それにもか
かわらず、その区別がつかないのは、なぜだろうか。／ほかでもな
い。／これが物の変化というものだからである。」（小川環樹編、1978
年、201－202ページ）。夢も、「生きられた夢」としては、現実である。
そのような立場からすれば、夢見ている間は、夢の世界が現実であり、
目覚めている間は目覚めた世界が現実である。

　「夢の世界」と「現の世界」の両者を、比較対照する、より高次の世
界の立場にたつようになった時、初めて、「夢」と「現実」の概念を手
に入れることができるのである。それは、「虚構」あるいは「仮構」と
「現実」という概念について、「経験のなかに生きつつ、そこから空想
の世界に『はいりこみ』、空想対象と経験対象を比較対照するとき、は
じめてひとは仮構および現実という概念を手にいれることができる」
（フッサール、同前所）のも、それと同様なのである。

　既に5章で紹介した、ウスラーが（1990年）、「夢としての夢の現象
学」と呼ぶのは、夢が現実として経験されているそのときの経験の意味

と構造を、ありのままに解き明かそうとする現象学である。したがって、それは、また、「世界としての夢の現象学：存在者として夢見られた存在者の現象学」とも呼ばれる。これに対して、夢の世界から「至高の現実」に立ち戻る、つまり目覚める、あるいは、「至高の現実」から夢の世界に移り行く、つまり、入眠する、その経験の現象学、それが、彼の呼ぶ「現実から夢への転回としての夢の現象学」である。そして、すっかり目覚めた後に、夢で見たことの意味を次第に解き明かして行くのが「意味として透けて見えるようになる夢の現象学」ということになる。

　さて、我々は、5章で、人間の世界の「多元的現実」を学んだ。しかし、我々がもし、ある現実、例えば「至高の現実」である日常的常識的な労働の世界を、絶対現実として、他の現実、他の下位世界、例えば「虚構の世界」を、単にその絶対現実の中に位置づけて、人間にとっては、「至高の現実」よりは、その現実味が薄い世界——幻のような世界——として、理解するとするならば、その理解は、「多元的現実論」を十分に正しく理解しているとは言えないのである。そのような誤解が起こるのは、実は、その誤解をする人自身が、「虚構の世界」を一つの現実として生きる経験をしたことがない、あるいは、そのような経験をしていても、それを自覚的に、「経験のなかに生きつつ、そこから空想の世界に『はいりこみ』、空想対象と経験対象を比較対照する」ことをしたことがない、という可能性があるからである。しかも、その経験をしたことのない人には、その経験をしたことがない、ということに気がつかない、という困難が伴っているのである。これは、悪夢を見てうなされている人にとって、その悪夢を見ている時は、それは現実性の希薄な「夢」などではなくて、まさしく、うなされる程に真に迫った「現実」として経験されている、という事情に似ている。それが「なあんだ、夢だったのか」と言えるのは、夢から覚めてからのことで、夢でう

なされている最中ではないであろう。

§3　現実と虚構の区別は、必ずしも常に、明晰判明ではないということ

　例えば、子どもにとって、虚構と現実は、どのように区別されている
であろうか。私の個人的経験で恐縮であるが、こんな鮮やかな記憶があ
る。私の子どもがまだ幼稚園に通っていた年齢のころのことである。テ
レビをよく見ていた。ドラマで殺人事件が演じられていたり、あるい
は、報道ニュースで交通事故の様子が報道されていたりする画面などを
みるたびに、子どもは私の方を振り返っては、「これ、ほんとのこ
と？」と尋ねることがよくあった。例えば、ドラマの殺人事件に警察の
パトロール・カーが登場すれば、一見、ニュース報道でのパトロール・
カーの登場と同じように見える。そこで、「ほんとのこと？」と、大人
であり親である私に確かめようとすることになる。私が「ほんとのこと
じゃないよ」というと、「なーんだ」と言って、ほっと安心し笑顔をみ
せて、また、テレビ画面に向かう、そんなことがよくあった。そもそ
も、テレビ画面には、「これは現実です」（本当です）とか、「これは虚
構です」（嘘です）などと、スーパーが付けられているわけではない。
にもかかわらず、大人である私たちは、ニュース報道とテレビ・ドラマ
とをあまり混同せずに済ましている。これは、なぜなのだろうか。「そ
れは、皆さん自分で考えて見て下さい」。我々大人は、微妙な差異を敏
感に見分けながら、画面が現実の報道か虚構のドラマかを、危うく区別
しているに過ぎないのではないだろうか。かつて、まだテレビが登場す
る以前、ラジオ全盛時代のアメリカで、『火星からの侵略』（Invasion
from Mars.）というラジオ・ＳＦ（科学小説）ドラマが、ニュース風
に迫真力があり過ぎたために、聴取者に一大パニックを引き起こした、
という事件があったことは有名である。我々が、ラジオにせよ、テレビ

にせよ、虚構と現実の区別をしているのは、極めて微妙なところを見分けてなのであって、その混同や誤認が起こっても、むしろ当然のことのようにさえ思われてくる。

§4　虚構と現実を混同した一つの出来事

　ここに、一つの小さな出来事の記録がある。

　「『白ばらは散らず』は、最近、ミヒャエル・フェアヘーヘン監督のもとに映画化されて、わが国でも各地で上映されている。フェアヘーヘン監督は、その撮影記録の中に、一つの興味深い体験を記している。ミュンヘンの将軍廟前でカメラを回していたときのこと。ナチ時代のように《殉教者》の記念碑を再現して、その傍に二人の若い端役にナチの制服をきせて《儀杖衛兵》として立たせた。多くの通行人が立ちどまってじっとみるので、彼らには愉快な役ではなかった。そのとき、近くのワイン酒場から日本人観光客の一団が現れた。そのうちの一人は、端役の演ずる《儀杖衛兵》の横に立って仲間から写真をとってもらった。彼は、《記念》撮影後、丁寧にお辞儀をして去っていった・・・。現代日本の一部におけるある種の歴史感覚の喪失について、まことに暗示的ではなかろうか。」（宮田光雄著、1986年、41－42ページ）（注）

　蛇足であろうが、私の理解したところでは、ここには、表面的には一つの単純な出来事が起こったように見えて、実は、人々の間で、次のような現実と虚構の多元的交錯が起こっている、らしい。

　まず、フェアヘーヘン監督（以下、フ監督と略記）の目に映った、その場での出来事は、以下のようになるであろう。（そして、恐らく宮田光雄氏は、このフ監督の目に映ったことが、そのままに、現実でもあった、としておられるように上の文章からは読める。）すなわち、「近くのワイン酒場から」上機嫌で現れた「日本人観光客」の一人は、たまたま

（注）『白ばらは散らず』とあるのは、インゲ・ショル著、内垣啓一訳、『白バラは散らず　ドイツの良心　ショル兄妹』（未来社刊）の原著のことである。第二次大戦中、ヒットラー支配下のナチ・ドイツで、ヒットラー反対、戦争反対の運動を起こして、ついに死刑となった学生ショル兄妹の思い出を、戦後、姉のインゲが綴った書である。

目にした、その場の《儀杖衛兵》が、観光地ミュンヘンでの記念撮影に
もってこいの被写体になる、と思いつき、ほろ酔い機嫌で、《儀杖衛
兵》に頼み込み、並んで写ってもらった。ついで、酔っても、さすがに
礼儀正しい日本人らしく、丁寧にお辞儀をして、礼をしてそこを立ち
去った、ということになる。ところで、もちろん、フ監督にとっては、
その場は、ナチ抵抗運動の「白バラは散らず」の撮影現場である。撮影
のために再現されたナチ時代の《殉教者》の記念碑の傍に、ナチの制服
をきて《儀杖衛兵》を演じる二人の若い端役の俳優の演技指導で何かの
指示をしている最中であったかもしれない。端役の着けているナチの制
服そのものが、シナリオに描かれた時代を思わせ、苦悩に満ちた思い出
を誘い、重苦しい雰囲気で撮影が進められていた、そこに、思いがけな
い上機嫌の闖入者たちである。やむを得ず、一時を、その闖入者への
サービスに過ごす。しかし、それと同時に、この闖入者たちが、その場
で端役の若者によって演じられているナチ時代そのままの《儀杖衛兵》
の演技としての儀礼を、言わば時代劇の一場面としてではなく、その時
点での現実として受け取って記念写真撮影をしているらしいことに気づ
き驚く。そして、そのことを苦い滑稽感の入り交じった思いで、体験記
として書き記した、ということになる。

　大体、以上のような出来事であった、と解釈される。が、ほかの解釈
も不可能ではない。例えば、その日本人観光客は、その場が何か、ナチ
時代を描く映画の撮影現場であることを知って、よい記念になると、端
役ではあれ、ナチの制服を着てそれらしく演じている《儀杖衛兵》と記
念写真撮影に及んだ。ところが、片言のドイツ語でのやりとりゆえ、監
督の目には、その日本人が、上記のような時代錯誤に基づいて、行動し
ているように映った、という次第である。いや、日本人は、最初はうっ
かり気づかなかったのだが、途中で気づいた。しかし、途中で改めるの

も気恥ずかしく、そのまま、気づかぬ振りをして、記念撮影をさっさと済ませ、足早に立ち去った、という可能性もある。そのほかにもまだ、多様な解釈が可能であろう。ここでは、どの解釈が事実に合っているかかは、ひとまず、置くことにしよう。要は、ここには、人間の「多元的現実」が、人々によって異なって経験されていることが見て取れる、ということである。そして、現実と虚構の区別が、現実の日常生活においてさえ、極めて微妙なところでなされており、簡単に誤解が起こりうることが、例証されている、とも見ることができる、ということである。

　この記念写真撮影という些細な出来事は、現代のドイツ、ミュンヘン市内での平凡な日常生活の中での出来事である。しかし、それは、虚構を描く映画撮影現場での出来事である。そして、そこで描かれているのは、歴史的に一時代さかのぼるナチ時代の情景の中での出来事である。この意味で、この出来事には、ニュースとドラマの区別以上に難しい、幾つもの、現実と虚構が入り交じり重なり合っていたように思われる。

　宮田氏は、この出来事に「現代日本の一部におけるある種の歴史感覚の喪失について、まことに暗示的ではなかろうか。」とコメントを加えておられる。このことから、この出来事の意味としては、フ監督の解釈をそのまま受け入れ、その上で、当の日本人観光客の行動に、現代のドイツとナチ時代のドイツの違いとその歴史的意味の理解の欠落、ナチの制服を現代ドイツの軍隊制服と見間違える程の無知、あるいは、さらに、鉤十字（ハーケン・クロイツ）の意味さえ、直ちには、気づかない無神経さ、などとしてとらえ、「歴史感覚の喪失」と呼んだものであろう、と私には理解される。

　日本人観光客が、周囲にいたドイツ人たちと同じように、その場が、映画の撮影現場であり、《儀杖衛兵》は、端役の演技に過ぎないと気づくことができるためには、少なくとも宮田氏の解釈によれば、「現代日

本の一部に」おいて喪失されてしまったとされる「ある種の歴史感覚」が必要とされている、ということになる。今日の日本の学校教育で、日本史にせよ世界史にせよ、近現代史が疎かにされ、教えられないままに済まされている、と指摘されることがある。そのような教育で育てられた世代の日本人が、海外で「ある種の歴史感覚の喪失」を露呈する出来事を引き起こしたとしても、不思議でないかもしれない。宮田氏の紹介された出来事は、そうした出来事の一つに過ぎないのかもしれない。

　もっとも、仮に、短期間日本を訪れた西欧人観光客の一人が、日本で時代劇撮影現場に遭遇し、時代劇俳優と写真撮影をすることを望んだとして、そして、彼自身、ちょうどフ監督の解釈した日本人観光客のように、二本差しの珍しい姿をした現代日本人と記念写真を撮っている積もりであるというような、虚構と現実の混同を起こしていたとしても、我々は、それに気づくことができないかもしれない、と思ったりもする。

　『ドン・キホーテ』のなかの「人形のモーロ勢に白刃の雨をふらせ始めた。いくつかを打ち倒し」たあの有名な「人形劇」の挿話（セルバンテス作、1975年、40－41ページ）を連想する方もおられよう。あの挿話は、ただ滑稽な作り話として読まれ勝ちかもしれない。が、多元的現実を生きる我々人間の間では、それと誰も気づかないまま、同様の、現実と虚構の混同と誤解が錯綜する小さな事件が、日常的にいつも起こっている、とも考えられるのである。『火星からの侵略』でのパニック事件に見られるような現実と虚構の混同は、ラジオやテレビにおいてだけでなく、日常生活における現実においても、起こり得るし、その区別は決して容易とは限らない、ということを覚らされるのである。

§5　現実感を失うという体験

　現実を現実化すること、つまり、人間が「至高の現実」を「現実」と

して体験し生きているということは、当たり前のことで、なんら努力を伴わず、何の問題にもならない当然のことのように思われる。しかし、これとても、実は、いつ脅かされるかわからないような、たいへん危うげな出来事だ、とも考えられるのである。

フロイトの有名な「アクロポリス体験」と呼ばれる体験がある。

「アテネのパンテオンでフロイトは弟アレクサンデルにたずねた。『これは、本当に起こっていることなのか？』と。」それは、「フロイトは多年の宿願が果たされたその"現実"を本当のこととして、信じられなくなってしまう体験」であった（小此木啓吾著、1978年、148ページ）。

私自身も、突然、予期しないかたちで、それまで私の中心を占めていた希望と価値が失われたとき、現実感を喪失する、という経験をしたことがある。一生のうちにはそのような経験をしたことがあるという方は、比較的多いのではないか、とも思われる。してみると、「現実を現実として体験する」ということも、全く当然だ、というわけでは、決してないのである。もちろん、現実感の喪失は、精神分裂病患者において見られる症状としてよく知られている。また、現実感は、それを支える意識の緊張を必要とする、と理解されている。

以上のように、我々の「至高の現実」である日常的生活の「現実」は、実は、自然のうちに、「虚構」によって侵入されているのであって、我々は、「現実の世界」と「虚構の世界」を、時には意識して、時にはそれと意識せずに、移り歩いているのである。それは、我々が、「現実の世界」と「夢の世界」を、時には意識して、時にはそれと意識せずに、移り歩いているのと、同様である。

§6 「虚構の世界」に対する、ある架空の現実主義者の破壊的意見

虚構化が人間の生きられた世界においてもつ意味は何か。

そこで、こんなことを考えてみよう。ある空想上の現実主義者が、我々の前に現れて来て、次のように言ったと想像しよう。

「人間が生きているのは、厳しい現実の世界であり、暇人が時間つぶしに追う夢の世界などではない。私は、現実の世界には関心があるが、虚構の世界などには、全く関心がもてない。それに、虚構の世界とは、結局のところ、作家、小説家、芸術家と呼ばれるような連中が、単に勝手に空想して描いた世界ではないのか。私はそんなものと付き合っている暇はない。なぜ、私が、そんな他人の勝手な想像や空想や幻想や夢想と、時間を掛けて付き合わなければならないのか。彼らがそのような世界を勝手につくるのは、彼らの勝手だ。私に関係ない限り、我慢もするとしよう。だが、たとえ、それを許してたとしても、私の貴重な時間を、そんなありもしない『虚構の世界』のために浪費することには、耐えられない。どうか、私は、願い下げにしてほしい」と。

こう言って、「虚構の世界」の人間の世界における意味を否定し、文学など、虚構化による作品を、一切無駄だと決めつけたとしよう。実際、「小説類は一切読みません」と確信をもった様子で断言した大学生に、私は、現実に出会ったことがある。

では、この想像上の架空の現実主義者に、私たちは全く同意してよいものであろうか。この問題提起自体が、実は、「虚構化」によって想像され空想されたに過ぎぬ「現実主義者」を描いて、その意見を取り上げて「問う」という仕方で可能になったということは、注目に値する。

§7　虚構化が人間の生きられた世界においてもつ意味

虚構化は人間の世界においてどのような意味をもつのであろうか。

そもそも、現実性は、可能性を背景・地平として、経験されることは、もはや、我々には自明のことであろう。

例えば、こうあって欲しかったのに、こうでしかなかったというふうに、現実が経験されることがある。また、例えば、こうなったら大変だ、と思っていたら、そうならなくて本当に良かったなどというふうに、現実が経験されることもある。同じ現実を、いつも感謝をもって受け止める人も居れば、いつも不平不満をもって受け止める人も居る。恐らく、両者は、同じ現実性を意味付けるべき背景・地平として、思い浮かべるもろもろの可能性が、異なるのであろう。こうして、現実性は、多様な可能性を背景にして、その意味が見いだされるのである。同じ現実でも、異なる可能性を地平的背景にして経験されるとき、異なった意味を帯びることになる。このことは、10章「主題化と自明化」において、授業者武田常夫が用意した『走れ、メロス！』の一節を解明する「問いの系列」を検討するなかで比較的詳しく見た。あそこで、現実性の意味を浮き彫りにするのは、思い描かれる豊かな可能性であるということを、我々は確認した。想像される可能性の豊かさに応じて、現実性の意味も豊かに開示されて来るのである。そしてまた、そこに開示される意味の豊かさに応じて、我々を襲ってくる現実性に対処する我々の在り方の多様な可能性も開かれて来る。したがって、我々の在り方の多様な可能性が開かれ、それと共に、我々の自由な選択と決断の可能性も広くなってくるのである。

　我々が、我々の生涯の短い時間のなかで現実に経験できる物事は実に限られている。

　例えば、我々は一生に一度しか死ねない。そして、一度死ねば、もはや、我々の生涯は終わりである。そこで、トルストイ著『イヴァン・イリッチの死』、あるいは、ユーゴーの『死刑囚最後の日』を読む。すると、我々の死の現実性はないにもかかわらず、その意味を考えるための背景、地平あるいは脈絡としての可能性が、ひとつ拡がる。それはま

た、ちょうど、あの『考える人』（ロダン）のブロンズ像の写真を2、3枚見ただけで、像全体を見たように思うのは、実は、我々が、その2、3枚の写真に写されている「見え」に拘束され、それらの現実性のみに閉じ込められてしまうことなく、むしろ、それらをブロンズ像の可能な代表的像の「見え」の見本として、他の可能な「見え」を、想像によって補って、見るからであったのと似ている。それを、意識的に徹底的に行うのが、フッサールの言う「自由想像変更」の萌芽であり、13章でみた、概念形成にさらに拡大していくのが、「自由想像変更」そのものである。そのようにして、我々は、我々の経験の限定と限界を、想像によって補い、可能性を拡大し、その多様な可能性を通して見えてくる不変なものを、あるいは、本質的なものを、把握するのである。フッサールが、「想像」の意義を強調しているのは、そうした、変化の中の不変なものの捕捉、「本質把握」における、想像力の重要性を、強く自覚していたからである、と考えられる。

　想像も、空想も、虚構も、仮構も、物事の現実と本質をとらえるうえで、決して無駄どころではないのである。

　想像力、空想力の貧しさが、現実認識の貧しさをもたらすのである。

§8 「前形象化」、「統合形象化」、「再形象化」（P.リクール『時間と物語』）

　P.リクールは、その大著『時間と物語』（全3巻）において、「前形象化」（pre-figuration）、「統合形象化」（con-figuration）、「再形象化」（re-figuration）ということを唱えている。歴史物語においても、フィクション物語（小説など）においても、形象が文字によって描かれる以前に、人間の生において既に形象化、つまり「前形象化」、が行われているのだ、ということ。ついで、文字によって表現されそれが読ま

れるにいたって、形象化が行われる、すなわち「統合形象化」が行われる。そして、そこに、新しい意味が発生する。それは、認識、動機づけ、享受や感動など生み出す。さらに、実は、歴史物語にせよフィクション物語にせよ、物語は、読まれるだけでは済まないのであって、それが、それを読んだ人間の生において、何らかの実現を見いだすという仕方で形象化、つまり「再形象化」、される、と説くのである。フィクション作家は、現実に存在する人間には全く不可能な視点を取ることが許されている。そのために、かえって、現実を現実以上に豊かにとらえて描くことができる。この膨大かつ壮大な大著を、短い言葉で、要約することは、私には到底不可能である。ただ、次のことを記すことは許していただきたい。もし、リクールの思想を尊重するなら、フィクション物語は、歴史物語と並んで、人間の世界、物語、歴史、「生きられた時間」を描くものであり、それは、現実の人間の世界、物語、歴史に、言わば甦って、生きて行くものである、ということを納得し信じることができる、ということである。日常的には、例えば、流行歌は、フィクションであっても、人々の行動を方向づけている。恋愛ドラマが若い恋人たちの恋愛の在り方を条件付けるということは、『若きヴェルテルの悩み』（ゲーテ）の昔と全く同様であろう。また、あまりにも有名な、米国南北戦争における『アンクル・トムの小屋』（ストウ夫人著）が果たした役割の挿話を挙げるまでもない。私自身も、ロマン・ロランの『ジャン・クリストフ』と『魅せられた魂』に勇気づけられた世代の人間として、虚構が現実に力をもつことを心から信ずることができる。

§9　虚構の文学が人間の教育においてもつ意味

　「虚構の世界」を描く作品一般といえば、映画や写真もある。演劇もあれば、舞踊もある。絵画もあれば、マンガもある。そして、文学小説

がある。そうした中で、文学教育の意味について、次のような主張が紹介されている。

「第一級の文学」を通じて教えるべき「文学的価値」として、次の4つが挙げられている。「①人間性および人間行動の複雑さの理解／人生の複雑さ、人知でのはかりがたさをふくまねばならない」、「②価値観の対立抗争の理解／・・・人生とは何か、人生における善とは何か、幸福とは何か、人は何によって生きるか、など人生の究極価値に対する見とおしを得させてくれる・・・しかし、同時に、個々の人間のもつ価値が『小さな部分』にすぎず、自分のとはまったく異なった価値があることを理解すること」。「③悲劇の理解／悲劇のみが心をあらいきよめる、精神の高揚を得させる・・・。悲劇は人の全存在をうごかすカタルシスである。・・・人は人生そのものが一つの悲劇であることを知り、皮相的な人生観からまぬがれて、その深い洞察にいたりうる・・・」。そして、「④日常化と平凡のなかの美と深い意味への理解／いわば価値の転倒である。・・・文学の世界では、神が信用を失墜し、かえって日常の人間が主人公になる。世の中がくだらぬとさげすむもののなかに意義を見いだし、美をとりだすのが文学である。こういう人生に対する深い見方、つまり、価値をうらがえした見方は、文学によってはじめて生徒の身につくものとなる。」（波多野完治著、1990年、266－268ページ）。

大江健三郎は、「小説は人間をその全体にわたって活性化させるための、言葉による仕掛けである」（1978年、9ページ）とした上で、「在来あるものの見方に対して、いや事実はそのようなものでないものとして、現にこのようにあるのだ」と「執拗な否定」をくりかえし「自動化」を破壊する「異化」（同前書、6ページ）をその考察の中心に据えた。これも、以上とつながっている（注）。

（注）さらに広く、文学の意味に関する最近のもろもろの理論の展望は、イーグルトン、T．著、1985年、『文学とは何か』、大橋洋一訳、岩波書店、に与えられており、その読みやすく、要領のよい紹介は、筒井康隆著、『文学部唯野教授』、岩波書店になされている。

§10 教育研究において、物語や小説の研究がもちうる意味

さらに、物語、ことに虚構の小説などの文学が、これまで、実証を重んじる教育研究においては、ほとんど顧みられなかったのに対して、教育研究においてさえも、虚構の物語が、以下のような意義があり、そこから、教育的な知恵が学ばれなければならないことを、カナダの教育学者マネンは、要約的に、主張している。

「(1)物語は、もろもろの可能な人間経験を、我々に提供してくれる。／(2)物語は、通常なら我々は経験しないであろうようなもろもろの生活状況、感情、情動、出来事を我々が経験することを可能にしてくれる。／(3)物語は、もろもろの可能的世界を創造することによって、我々の通常の実存的風景のもろもろの地平を拡大させてくれる。／(4)物語は、ある個人的な仕方で、我々に訴えかけ、我々をその中に引き込む。／(5)物語は、それが虚構的であれ現実的であれ、我々を生きられているがままの生へと、差し向け送り返してくれる、一つの芸術的仕掛けである。／(6)物語は、私の生でもあなたの生でも有り得るようなある生の、もろもろの独自で特定の局面を扱うことの中で、生き生きとした質を引き起こす。／(7)それでいて、もろもろの偉大な小説あるいは物語は、その特定の筋立てと主人公たちの特定性を超越する、そして、そうすることで、それら［筋立てや主人公］は主題的分析と批判［批評］に委ねられることになる。」(Manen, M. van (1990), p. 70.)

以上を見れば、あの想像上の現実主義者の主張に反して、「虚構の世界」、「虚構化」そして「虚構」が、教育において意義があり、人間の生きられた世界の可能性と現実性の豊饒化に貢献することは、もはや、多言を要しないであろう。

現実は、虚構の光に照らされて、豊かに経験されるのだし、豊かに理解されるのだし、そして、豊かな現実が生み出されるのである。

15

我々世界の交響

"O Freunde, nicht diese Töne! sondern lasst uns angenehmere anstimmen, und freudenvollere." 「おお、友よ、このような音ではなく、私たちはもっと心持のよい、もっとよろこびに充ちたものを歌い出そうではないか。」（ベートーベン、ルートヴィッヒ・ファン作詞）

§1 おわりに際して、はじめの言葉

「会うは別れのはじめ」とか、これで、我々の「教育の心理」の旅は終わりとなる。これが、人の世の定めである。

私は、この印刷教材『教育の心理：多と一の交響』の執筆と、放送教材『教育の心理』の制作で、一貫して、変わらず願い続け、心掛けたことがあった。それは、読者と受講者の皆さんの生きられた世界の多様さからして、全ての人々に満足していただくことは不可能に近く困難であり、私の非力からして、それは望むべくもないが、しかし、私のこれまでの貧しい生において摑んだ大切なことを、少しでも多く、豊かに分かりやすく、皆さんの生に対する、私からの贈り物として、心を込めて作る、ということであった。この願いと心掛けを、私は私なりに、最後まで貫けたことを、私の誇りとも、大きな喜びともする。

とは言え、総ての作品がそうなる必然性をもっているように、この作品にも、終わってみれば、直後から、早速、数々の欠点、不満や疵が、目立ち始めて、後悔が疼き始めている。しかし、私としては、与えられた可能な時間と条件のもとで、全力を尽くして成し遂げた仕事であってみれば、それは、自らの非力を嘆くほかない時間との戦いの結果であっ

た。ここで、欠点、不満や疵について語るよりは、戦い終わった今は、しばらくは、このままそっとしておきたい、という思いが強い。また、それが、この拙い作品を、ともかくも、私からの「贈り物」として受け取って下さる方々への、節度ある礼儀というものだ、とも反省する。喜んで受け取って下さった方々への、私からの深い感謝の気持ちをもって、静かに、差し出したい、と願う。

§2　我々の辿った道を振り返ると

　まず、これまでの14章で、ご一緒に辿った道を、我々の道のこの地点で、振り返ってみよう。この振り返りは、この『教育の心理』では、旅の初めに、予期されていた。一里塚の道標に、各章の題を、用意した。

　1章「教育は共育」では、芦田恵之助の「共に育ちましょう」の言葉に学んで、「教育」を単に「教え育てること」としてだけではなく、「共に育つこと」として理解する出発点にたった。「先生」も「生徒」も、旧い世界から、互いに導き出し、導き出されて、新しい世界に導き入れ、導き入れられるのが、『教育＝共育』である。『銀の匙』の挿話にその典型を見た。我々の『教育の心理』の講座そのものが、教育＝共育であり、その旧世界から新世界へと、手を取り合って移り行く道、それが、この15回の講座なのだ、と共に理解し合いもしたのであった。

　2章、「授業と受業」では、教育＝共育は、また、その典型を「授業」にみることができ、そして、授業は「業を授ける」ばかりでなく「業を受ける」人間の営みであることを見た。そして、さらに、そのようにして授受される「業」は「業（ぎょう）」であるばかりでなく「業（ごう）」でもある。授業＝受業において授受される「業」は、遠い昔から繰り返し授受されて今日に至り、今日の授業で授受されて、さらに、遠い未来に向かって引き続き授受されて行く。今日の我々は、永遠

に続くとも思われる、長い「業」の「授受」の連鎖の一環として、今日の「授業＝受業」を生きているのだ。と共に、「業」は、我々一人ひとりの一生の運命を左右する力をもつ。それゆえ「業」なのだ、とも見えた。

3章、「心理を学問」では、この講座が、「教育のこころ」でも「教育の心理学」でもなくて、「教育の心理」であることの意味を、さらに考え進めた。ある意味では、読者および受講者は、長年の教育体験を積んでいる教育を生きることの専門家である、とも言える。教育について、素人であるとともに、少なくとも、体験を重ねているという意味では、玄人でもある。そのような豊かなそれぞれの教育体験を、主題化し、その意味と構造を、少しでも解き明かすことを、ここでの目標と定めた。「心理」を「こころ」の「ことわり」ととらえ、「学問」を「問うことを学ぶこと」と「学ぶことを問うこと」の織り成す、人間の豊かな営みと解した。そして、「心」の「ことわり」をとらえる、我、汝、彼／彼女の３つの立場に即して、３つの「心理を学問」の可能性を考えた。「心理を学問（する）」のは、ほかならぬ、教育体験の玄人である、あなた自身である。「心の理」としての「・・・と化する」を中心に据えた。「それは、皆さん自分で考えて見て下さい」は我々の合言葉となった。

4章「人間我世界」では、「人間」と「人」の違いを学ぶことを通して、人間を、世間、世界、歴史、物語としてとらえる道を見いだした。「人間は世界」であり「人間が世界」である。人間一人ひとりの生きる世界は、それぞれに多様であり独自である。その多様性と同時に独自性が、教育＝共育の必然性と可能性を基礎づける。多種多様な一人ひとりの世界は、伝記にも文学にも学ぶことができる。そこから、人の一生における教育＝共育の意味と意義を感得することができる。我々一人ひと

りは「ナイルの水の一滴」でありながら、「その一滴は、後にも前にも
この私だけ」である。そして、総ての人間が一人の「私」であること
を、「教育＝共育」の根本に据えるべきことが明らかとなった。

　5章「多元的現実」では、人間の生きられた現実が「多元的」である
ことを、W．ジエームズ、とA．シュッツによりながら、「世界」と
「下位世界」という、変化しつつ次第に多様化するとともに統一化する
構造としてとらえ、その多様化と統一化を助ける営みとして教育＝共育
をとらえる道を見いだした。影の不思議に学び、右目の世界と左目の世
界その分化と統合は、一つの典型として、物の知覚における多様な「見
え」とその統合に、「多と一」の統合、に結び付いた。そして、それら
は、さらに、過去、現在、未来という時間、此処と其処という空間、我
と汝と彼・彼女という他者、多様な表現などの間の対応関係と相互関
係、それらに共通な構造をあらわにした。教育＝共育は、互いに異なる
多元的現実を生きる人間が、自らの短い人生を最大限に充実して生きる
ために、他者の経験を自らの経験と「・・・化する」営み、と理解され
た。

　6章「真偽と信疑」では、真理のみが語られ、互いに心から信じる、
それが教育＝共育の理想とする状況だとしても、現実が常にそのようで
あるとは限らない。とすれば、その現実の状況を生きつつ、しかも、教
育＝共育を実現する道を求めねばならない。教育における「真偽」は、
文化、社会、時代、により変化する。そのような変化する「真偽」をあ
る時は「信じ」ある時は「疑い」、自らの道を歩んで生きて行かなけれ
ばならない、それが、共に育つ「先生」と「生徒」であろう。「嘘」が
教育においてもつ意味と、それを通して見えてくる真実を探索した。

　7章「無利私利他利化」では、人間が生きる上で求めるものとしての
「生、名、利、道、安、楽」を見た。「利」を求める有り様に絞り、教

育＝共育において、「私利」から「他利」へ、さらに「無利」へと、移り行く道行きを考察した。「身内児」と「客分児」の理論、「慮」の考察を経て、「純粋愛と営利主義の愛」の差異を見ることを学んだ。「生徒」の「利」を実現する「先生」には、「私利」から「他利」への移り行きが求められる。「先生」自身の「私利」は捨て去られるべきなのか。また、それは可能か。「生徒」の「私利」を実現することに喜びを心から見いだせるようになった時、「先生」は「他利」を求める人間に生まれ変わる。しかし、そこに、欺瞞が忍び込む余地も生ずる。報いを求めぬ「他利」は極めて困難である。「無利私利他利化」は「無利知りたりか」でも「無理知りたりか」でもある。賢治の言葉「みんなのために、ほんとうのほんとうの幸福をさがすぞ」、「世界ぜんたい幸福にならないうちは個人の幸福はありえない」の重さを悟った。

　8章「自由化と拘束化」では、ガルガンチュアの「欲することをなせ」の自由を理想として求めつつも、我々の生きる教育の現実において、拘束を自由と化していく在り方、自由を拘束と化していく在り方を考えた。「自由」を「自らに由る」との原義にさかのぼり、自由労働と強制労働の意味の差異を考えた。芦田恵之助のたどり着いた「教育の極意」としての、自らに由り、自ら求め進んで学ぶ「発動的学習」の意味を探究した。強制された学びにも、自ら求めて学ぶことへの芽がそこに現れる。人間の「心のことわり」の不思議でもあろう。「自由」は失って見なければその有り難さは分からない、もまた真実であろう。我々は、日常生活で自由を浪費している。我々の拘束を自由化する可能性を考えた。

　9章「目的化と手段化」では、我々の生きられた世界が、「地中の世界」（必然性の世界）、「地上の世界」（現実性の世界）、「天空の世界」（可能性の世界）から成る、との見方に学んだ。そのように構造化され

た世界で、自ら欲するところを実現するために、多種多様な目的＝手段の全体組織体系が、我々の世界を覆うように、言わば、網の目を張り巡らして、我々は生きている。言葉は、そのための助けともなれば、妨げともなる。目的が手段化し、手段が目的化する「機能的自律性」も現れる。人は何を目的として生きるか。これは『徳の現象学』にも見られるように、文化、社会、時代により、多様に変遷してきた。その多様さを知り、自らが求めるものを自覚化することが求められる。目的が定まれば、手段はその目的に向かって一直線に突き進めばよいか。否。「目的と手段の逆説」を教育における「自己完成する」、「授業で問う」、「よい論文を書く」などに即して考えた。

10章「主題化と自明化」では、我々の生きられた世界では、ある自明とされていた物事が改めて主題として取り上げられると、他の物事は主題でなくなり背景に退いて行き、そしてついには、自明となる。また、主題化された物事も他の物事に主題であることを譲る。このように、主題化と自明化は流れるように変転して絶え間がない。こうした、主題化と自明化の循環の流れを主題化したのち、そうした主題化を助ける「先生」である教師の仕事としての「問い」の働きを、『走れ、メロス！』の一節に即して創造された「問いの系列」を巡って検討した。現実性の意味を可能性の中に位置付けて考える、ということの意味を考えた。

11章「同一化と差異化」。ある物事を与えられると、我々は、それが、我々にとって既に既知なる物事と同一であるか差異であるかと問うことへと向かう。そして、同一であるととらえると、差異を見いだすことへ、差異であるととらえられると、同一を見いだすことへ、と向かう。二つの物事は、同一であると共に差異である。視点によって、同一と差異は変化しうる。そして、反復は、同一の中に差異を見いだし、差異のなかに同一を見いだすことによって可能となる。反復による学び

は、それなくしては不可能な、完成度をもたらす。「笊で水を汲む」イメージは、「千五百回の練習」と並んで記憶に留めた。現実に、千数百回以上の下絵練習を怠らなかった一専門画家のお仕事振りに多くを学んだ。

　12章「近接化と類似化」では、一転して、理論的業績に学び、広い範囲の事象を、一望のもとに収める見方を学んだ。「近接化と類似化」の対比は、単に、喚喩と隠喩の対比に留まらず、失語症の二つの種類、詩、絵画、映画、夢解釈などにも及ぶ対比であり、個人や文化の物事のとらえかたの特徴を示す対比でもあることの理解を促され、その思索の射程の遠さに、息を呑む思いを味わった。仮に、その見方に従ってみると、膨大な記憶をもつ記憶術者の記憶、科学の分類における「新しい科学」の出現、アナロジーを活用するサイネクテックス教育、「コトワザ」教育、授業での比喩を、関係する脈絡において見ることが可能となった。

　13章「具象化と抽象化」では、まず「抽象のハシゴ」によって考え、具象と抽象との間の一対多、多対一の関係を確認した。具象と抽象が、偏好され易い傾向があることを指摘して、その両者の間の往復こそに、人間が現実に対処する力の源泉を見た。それは、抽象が具象に根差しており、具象が抽象に導かれて、現実を多様に見ることを助け、それゆえに、何事かにとらわれることなく、現実をありのままに、とらえる道だからである。抽象的論議には「タトエバ」の言葉を、具象的羅列には「ツマリ」の言葉を、互いに呼びかけ、具象と抽象の往復を促すべきであろう。年齢、文化、教育、領域、個人などにより、具象と抽象の均衡は様々に異なる。「いろはにこんぺいとう・・・」の歌を想起し、具象世界と抽象世界の豊饒化を求めた。

　14章「現実化と虚構化」では、「虚構の世界」と「虚構化」の、我々

の生きられた世界での構造と意味を考えた。「虚構の世界」は、数の世界における「負数の世界」あるいは「虚数の世界」になぞらえられた。「夢の世界」にもなぞらえられた。そして、人間の多元的世界は「現実と虚構」から成ること、しかし、「現実」と「虚構」の区別は、一見する程、容易ではないこと、を見た。「虚構の世界」が、可能性の世界として、いかに現実性の意味を豊かにするか、豊かな可能性が、いかに人間の生きる世界を豊饒化するかを考え、文学教育の積極的な意義と、教育研究における虚構としての物語の意味についての考察を紹介した。

　こうして、我々は、7章から14章まで、多様な「・・・と化する」を通しての、人間の生きる世界の豊饒化を見て来たことになる。

　もちろん、以上は、人間の多様な「・・・と化する」の多くのごく一部に過ぎない。触れなかったさらに多くの「・・・と化する」によって、人間世界は、ますます多様化するとともに統一化され、豊饒化していく。

§3　我々の前に開かれている遙かなる道

　教育＝共育では、我々一人ひとりは、それぞれの「・・・化」により豊かとなった人々の世界と出会い、そのお陰で、自らの貧しい世界を、より豊かにして行く。さらに、他者である「生徒」の世界を豊かにする教育＝共育の「先生」の営みは、「先生」自身の世界をも豊かにする。それも、教育における「目的と手段の逆説」のひとつでもあろう。それとともに、「先生」が、「生徒」から学べるほどに、物事の根本から学び、人間を深く学んだとき、「先生」は、単にある特定の限られた「世界」への「先生」であるのみならず、さらに、「学ぶこと」の「先生」、「新しい世界」へと自ら道を拓きつつ、「新しい世界」に入り込み、住み込み、さらに新しい世界を作り出していくことの「先生」ともなって

いく。そのような自由な生き方ができる人間となったとき、「先生」は、人々から、「師」として慕われるに至るのであろう。なぜなら、そのような「師」は、その人に接する人々の世界を豊かにし、自由にし、そして、自由にすることによって、人々に幸せをもたらすからである。

　限られた新しい世界への道案内としての「先生」は、「先生」として生きる中で、そのような「師」となる遠い道程を、意識すると否とにかかわらず、既に歩み始めていることになる。

　「我以外総て師なり」（吉川英治）なら、「我以外総て師なり」とする他者に対しては、「我」もまた「師」であることになる。したがって、「我以外」ばかりでなく、「我もまた師なり」であろう。さらに、我は、自らに学ぶこともできる。とすれば、「我もまた師なり」はさらに真実であろう。こうして、すべての人々が、物事により、事柄により、有り様において、互いに、「先生」となり「生徒」となって、学び合うようになったとき、芦田の唱えた「共に育ちましょう」は、実現に近づくのであろう。

　敢えて、繰り返しを避けずに言うならば、「井の中の蛙、大海を知らず」であるが、しかし、「されど、井の中を知る」なのである。人はそれぞれに、独自の世界を生きている。それぞれの世界に映るこの世界は、互いに同一でもあれば差異でもある。そして、それぞれに尊い。

　思えば、お互いに知らぬまま、何の縁があってか、『教育の心理』への新しい世界へのたどたどしい道を、道連れとして共に歩んだ月日は、また、一人ひとりの「我」と「我」の世界から「我々」の世界への道でもあった。いまもし、あなたの生きられた世界を、あなたが「我々の世界」と呼ぶことができるようになったとすれば、あの険しい道も、確かに「我々」の道であった、ということになるであろう。

　私は、しばしば、「それは、皆さん自分で考えて見て下さい」と申し

上げた。そして、皆さんと共に、「共に育ちましょう」、と声を掛け合って来た。いま、皆さん一人ひとりの世界の多様性がはっきり見えて来ている。そして、その多様性を通じての統一性も、一人ひとりの前に開かれているこれからの道とともに、はるか遠くに見えて来ている。我々の世界の互いの響き合いも聞こえてくる思いがする。ここで生まれたのは、ささやかな「我々世界の交響」の始まりなのではないか。

§4　教育への願いと祈り

人類の歴史の中で、繰り返される無数の人間の不幸、そして、悲惨と苦悩の中に生き死んで行った人々の体験、それらは、それ自体人間の生きる世界の重要な一部を成すものであり、それを地平として、幸福があり、歓喜と安楽がある。しかし、我々は、悲惨と苦悩を求めるわけではないであろう。われわれは、やはり、幸福を求めているのであろう。とするなら、我々は、先に生きた人々の悲惨と苦悩の体験に学ばなければならない。先人たちのそうした経験から生まれる知恵を豊かに継承したい、と願う。それが、教育の根本ではないか。しかし、それは容易ではない。それが、容易ではないことは、改めて論じるまでもなく、人間の不幸、悲惨と苦悩が繰り返されて来た、人間の歴史そのものによって、証明されている。

著者である私は、一人の子どもとして、先の大戦を体験した。戦中の国民学校教育を受けた。そして、戦後の民主主義教育のなかで育った。そして今思う、大人の無知と傲慢さから、再び戦争を起こし、後からくる弱き人々を、子ども達を、再び不幸、苦悩、悲惨、・・・の淵に突き落とすようなことをしては絶対にならない。かつての大人たちがしたように・・・。それが、私があの苦悩に満ちた体験から学ぶべきことである、と。それが、直接に戦争を体験した世代が老い、次第にあの記憶が

薄れて行く時代を迎えるに当たって、これからの教育が、引き継ぎ、努めて、伝えて行かなければならないことである、と。ほかならぬその可能性の実現においてこそ、世界と日本における、教育の存在理由、存在価値と存在意味が、重く厳しく問われているのだ、と。

　不幸にも戦争で亡くなった人々のご冥福を祈り、今日の平和に感謝し、これからの世界の平和と人々の幸せを祈って、この講座を終える。

　長い間、「共に育ちましょう」の呼びかけに応えて、共に育つことに、自ら進んで努めて下さった皆さんに、ここに、厚くお礼を申し上げます。

青　　春

　　青春とは人生のある期間ではなく、
　　心の持ちかたを言う。
　　薔薇の面差し、紅の唇、しなやかな手足ではなく、
　　たくましい意志、ゆたかな想像力、燃える情熱をさす。
　　青春とは人生の深い泉の清新さをいう。

　　青春とは臆病さを退ける勇気、
　　安きにつく気持を振り捨てる冒険心を意味する。
　　ときには、二〇歳の青年よりも六〇歳の人に青春がある。
　　年を重ねただけで人は老いない。
　　理想を失うとき初めて老いる。
　　歳月は皮膚にしわを増すが、熱情を失えば心はしぼむ。
　　苦悩・恐怖・失望により気力は地に這い精神は芥になる。

　　六〇歳であろうと一六歳であろうと人の胸には、

驚異に魅かれる心、おさな児のような未知への探求心、
人生への興味の歓喜がある。
君にも吾にも見えざる駅逓（注1）が心にある。人から神から
美・希望・よろこび・勇気・力の
霊感を受ける限り君は若い。

霊感が絶え、精神が皮肉の雪におおわれ、
悲歎の氷にとざされるとき、
二〇歳であろうと人は老いる。
頭を高く上げ希望の波をとらえる限り、
八〇歳であろうと人は青春にして已む（注2）　。

教育というのはだから、人間が集まってやっているお祭りなんですね。

さあ、これで、いよいよお別れです。どうかお元気で、さようなら。

（注1）　"wireless station" とあるので、「無線局」の意味らしい［引用者］。
（注2）　"you may die young at eighty" とあるので、「青春のまま死ぬ」とい
う意味のようである［引用者］。（アームブレスター、M．E．著、1993年、220−221
ページ）

参考文献

文　献　一　覧

和　文　献

ア行

赤瀬川原平著、1993年、『二つ目の哲学』、大和書房

芦田恵之助著、1939/1916年、『読み方教授』、同志同行社

芦田恵之助著、1952年、『共に育ちましょう』、親と子の会

芦田恵之助著、1972年、『恵雨自伝（上）』、実践社

芦田恵之助著、1973年、『綴り方教授法・綴り方教授に関する教師の教養』、玉川大学出版部

芦田恵之助著、1973年、『教壇と教式／綴り方教授』、明治図書

安部公房著、『他人の顔』、新潮文庫

アームブレスター、M. E, 著、『「青春の詩」：サムエル・ウルマンの生涯とその遺産』、
　　　　作山宗久 訳、産能大学出版部、1993年、220-221ページ

アルンハイム、R. 著、1974年、『視覚的思考；創造的心理学の世界』、関計夫 訳、美術出版社

イーグルトン、T. 著、1985年、『文学とは何か』、大橋洋一訳、岩波書店

イエイツ、フランセス・A 著、1993年、『記憶術』、玉泉八州男 監訳、水声社

石牟礼道子著、『苦海浄土：わが水俣病』、講談社文庫

伊藤 整著、『近代日本人の発想の諸形式』、岩波文庫

伊藤隆二著、1988年、『この子らは世の光なり』、樹心社

ヴィゴツキー著、1962年、『思考と言語　下』、柴田義松 訳、明治図書

ヴィットコップ著、1938年、『ドイツ戦没学生の手紙』、高橋健二 訳、岩波新書

ウエモフ、ア・イ著、1962年、「自然科学の発展における若干の傾向とその分類の原理」、
　　　　寺沢恒信・出かず子訳、寺沢恒信・林礼二編、『現代ソヴィエト哲学　第七集』、合同出版

ウォーコップ、O. S. 著、1984年、『ものの考え方：合理性への逸脱』、深瀬基寛 訳、講談社学術文庫

ウスラー、デトレフ・フォン著、1990年、『世界としての夢：夢の存在論と現象学』、
　　　　谷 徹 訳、法政大学出版局

ウルフ、V. 著、1976年、『ダロウエェイ夫人』、近藤いね子訳、みすず書房

大岡昇平著、『野火』、講談社文庫

大江健三郎著、1978年、『小説の方法』、岩波書店

小川環樹編、1978年、「荘子」、森三樹三郎訳、『老子／荘子』、中央公論社

小此木啓吾著、1978年、『フロイト』、講談社

オースベル、D. P.・ロビンソン、F. 著、1984年、『教室学習の心理学』、吉田章宏・松田弥生訳、黎明書房

大村はま著、1973年、『教えるということ』、共文社

小木貞孝（加賀乙彦）著、1974年、『死刑囚と無期囚の心理』、金剛出版

荻野恒一著、1964年、『精神病理学入門』、誠信書房

カ行

加賀乙彦著、1974年、『死刑囚と無期囚の心理』、金剛出版

加賀乙彦著、『宣告』、新潮文庫

加賀乙彦著、1980年、『死刑囚の記録』、中公新書

加賀乙彦著、1990年、『ある死刑囚との対話』、弘文堂

加賀乙彦著、1992年、『死の渕の愛と光』、弘文堂

加賀乙彦著、1991年、「私の文学と宗教」、
　　　　　『人間性心理学研究』、第9号、日本人間性心理学会、21-35ページ

ガダマー、H-G, 著、1986年、『真理と方法 I』、
　　　　　轡田収・麻生建・三島憲一・北川東子・我田広之・大石紀一郎 訳、法政大学出版局

神谷美恵子著、1966年、『生きがいについて』、みすず書房

河田敬義・田村二郎・岩堀長慶著、1951年、『解析幾何学』、丸善出版

キーン、E. 著、1989年、『現象学的心理学』、吉田章宏・宮崎清孝 訳、東京大学出版会

菊池寛作「三人兄弟」、桑原三郎・千葉俊二編、『日本児童文学名作集 下』、岩波文庫

紀田順一郎著、1982年、『生涯を賭けた一冊』、新潮社

木田元著、1993年、『ハイデガーの思想』、岩波新書

クーン、T. 著、1971年、『科学革命の構造』、中山茂 訳、みすず書房

窪田空穂「序」、1966年、島秋人著、『遺愛集』、東京美術

クンデラ、ミラン著、1990年、『小説の精神』、金井裕・浅野敏夫 訳、法政大学出版局

ケラー、ヘレン著、1937年、『私の住む世界』、岩橋武夫・遠藤貞吉・荻野目博道 訳、三省堂

高史明著、1974年、『生きることの意味：ある少年のおいたち』、筑摩書房

幸田 文著、『みそっかす』、岩波文庫

サ行

西郷竹彦著、1994年、『宮沢賢治「やまなし」の世界』、黎明書房

斎藤喜博著、1963年、『授業：子どもを変革するもの』、国土社

斎藤喜博著、1969年、『教育学のすすめ』、筑摩書房

斎藤喜博著、1969年、『授業入門』、『斎藤喜博全集 第4巻』、国土社

佐々木現順著、1980年、『業の思想』、第三文明社

ジオルジ、A. 著、1981年、『現象学的心理学の系譜』、早坂泰次郎 監訳、勁草書房

ジオルジ、A. 著、1990年、「現象学的心理学の今日的問題」、
　　　　　吉田章宏 編訳、『人間性心理学研究』、第8号、3-15ページ

志賀直哉 「ナイルの水の一滴」、全集第七巻、岩波書店、所収

篠田浩一郎著、1980年、『閉ざされた時空：ナチ強制収容所の文学』、白水社

島 秋人著、1966年、『遺愛集』、美術出版

清水幾太郎著、1959年、『論文の書き方』、岩波新書

霜山徳爾著、1978年、『人間の詩と真実』、中央公論社

霜山徳爾著、1989年、『素足の心理療法』、みすず書房

ジャンケレヴィッチ、V. 著、1978年、『死』、仲沢紀雄 訳、みすず書房

ジャンケレヴィッチ、V. 著、1986年、『道徳の逆説』、仲沢紀雄 訳、みすず書房

庄司和晃著、1970年、『コトワザの論理と認識理論：言語教育と科学教育の基礎構築』、
　　　　　成城学園初等学校研究双書8

庄司和晃著、1987年、『コトワザ教育のすすめ』、明治図書

庄司和晃著、1994年、『コトワザ教育と教育の知恵：続・コトワザ教育のすすめ』、明治図書

正田　昭著、1967年、『黙想ノート』、正木　亮・吉益修夫 編、みすず書房
須賀哲夫著、1989年、『理論心理学アドベンチャー』、新曜社
スパンヤード、B. 著、1994年、『地獄を見た少年：あるアメリカ人のナチ強制収容所体験』、
　　　　大浦暁生・白石亜弥子訳、岩波書店
セシュエー著、1971年、『分裂病の少女の手記』、村上仁・平野恵 訳、みすず書房
セチェノフ著、1964年、『思考の要素』、柴田義松 訳、明治図書
セルバンテス作、1975年、『ドン・キホーテ 続編二』、永田寛定訳、岩波文庫

タ行
武田常夫著、1964年、『文学の授業』、明治図書
武田常夫著、1971年、『真の授業者をめざして』、国土社
ダンハム、B. 著、1959年、『鎖につながれた巨人：人類解放の哲学(上)』、粟田賢三訳、岩波新書
チェンバレン、デーヴィッド著、1991年、『誕生を記憶する子どもたち』、片山陽子訳、春秋社
ツイアビ著、1981年、『パパラギ』、岡崎照男訳、立風書房
筒井康隆著、1990年、『文学部唯野教授』、岩波書店
戸川行男著、1988年、『「私」心理学への道』、川島書店
ドストエーフスキイ、F. 作、1938年、『死の家の記録 第一部』、中村白葉訳、岩波文庫
富山はつ江著、1987年、『典座教訓解釈』、山喜房仏書林
トルストイ作、『イワン・イリッチの死』、米川正夫 訳、岩波文庫
ドルトン・トランボ作、『ジョニーは戦場へ行った』、信太英男訳、角川文庫

ナ行
中勘助 作、『銀の匙』、岩波文庫
中山義秀 作、1954年、『少年死刑囚』、角川文庫
ナタンソン M.編、1985年、『アルフレッド・シュッツ著作集 第二巻：社会的現実の問題[II]』
　　　　渡部光・那須壽・西原和久 訳、マルジュ社
夏目漱石 作、『行人』、岩波文庫
夏目漱石 作、『草枕』、岩波文庫
野間清治編集、1928年、『修養全集第二巻　東西感動美談集』、講談社

ハ行
バーニー、T. 著、1982年、『胎児は見ている』、小林登 訳、祥伝社
ハイデガー、M. 著、1960年、『存在と時間』、上巻、松尾啓吉 訳、勁草書房
ハイデガー、M. 著、1961年、『同一性と差異性』、大江精志郎 訳、理想社
畑山 博著、1992年、『教師 宮沢賢治のしごと』、小学館
波多野完治著、1990年、『ことばの心理と教育：波多野完治全集 9 』、小学館
服部 桂著、1991年、『人工現実感の世界』、工業調査会
ハーバマス、J. 著、1975年、『理論と実践』、細谷貞雄訳、未来社
バフチン、M. M. 著、1987年、『小説の時空間』、北岡誠司 訳、新時代社
ハヤカワ、S. I. 著、1951年、『思考と行動における言語』、大久保忠利訳、岩波書店

バルト、R.著、1971年、「記号学の原理」、『零度のエクリチュール』、みすず書房 所収
ピアジェ、J.著、1955年、『児童道徳判断の発達』、大伴茂 訳、同文書院
ピアジェ、J.著、1967年、『知能の心理学』、波多野完治・滝沢武久 訳、みすず書房
ピアジェ、J.・イネルデ、B.著、1969年、『新しい児童心理学』、波多野完治・須賀哲夫・周郷博、白水社
ビンスワンガー、L.著、1959年、『精神分裂病』、新海安彦・宮本忠雄・木村敏 訳、みすず書房
福沢諭吉著、1991年、『福沢諭吉教育論集』、山住正巳編、岩波文庫
藤永 保著、1991年、「『心』と心理学」、藤永保編、『心理学のすすめ』、筑摩書房 所収
フッサール、E.著、1975年、『経験と判断』、長谷川宏 訳、河出書房新社
フッサール、E.著、1979年、『イデーン I−I 』、渡辺二郎訳、みすず書房
フッサール、E.著，1984年、『イデーン I−II』、渡辺二郎訳、みすず書房
ブラッケンブルク、W.著、1978年、『自明性の喪失：分裂病の現象学』、
　　　　　木村敏・岡本進・島弘嗣 訳、みすず書房
プラトン著、『国家論 下』、藤沢令夫 訳、岩波文庫
フランクル、V.E.著、1956年、『夜と霧：ドイツ強制収容所の体験記録』、霜山徳爾 訳、みすず書房
フランクル、V.E.著、1976年、『意味への意志：ロゴセラピーの基礎と適用』、大沢博 訳、ブレーン社
フランクル、V.E.著、1993年、『それでも人生にイエスという』、山田邦男・松田美佳 訳、春秋社
古田紹欽著、1985年、『仙厓』(SENGAI)、出光美術館
古田 拡著、1965年、『教師の話術』、共文社
ブルバキ著、1970年、『数学史』、村田全・清水達雄 訳、東京図書
フロム、E.著、1951年、『自由からの逃走』、日高六郎 訳、創元社
フロム、E.著、1965年、『疑惑と行動』、坂本健二・志貴春彦 訳、東京創元社
ベルク、ヴァン・デン著、1976年、『人間ひとりひとり』、早坂泰次郎・田中一彦 訳、現代社
ベンノ・ミュラー＝ヒル著、1993年、『ホロコーストの科学：ナチの精神科医』、
　　　　　南光進一郎 監訳、岩波書店
ボク、セシラ著、1982年、『嘘の人間学』、古田暁 訳、TBSブリタニカ
ボス、メダルト著、1957年、『性的倒錯：恋愛の精神病理学』、村上仁・吉田和夫訳、みすず書房
ボルノウ、O.F.著、1978年、『真理の二重の顔』、西村皓・森田孝 訳、理想社
ボルノウ、O.F.著、1983年、『徳の現象学：徳の本質と変遷』、森田孝 訳、白水社
本多勝一 編、1986年、『子供たちの復讐 下』、朝日文庫

マ行
マイヤー、M.著、1963年、『彼らは自由だと思っていた：元ナチ党員十人の思想と行動』、
　　　　　田中浩・金井和子 訳、未来社
正岡子規著、『病牀六尺』、岩波文庫
三浦つとむ著、1970年、「モンタアジュ論は逆立ち論であった」、
　　　　　『認識と芸術の理論』、勁草書房、227-255ページ
宮田光雄著、1986年、『アウシュヴィッツで考えたこと』、みすず書房

ヤ行
安永浩著、1986年、『精神医学の方法論』、金剛出版

山中恒著、1975年、『御民ワレ』、辺境社
山中恒著、1986年、『子どもたちの太平洋戦争』、岩波新書
ユクスキュール、J. v. 著、1973年、『生物から見た世界』、日高敏隆・野田保之訳、思索社
ユーゴ、V. 作、『死刑囚最後の日』、豊島与志雄 訳、岩波文庫
吉田章宏著、1978年、『授業の研究と心理学』、国土社
吉田章宏著、1986年、「現象学的心理学の子ども理解：赤ちゃんの誕生体験」、
　　小林登・原ひろ子・宮沢康人編、『新しい子ども学3：子どもとは』、海鳴社、201-229ページ
吉田章宏著、1991年、『教育の方法』、放送大学教育振興会

ラ行
ラブレー、F. 著、『ラブレー第一之書 ガルガンチュワ物語』、渡辺一夫 訳、岩波書店
リクール、P. 著、1984年、『生きた隠喩』、久米博 訳、岩波書店
リクール、P. 著、1987年、『時間と物語Ⅰ：物語と時間性の循環 歴史と物語』、久米博 訳、新曜社
リクール、P. 著、1988年、『時間と物語Ⅱ：フィクション物語における時間の統合形象化』、
　　久米博 訳、新曜社
リクール、P. 著、1990年、『時間と物語 Ⅲ：物語られる時間』、久米博 訳、新曜社
ルビンシュテイン、S. L. 著、1961年、『心理学：原理と歴史 上』、内藤耕次郎・木村正一訳、青木書店
ルビンシュテイン、S. L. 著、1986年、『一般心理学の基礎：4』、
　　秋元春朝・秋山道彦・足立自朗・天野清・佐藤芳男・松野豊・吉田章宏訳 明治図書
ルボワイエ、F. 著、1991年、『暴力なき出産』、中川吉晴 訳、アニマ2001
ルリア、A. R. 著、1983年、『偉大な記憶力の物語：ある記憶術者の精神生活』、天野清訳、文一総合出版
ローレンツ、K. 著、1974年、『鏡の背面：人間的認識の自然誌的考察』、下巻、谷口茂訳、思索社

ワ行
渡辺和行著、1994年、『ナチ占領下のフランス』、講談社
和辻哲郎著、1934年、『人間の学としての倫理学』、岩波書店

　　　　『新版　きけわだつみのこえ：日本戦没学生の手記』、1959年、光文社
　　　　『はるかなる山河に：東大戦没学生の手記』、1951年、東京大学出版会

洋　文　献

Allport,G.W.,(1937): <u>Personality; A Psychological Interpretation</u>, Constable Co.
Apel,Karl-Otto,(1984): <u>Understanding and Explanation.</u>
　　　　　　translated by Georgia Warnke, MIT Press
Arnheim,R.(1969): <u>Visual Thinking.</u> Univ. of California Press.
Ashby,W.Ross.(1956): Design for an Intelligence-Amplifier, Shannon,C.E. &
　　　　　　McCarthy.J. (eds.) <u>Automata Studies.</u> Princeton UP. pp.215-234.
Ashby,R.W.(1964): <u>Constraint Analysis of Many Dimensional Relations.</u>
　　　　　　Technical Report No.2.Air Force Office of Scientific Research.Grant7-63

Dickens, Charles, (1952/1849): The Personal History of David Copperfield, MacDonald

Flavell, John H. (1963): The Developmental Psychology of Jean Piaget. D. v. Nostrand

Fromm, E. & Ramon Xirau. (1968): The Nature of Man, Macmillan

Gurwitsch, A. (1964): The Field of Consciousness. Duquesne UP.

Hunt, D. E. & Sullivan, E. V. (1974): Between Psychology and Education, The Dryden

Jacobson, R. (1956): "Two aspects of langauge and two types of aphasic disturbances",
    in Fundamentals of Language. Mouton Co. The Hague.

James, William. (1981/1890): The Principles of Psychology. Harvard UP.

James, W. (1958): Talks To Teachers. W. W. Norton.

Joyce, B. & Weil, M. (1980): Models of Teaching. Prentice Hall.

Kockleman, J. J. (1967): Edmund Husserl's Phenomenological Psychology. Humanities

Koselleck, Reinhart, (1989), Vergangene Zukunft:Zur Semantik geschichtlicher
    Zeiten. Suhrkamp Verlag.

Kriegeskorte, Werner(1993): Giuseppe Archinboldo 1527-1593. Benedikt Taschen

Leboyer, F. (1975): Birth without violence. Alfred A. Knopf

Luria, A. R. (1968): The Mind of a Mnemonist. Basic Books

Manen, Max van (1991): The Tact of Teaching--The Meaning of Pedagogic
    Thoughtfulness. SUNY Press

Manen, Max van (1990), Researching Lived Experience. SUNY Press

Piaget, J. (1963): The Child's Conception of Space. RKP

Pikas, A. (1964): Abstraction and concept formation. Harvard UP

Schutz, A. (1964):Collected PapersII Studies in Social Theory. Martinus Nijhoff

Schutz, A. (1973):Collected PapersI, The Problem of Social Reality. Martinus Nijhoff

Schutz, Alfred and T. Luckmann (1973): The Structures of the Life-World I.
    (trans.) R. Zaner and other. Northwestern UP.

Sechenov. I. (undated): Selected Physiological and Psychological Works.
    Foreign Language Publishing House, Moscow.

Shibles, Warren A. (1971): Metaphor: An Annotated Bibliography and History.
    The Language Press.

Valle, R. S, and Halling, S. , eds. (1989),
    Existential-Phenomenological Perspectives in Psychology. Plenum Press.

Yoshida. Akihiro. (1989): Beyond the Traditional Concept of Concepts: A Set-
    Theoretical and Phenomenological Case Study of the 'Value' Concept in
    'Capital', Psychologia -An International Journal of Psychology in the
    Orient, vol. XXXII. no. 1, pp. 1-15.

参考文献

「教育の心理」の學問への祈り

2021年1月

吉田章宏

　『教育の心理：多と一の交響』の初版（1995）から四半世紀を経て、複写復刻版の公刊に当たり、著者としての想いを記します。

　「まえがき」にもあります通り、本書は、放送大学の共通科目『教育の心理』のテキストとして執筆したものです。そもそもこの科目は、実は、著者が60歳で母校の東京大学を定年退職するに当たり、放送大学に自ら担当を願い出て実現した科目でした。それまでの私の生涯での教育（＝共育）をめぐる多種多様な実体験、教育実践体験、教育実践研究体験、教育心理学と現象学の学びの体験など、私の人生体験の総決算として、本書を構想しました。その内容と方法、放送内容の決定にも、大きな自由を許容していただきました。それだけに私は責任を感じ、TV番組の制作とテキストの執筆に全力で取り組みました。数年間の放送授業を通して、多数の社会人の方々との交流を経験しました。すべてを終えた時、一つの仕事を成し遂げた充実感と喜びに浸ったことを、懐かしく思い出します。

　その後、さらに長い月日が過ぎ去り、私もさらに老いました。

複写復刻版の出版に当たり、久しぶりに全体を読み返してみました。正直に言いますと、とても、楽しく読めました。が、現在の私の目から見て、可能なら補いたいと感じる事柄も、言わば私の夢として、幾つか浮かび上がって来ました。しかし、私の現状況下では、その夢の実現は叶いません。そこで、そうした夢の幾つかをここに掲げ、読者の皆様を夢の共有へとお誘いし、その実現を、広く実践者と研究者の方々に委ねたい、と思います。

（一）「教育心理学」という科学的学問についての私の考えは、既に公刊しています[註1]。「教育の心理」を主題とする学問は、「生きること、教育（共育）、死ぬこと；"Life-Education-Death"（LED）」の意味を視野の中心に据えた学問でなければならない、と考えます。私は、神谷美恵子著『生きがいについて』みすず書房との出合いに始まり、荻野恒一、霜山徳爾、ベルク、……らの現象学的精神病理学の世界を経て、ボルノー、ジオルジ、マネン、……の人間科学の世界へと導かれて行きました。「事柄そのものへ！」を目指す現象学に〈「教育の心理」の學問〉の創造における、世界諸文化の統合、科学と哲学と宗教（Ernest Becker, 西谷啓治）、加えて芸術との統合、真と善と美の統合を夢み、かつ、祈ります。

（二）「〈対決と交流〉の〈教育と授業〉」（斎藤喜博）により、「共に育ちましょう」（蘆田恵之助）を実現する道の探究が、研究者としての私の夢です。人間の世は、〈和〉、〈平和〉のみでなく、〈戦〉と〈争〉、〈闘争〉と〈矛盾〉に満ち

ています。そのような現実から目を逸らさず、生涯をど
う生きて行くか？　人間一人ひとりが、自己と世界と他
者を見つめ、「知行合一」を求め、「多と一の交響」を楽
しみ生きる、教育実践創造の道を夢みます。

（三）「……化」として、本書では、無利私利他利、自由
と拘束、目的と手段、主題と自明、同一と差異、近接と
類似、具象と抽象、現実と虚構、を探究しました。しか
し、〈教育と授業〉で人々が生きる「……化」は、これ
で尽くされるわけではありません。では、どのような「化」
が解明を待っているか。すべての「化」の「混沌と秩序」
はどう構造化され脱構造化されるか？　その現実性、可
能性、必然性、当為性の探究も、豊かな夢です。

（四）「おまえは、おまえの在るところのものに成れ」
（ニーチェ『悦ばしき知識』270）。「佛祖の教へによって
圍はれた安全な場に生きてゐる者を、その安らかな眠り
から呼び覺まし、彼がまだ本當に彼自身に歸ってゐない
ことを意識せしめ、彼自身の安心に對して不満と疑念を
生ぜしめるということ、そしてその大疑のうちから、自
己本来の面目を徹見しようといふ向上への憤志を引き出
すこと、それは禪に於ける『師』の慈悲の行であった。
……。突き放すことが正しく引き寄せる唯一の道だとい
ふことが、ここでの事理である。佛祖の本源へは敎へや
言葉の手引きによっては到達されない。師が彼のもとを
問う者に絶対否定を差し出すのは、その者をしてその者
自身の本源から、佛祖の圍ひを突破する力を成熟させる

ためである。その者がそれによって眞の彼自身に歸り得た時、師の永遠なる（「不生」の）生命の源が、その者自身の内から、その者自身の源として開かれる。それは生命の流傳であり、『教外別傳』とか『以心傳心』とか呼ばれることであるが、傳へることなしに傳へること、むしろ傳へぬことによつて傳へることである。そこでは、絶對否定がそのまま慈悲の行であり、慈悲の行がそのまま生命流露の道であり、生命流露の道が直ちに人と人との存在の間に於ける、……、事理展開の道なのである。」（西谷啓治著『禪の立場：宗教論集二』、創文社、昭和61年、82-83）。この境地に到って、洞察の交響が生まれ

ましょう。（1）「子どもへの敬意」、「教えないことが教育だ」、「教育とは、子どもを苦しめることなのだ」、「衝突、決闘、怠惰、否定、‥」武田常夫。（2）「急所をうって響きを聞かうとする師」蘆田恵之助。（3）「つっこくる、ゆさぶる」斎藤喜博、（4）「教育の最も根本の仕事は、一緒に生きることだ」林竹二。（5）子どもが「一人で生きるときに泣くことのないように」大村はま、（6）〈コトワザ教育〉「ここまでおいで」庄司和晃[註2]

（五）「教育の心理」の學問は「教育の事理」の學問。「事理（ジリ）」とは、中国仏教の言葉で、「〈事〉は個別的具体的な事象・現象を意味し、〈理〉は普遍的な絶対・平等の真理・理法を指す」（『岩波・仏教辞典』、1989、455）とか。自然科学の模倣科学としての「心理学」や「心理科学」が、諸科学の模倣に留まる限り、深く豊かな教

育実践の學は成り難く、「教育の心理」の學問の成る日は遥かに遠いことを懼れます。フッサール著「幾何学の起源について」の洞察を活かす実践と研究の誕生を夢みます。「夢を夢と割り切ってゐる者に夢はない」。この世で日々営まれている多種多様な教育実践の現実に学びつつ、「事態そのものへ！」（Zu den Sachen selbst!）の現象学的精神で、教育の具体的事象に肉薄する「人間科学」としての「教育の心理」の豊かな學問の生成を祈ります。その生成の道の実現に繋がることを夢みつつ、今、この書を世に送り出すことを、私の深い喜びとします。[註3]。

（註1）吉田章宏（1990）「展望『教育心理学』に期待する一つの遠未来像：僻地にある「迷える小羊」から見たその眺望」、『教育心理学年報』、第29集、日本教育心理学会、142-153

（註2）吉田章宏（2019）「『教えないことが教育だ』を一つの網の目とする〈教育の極意〉の網をつくる：現象学的教育心理学の試論」、『学ぶと教えるの現象学研究』、18、96-131、宮城教育大学学校教育講座・教育学研究室

（註3）上記二論稿を含む諸作品は、下記 Homepage の「教育の世界」・「心理学の世界」に掲載：
https://yoshidaakihiro.jimdofree.com/

謝　辞　この複写・復刻版の出版に当たり、財団法人放送大学教育振興会から、令和2年末日をもって出版契約を解除する旨の快いご了解をいただきました。出版社・一莖書房の斎藤草子さまに、温かいお世話をいただきました。原稿の推敲と校正で、岡愛子博士のご助力をいただきました。以上を明記し、感謝の意を表します。

《著者紹介》

吉田章宏（よしだ あきひろ）1995 年東京大學名誉教授

1934 年東京神田の生まれ。神田明神鳥居内の宮本町民家の二階で誕生した、と聞く。

学歴：神田・橋本、渋谷・千駄ヶ谷、静岡・伊豆長岡、目黒・五本木、神田・芳林、の戦中戦後・国民学校教育。神田・今川、大阪・南、神田・今川、の戦後新制中学教育。都立日比谷高校卒。東京大学・理科一類、教育学部・教育心理学科卒、東京大学大学院修士・博士終了。米国イリノイ州立大学大学院、1967 年 Ph.D. 学位取得

職歴：イリノイ大学研究助手、コーネル大学研究員、お茶の水女子大学助教授、東京大学助教授・教授、デュケイン大学フルブライト上級客員研究員。放送大学客員教授、岩手大学教授、川村学園女子大学教授、淑徳大学教授。2010 年現役引退

非常勤職歴：九州、岡山、大阪、京都、埼玉、群馬、都留文科、お茶の水女子、日本女子、中央、立教、大正、岩手の諸大学　研究主題：〈教育と授業〉の現象学的な心理学

現在：日本教育心理学会名誉会員　著書選：『授業の研究と心理学』国土社；『授業を研究するまえに』明治図書；『学ぶと教える：授業の現象学への道』海鳴社；『子どもと出会う』岩波書店；『教育の方法』・『教育の心理：多と一の交響』放送大学教育振興会；『ゆりかごに学ぶ』一莖書房；『絵と文で楽しく学ぶ　大人と子どもの現象学』文芸社 / 共著　訳書選：『現象学的心理学』東京大学出版会 / 共訳、『心理学における現象学的アプローチ』新曜社、『一般心理学の基礎』明治図書 / 共訳。中国語訳：『両代的交通』内蒙古大学出版社　編集歴選：『授業』朝倉書店；『心に沁みる心理学』川島書店；『教授学研究』国土社 / 共編；『学ぶと教えるの現象学研究』/ 共編、*Journal of Phenomenological Psychology*/ 編集顧問。

教育の心理＝多と一の交響＝

2021年3月3日　初版第一刷発行

著　者　吉　田　章　宏

発行者　斎　藤　草　子

発行所　一　莖　書　房

〒 173-0001　東京都板橋区本町 37-1
電話 03-3962-1354
FAX 03-3962-4310

本文基本レイアウト／蟻原敏道　印刷・製本／日本ハイコム
ARCIMBOLDO Gjuseppe: Ritratto Photo by ©CAMERAPHOTO ARTE, Venezia
ISBN4-87074-231-4 C1311　©1995, 2021 吉田章宏